Susanna Nocchi

Italian Grammar in Practice

exercises - tests - games

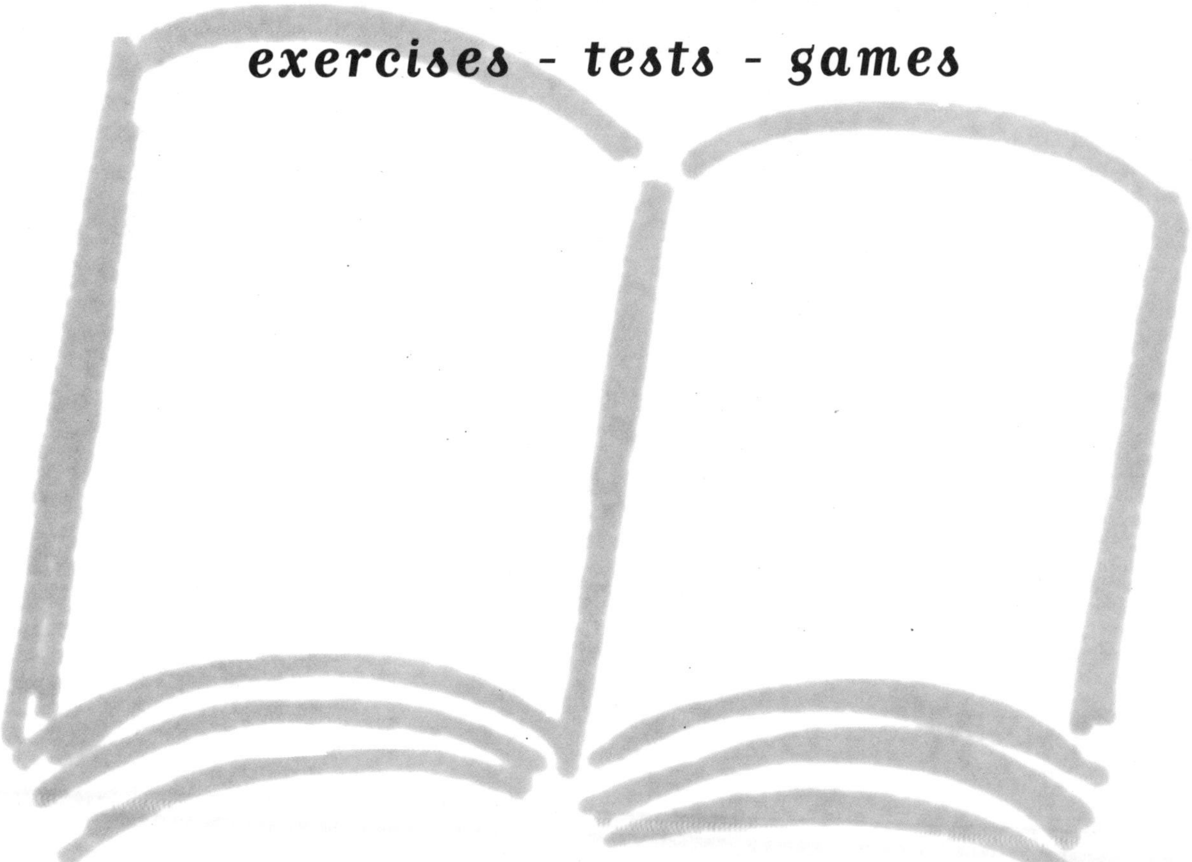

Edited by Ciro Massimo Naddeo

ALMA Edizioni - Firenze

Graphics and layout
Sergio Segoloni

Cover
Thelma Alvarez Lobos

Illustrations
Luigi Critone

Translation
Grace Anderson

ISBN 978-88-8644-089-9

Last print: July 2010

Alma Edizioni
viale dei Cadorna, 44
50129 Firenze
Tel +39 055 476644
Fax +39 055 473531
alma@almaedizioni.it
www.almaedizioni.it

Contents

Nouns ending in *-o* and in *-a*

libr**o**	>	libr**i**
ragazz**o**	>	ragazz**i**
tavol**o**	>	tavol**i**
penn**a**	>	penn**e**
ragazz**a**	>	ragazz**e**
pizz**a**	>	pizz**e**

- *Normally nouns ending in **-o** are masculine. The plural of a noun ending in **-o** is **-i**.*
- *Normally nouns ending in **-a** are feminine. The plural of a noun ending in **-a** is **-e**.*

Nouns ending in *-o* and in *-a*		
	singular	plural
masculine	-o	-i
feminine	-a	-e

Nouns ending in *-e*

ristorant**e**	>	ristorant**i** *(m)*
pension**e**	>	pension**i** *(f)*

- *Nouns ending in **-e** can be masculine or feminine.*
- *Generally, nouns ending in **-e** are masculine if they:*

padr**e**	>	padr**i** *(m)*
camerier**e**	>	camerier**i** *(m)*

a) indicate/refer to men;

fior**e**	>	fior**i** *(m)*

*b) end in **-ore**.*

- *Generally, nouns ending in **-e** are feminine if they:*

madr**e**	>	madr**i** *(f)*
mogli**e**	>	mogl**i** *(f)*

a) indicate/refer to women;

sta**zione**	>	sta**zioni** *(f)*
televi**sione**	>	televi**sioni** *(f)*
sta**gione**	>	sta**gioni** *(f)*

*b) end in **-zione; -sione; -gione**.*

Nouns ending in *-e*		
	singular	plural
masculine or feminine	-e	-i

EXERCISES

1 WARM-UP.
Write down the Italian nouns you know. Are they masculine or feminine? Use your dictionary to check.

masculine	feminine
ristorante	*pizza*

2 Anna is at the supermarket with her shopping list. Put the masculine objects into the trolley marked "M" and the feminine ones into the trolley marked "F".

M	F
vino	*acqua*
formaggio	pasta
aglio	verdura
prosciutto	birra
gelato	aranciata
olio	marmellata
burro	panna

3 Match the masculine nouns to Marco and the feminine nouns to Anna.

4 Cross out the feminine nouns and the first letter of the masculine nouns will give the name of a famous Italian.

→ **burro**	~~mozzarella~~	orologio	~~stazione~~	~~acqua~~	~~chiave~~
~~madre~~	tavolo	~~passione~~	~~estate~~	~~nave~~	treno
~~pensione~~	~~impiegato~~	~~bicicletta~~	~~ora~~	cane	errore
~~borsa~~	~~gente~~	lavoro	~~televisione~~	~~luce~~	~~casa~~
~~patata~~	~~infermiera~~	~~ambizione~~	libro	italiano	~~cucina~~

The name is: B T I L O Z L C I T E   BOTTICELLI

5 Look at the underlined nouns in the text: are they masculine or feminine? Are they singular or plural? Write them in the appropriate place in the table, as shown in the example.

Questa è la camera di Piero. Ci sono un letto, un armadio e due porte (una per il terrazzo). In camera c'è anche una libreria con molti libri, e, sopra il letto, due scaffali con libri e una gabbia con due uccelli. Vicino al letto di Piero c'è un comodino, con una lampada e una sveglia elettronica. Vicino alla sveglia Piero tiene sempre un bicchiere e una bottiglia di acqua. Alle pareti ci sono quadri e fotografie.

masculine		feminine	
singular	plural	singular	plural
letto	libri	*camera*	porte
armadio	scaffali	liberia	fotografie
terrazzo	uccelli	gabbia	pareti
comodino	~~pareti~~	lampada	
bicchiere	quadri	sveglia	
		bottiglia di acqua	

Other nouns

citt**à** > citt**à** *(f)* universit**à** > universit**à** *(f)* gioven**tù** > gioven**tù** *(f)*	*Nouns ending in* ***-tà*** *and* ***-tù*** *are feminine and are invariable in the plural form.*
radi**o** > radi**o** *(f)* mot**o**(cicletta) > mot**o**(ciclette) *(f)* fot**o**(grafia) > fot**o**(grafie) *(f)* aut**o**(mobile) > aut**o**(mobili) *(f)*	*Very few feminine nouns end in* ***-o****, and these are often invariable in the plural form.*
cri**si** > cri**si** *(f)* anali**si** > anali**si** *(f)* te**si** > te**si** *(f)*	*Some nouns ending in* ***-si*** *are feminine; these are invariable in the plural form.*
autobu**s** > autobu**s** *(m)* compute**r** > compute**r** *(m)* ba**r** > ba**r** *(m)* yogur**t** > yogur**t** *(m)*	*Normally* ***foreign*** *nouns which end in a consonant are masculine and are invariable in the plural form.*
problem**a** > problem**i** *(m)* poet**a** > poet**i** *(m)* cinem**a**(tografo) > cinem**a**(tografi) *(m)*	*There are some masculine nouns which end in* ***-a****; these often take the plural form* ***-i****.*
farmac**ista** > farmacist**i**/farmacist**e** art**ista** > artist**i**/artist**e** dent**ista** > dentist**i**/dentist**e** anal**ista** > analist**i**/analist**e**	*Nouns ending in* ***-ista*** *can be masculine and feminine. There are two plural forms for these nouns:* ***-i*** *if the noun is masculine* ***-e*** *if the noun is feminine.*
giornala**io** > giornala**i** orolog**io** > orolog**i** opera**io** > opera**i**	*Normally, nouns ending in* ***-io*** *have only one* ***-i*** *in the plural form:* ***-io > -i***
tedes**co** > tedes**chi** alber**go** > alber**ghi**	*Some masculine nouns ending in* ***-co*** *and* ***-go*** *take the following plural forms:* ***-co > -chi / -go > -ghi.***
ami**co** > ami**ci** psicolo**go** > psicolo**gi**	*Other masculine nouns ending in* ***-co*** *and* ***-go*** *take the following plural forms:* ***-co > -ci / -go > -gi.***
ami**ca** > ami**che** colle**ga** > colle**ghe**	*Feminine nouns ending in* ***-ca*** *e* ***-ga*** *add an* ***-h-*** *in the plural form:* ***-ca > -che / -ga > -ghe.***
ara**ncia** > ara**nce** cam**icia** > cam**icie** sche**ggia** > sche**gge** cili**egia** > cili**egie**	*Feminine nouns ending in* ***-cia*** *and* ***-gia****: if the endings are preceded by a consonant they lose the* ***-i*** *in the plural, if they are preceded by a vowel they keep the* ***-i*** *in the plural.*
uomo > uom**ini**	*The plural of the noun* ***uomo*** *is* ***uomini****.*
uov**o** *(m)* > uov**a** *(f)*	*The masculine noun* ***uovo****, has the irregular and feminine plural:* ***uova****.*
mano *(f)* > mani *(f)*	***mano*** *>* ***mani*** *is a feminine noun.*
bracci**o** *(m)* > bracci**a** *(f)* ginocchi**o** *(m)* > ginocchi**a** *(f)* dit**o** *(m)* > dit**a** *(f)* labbr**o** *(m)* > labbr**a** *(f)*	*Masculine nouns which indicate a part of the body such as:* ***braccio****,* ***ginocchio****,* ***dito*** *and* ***labbro****, have a feminine plural ending in* ***-a****.*

EXERCISES

1 Complete with the correct noun, singular or plural.

singular	plural
uomo	uomini
città	città
dentista	dentisti
autobus	autobus
cuoca	cuoche
mano	mani
computer	computer
università	università
orologio	orologi
amica	amiche
foto	foto
greco	greci
pacco	pacchi
programma	programmi
bacio	baci
radio	radio
uovo	uova
spiaggia	spiagge
camicia	camicie
crisi	crisi
dito	dita

2 What's the biggest lake in Italy? Find the pairs with a correct plural, follow the route and you will arrive at the name of the biggest lake in Italy.

sport/sporti	sport/sports	**sport/sport**	sport/sporte
pacco/pacci	pacco/pacchi	pacco/pacche	pacco/pacchii
operaio/operaii	operaio/operai	operaio/operaie	operaio/operae
albergo/alberghi	albergo/albergi	albergo/alberghe	albergo/alberge
radio/radii	radio/radi	radio/radio	radio/radie
greco/grechi	greco/grecii	greco/greci	greco/greche
problema/probleme	problema/problema	problema/problemii	problema/problemi
↓	↓	↓	↓
Lago di Como	**Lago Maggiore**	**Lago Trasimeno**	**Lago di Garda**

I Noun

3 Choose the correct noun, as shown in the example.

Una città

La **città/cittè/citta** è sul **mare/mari/maro** Adriatico. Ha pochi **abitante/abitanti/abitanto** d'inverno ma d'estate ci sono sempre molti **turista/turisti/turiste**: specialmente **tedesci/tedesco/tedeschi**, **slavo/slava/slavi** e **scandinavi/scandinava/scandinave**. Ci sono molte **spiaggi/spiaggie/spiagge** private e pubbliche, lunghe lunghe e con **bambina/bambini/bambino** che giocano con la sabbia, **ragazzi/ragazzo/ragazza** che giocano con il pallone e **personi/persona/persone** al sole. La sera aprono i **ristorante/ristoranti/ristoranto**, le **discotece/discoteca/discoteche** e i **bar/bars/bari** e la **notta/notti/notte** è lunghissima e divertentissima!!

Come si chiama la città?

4 If you don't know the name of the town in Exercise 3 then answer the questions below. The initial letters of each correct answer will give you the name of the town.

1. La capitale d'Italia è -> **Torino/Milano/Roma** R
2. Benigni è un attore -> **italiano/americano/tedesco** I
3. Il Tirreno è un -> **lago/mare/fiume** M
4. La Sardegna è una -> **isola/città/nazione** I
5. Dopo la sera viene la -> **giorno/notte/mattina** N
6. Un'isola vicina a Capri è -> **Ischia/Sicilia/Elba** I

5 Write the plurals of these nouns, as shown in the example.

Marco compra:

3 *(pesce)* *pesci*

6 *(arancia)* arance,

2 *(gelato)* gelati,

4 *(ananas)* ananas.

2 *(fiasco)* fiaschi di vino,

2 *(pacco)* pacchi di pasta,

1 kg di *(asparago)* asparagi,

1 kg di *(ciliegia)* ciliegie

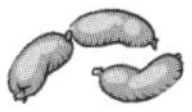
3 *(salsiccia)* salsicce,

4 *(yogurt)* yogurt,

6 *(pesca)* pesche,

6 Complete the nouns with the missing letters.

singular	**plural**	**singular**	**plural**
spiaggia	spiagge	cinema	cinema
problema	problemi	foto	foto
poeta	poeti	radio	radio
autobus	autobus	mano	mani
film	film	valigia	valigie
università	università	banca	banche
moglie	mogli	amico	amici
superficie	superfice	amica	amiche
serie	serie		

Definite article

il treno > **i** treni **lo** spettacolo > **gli** spettacoli	■ *There are two masculine definite articles:* ***il > i*** *and* ***lo > gli.***
il suono > **i** suoni **il** ristorante > **i** ristoranti	■ *Normally with masculine words which begin with a consonant we use the article* ***il > i.***
	■ *We use the article* ***lo > gli*** *with nouns which begin with:*
lo studente > **gli** studenti **lo sp**ort > **gli** sport	*a) s + consonant;*
lo zaino > **gli** zaini	*b) z-;*
lo psicologo > **gli** psicologi	*c) p + s;*
lo yogurt > **gli** yogurt	*d) y-;*
l'amico > **gli** amici **l'i**taliano > **gli** italiani	*e) a vowel (in this case the article* ***lo*** *loses the vowel* ***-o*** *and becomes* ***l'****).*
la donna > **le** donne **la** pensione > **le** pensioni **la** ragazza > **le** ragazze	■ *The feminine definite article is* ***la > le.***
l'amica > **le** amiche **l'i**taliana > **le** italiane **l'o**ra > **le** ore	■ *The article* ***la*** *loses the vowel* ***-a*** *and becomes* ***l'*** *before feminine singular nouns which begin with vowels (a, e, i, o, u).*

Definite article		
	singular	plural
masculine	**il**	**i**
masculine	**lo / l'**	**gli**
feminine	**la / l'**	**le**

EXERCISES

1 **What do Giorgio and Alessandra want for Christmas? Put each word in the correct place in the following table.**

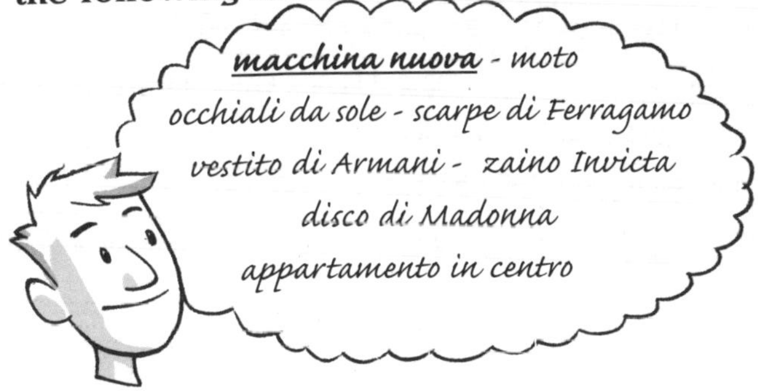

il	lo	l' *(m)*	i	gli	la	l' *(f)*	le
~~moto~~	zaino Invicta	orologio	(stivali di Dolce e Gabbana) →	occhiali da sole	macchina nuova	enciclopedia Britannica	scarpe di Ferragamo
vestito di Armani			biglietti per La Scala		bicicletta nuova		
disco di Madonna					borsa di Gucci		
(appartamento in centro) →					moto		
computer portatile							

2 **Choose the correct article.**

La mattina di Piero

1. **La/~~Le~~** mattina beve **~~lo~~/il** caffellatte.

2. Legge **~~le~~/il** giornale.

3. Mangia **~~gli~~/i** biscotti.

4. Prende **la/~~il~~** valigetta.

5. Bacia **~~le~~/la** moglie.

6. Saluta **~~lo~~/la** famiglia.

7. Compra **~~lo~~/il** biglietto.

8. Prende **~~la~~/l'** autobus.

3 **Choose the correct article.**

Vacanze romane

Tutti **~~le~~/gli/~~i~~** stranieri conoscono Roma, **~~il/le~~/la** capitale d'Italia. **~~Il/Le~~/I** turisti di solito visitano **~~le~~/i/~~gli~~** monumenti famosi, come **~~lo~~/il/~~la~~** Colosseo, **~~lo/la~~/il** Foro Romano e **la/~~le/lo~~** Basilica di San Pietro. Oppure vanno a vedere **~~la/i~~/le** piazze più belle, come Piazza di Spagna, con **la/~~il/i~~** scalinata di Trinità dei Monti, o Piazza Navona, con **~~lo~~/la/~~il~~** bellissima fontana del Bernini. A Roma però ci sono anche molte cose da fare di notte. **~~Lo/Il~~/La** notte romana è vivace e divertente, **i/~~le/gli~~** ristoranti sono ottimi, **~~la/i~~/le** osterie sono piene, **~~le/gli~~/i** bar sono aperti fino a tardi. Dopo **~~le/lo~~/la** cena **~~gli/il~~/i** romani vanno a ballare, **~~i/gli~~/le** discoteche del centro sono molto frequentate. E per chi rimane fuori tutta **~~il/le~~/la** notte, è normale fare **~~il/lo~~/la** colazione al bar con **~~i~~/gli/~~le~~** amici prima di andare a casa.

4 Fill in the spaces with the correct masculine article: *il* > *i* or *lo* > *gli*.

Uno sport famoso

È per [gli] italiani [lo] sport preferito. [I] bambini giocano sempre con [i] papà; i ragazzi giocano con [gli] amici, [gli] studenti giocano dopo la scuola. [Gli] amici giocano spesso [il] sabato o la domenica o in vacanza. La domenica [i] padri portano [i] figli a vedere una partita della squadra preferita e [gli] stadi sono sempre pieni durante [il] campionato. [I] professionisti di questo sport sono spesso molto ricchi e viziati. Per le partite [lo] stadio è pieno di persone che guardano [i] 22 uomini che per 90 minuti rincorrono [il] pallone. Poi qualche volta [i] tifosi delle squadre alla fine della partita fanno una bella rissa e [gli] ospedali sono pieni di feriti.

Do you know this sport? What is it called?

5 Put the correct definite article in the box and then decide if the sentences are true or false, as shown in the example.

Le abitudini alimentari italiane

In Italia:	**true**	**false**
e.g. Molta gente mangia [*il*] melone con [*il*] prosciutto.	☒	☐
1. A colazione molti mangiano [il] cornetto.	☒	☐
2. Dopo pranzo molti bevono [il] cappuccino.	☐	☒
3. Prima di pranzo tutti bevono [l'] amaro.	☐	☒
4. A Natale e Capodanno è normale bere [lo] spumante.	☒	☐
5. Per primo è normale mangiare [l'] insalata.	☐	☒
6. A colazione molti mangiano [la] zuppa di pesce.	☐	☒
7. Alle 17:00 molti bambini fanno [la] merenda.	☒	☐
8. È normale bere [il] latte a pranzo.	☐	☒
9. Normalmente gli italiani bevono [la] birra con la pizza.	☒	☐
10. Per aperitivo molti bevono [il] prosecco.	☒	☐
11. Molti italiani mangiano [gli] spaghetti.	☒	☐
12. Con il pesce gli italiani bevono [il] vino rosso.	☐	☒

6 Four of the articles in this text are incorrect. Which are they?

Di solito i italiani vanno in vacanza ad agosto. Dai primi giorni di agosto le file sulle autostrade sono lunghissime. Milioni di italiani prendono le auto e lasciano le città. Per chi preferisce il mare ci sono le isole, la spiagge dell'Adriatico o del Tirreno e quelle del mar Ionio. Per chi preferisce la montagna ci sono gli Appennini o le Alpi con i bellissimi parchi nazionali e i rifugi montani. Anche la campagna è bella: i colline toscane con i borghi medievali, la campagna umbra o quella piemontese. Molti italiani amano gli laghi: il lago di Garda, il lago di Como e il lago Maggiore al Nord, il Trasimeno e il lago di Burano al centro. Alcuni però preferiscono rimanere in città. L'estate in città come Roma, Firenze, Milano, Bologna, Napoli è divertente: ci sono concerti, cinema all'aperto, spettacoli di teatro e danza. Insomma la scelta è varia!

Indefinite article

un treno
uno spettacolo

▪ *There are two masculine indefinite articles:* ***un*** *and* ***uno****.*

un suono
un amico
un albergo

▪ *We use* ***un*** *with most masculine nouns.*

▪ *We use* ***uno*** *with masculine nouns which begin with:*

a) s + consonant;

uno studente
uno sport

b) z-;

uno zaino

c) p + s;

uno psicologo

d) y- .

uno yacht

▪ *The feminine indefinite article is* ***una****.*

una madre
una pensione

▪ *We use* ***un'*** *with feminine nouns which begin with a vowel.*

un'italiana
un'ora

Indefinite article	
masculine	**un**
masculine	**uno**
feminine	**una / un'**

EXERCISES

1 Put the nouns under the correct article, as shown in the examples.

Il signor Soldonis è molto ricco. Ha una villa, un aereo personale e...

moglie - elicottero - amante - figlio - figlia - maggiordomo - personal trainer - ufficio grattacielo - isola nel Pacifico - Grand Hotel - palestra privata - cavallo - cane di razza piscina - auto sportiva - auto di rappresentanza - conto in banca miliardario - yacht

un	uno	una	un'
elicottero	yacht	moglie	isola nel Pacifico
figlio		figlia	amante
maggiordomo		palestra privata	auto sportiva
ufficio		piscina	auto di rappresentanza
grattacielo			
cavallo			
conto in banca miliardario			
personal trainer			
Grand Hotel			
cane di razza			

And you? What have you got?

2 Choose the correct indefinite article and guess who these famous personalities are.

a) È ~~un'~~/~~uno~~/un italiano famoso, ~~una~~/un/~~uno~~ bravo artista. Lavora un/~~una~~/~~uno~~ po' in Italia e un/~~una~~/~~uno~~ po' all'estero, ma non vive in Italia, vive a Montecarlo. È ~~uno~~/un/~~una~~ uomo grosso e ha ~~un~~/~~uno~~/una voce potente. Ha ~~uno~~/~~un'~~/un grande numero di amici famosi, come Michael Jackson, U2, Celine Dion e altri che cantano con lui. Chi è?

b) È un/~~una~~/~~un'~~ attore comico italiano e anche ~~uno~~/~~un~~/~~una~~ un regista. Vive in Italia ma è molto famoso anche all'estero. È sposato con un/~~una~~/~~un'~~ attrice che è anche in molti suoi film. ~~Un~~/~~Una~~/Un' suo film è vincitore di ~~uno~~/un/~~una~~ Oscar. Nel film lui è un/~~uno~~/~~un'~~ ebreo durante la seconda guerra mondiale che muore in ~~una~~/~~uno~~/un campo di concentramento. Chi è?

c) È ~~uno~~/~~un'~~/un italiano, ~~uno~~/~~una~~/un inventore, ~~uno~~/~~un~~/una pittore, ~~uno~~/~~una~~/~~un~~ uno scienziato e ~~uno~~/un/~~una~~ scrittore. È ~~uno~~/~~una~~/un rappresentante dell'Umanesimo italiano. ~~Uno~~/Un'/~~Una~~ opera molto famosa di questo grande italiano è a Parigi. È ~~una~~/~~uno~~/un quadro di ~~un~~/una/~~uno~~ donna con ~~uno~~/un/~~una~~ sorriso enigmatico. Suo è anche un/~~uno~~/~~una~~ modello del primo aereo. Chi è?

3 Insert the correct indefinite article and decide if the sentences are true or false, as shown in the example.

	true	false
e.g. Il postino è [un] uomo che porta la posta.	☒	☐
1. Il cane è [un] animale.	☒	☐
2. Il barista è [un] uomo che lavora in [un] bar.	☒	☐
3. La commessa è [una] donna che lavora in casa.	☐	☒
4. Il tiramisù è [un] dolce.	☒	☐
5. Il pesto è [una] persona che parla molto.	☐	☒
6. Gli Uffizi sono [un] museo di Livorno.	☐	☒
7. La Torre pendente è [un] monumento di Pisa.	☒	☐
8. La pizza è [un] piatto tipico di Torino.	☐	☒
9. Sofia Loren è [un'] attrice italiana.	☒	☐
10. Il portiere di notte lavora in [un] albergo.	☒	☐
11. Il corretto è [un] esercizio di grammatica.	☐	☒
12. Il limoncello è [un] liquore.	☒	☐

4 **Whose suitcase is this? Put into each suitcase the six objects that belong to the correct person. Add to each word the appropriate indefinite article, as shown in the examples.**

- [un] costume
- [uno] striscione con scritto FORZA ROMA
- [un] computer portatile
- [un'] agenda
- [un] biglietto da visita
- [un] biglietto per lo stadio
- [una] camicia hawaiana
- [una] cartella di documenti
- [una] cravatta
- [un] giornale sportivo
- [una] maglietta della squadra
- [una] maschera subacquea
- [un] paio di scarpe da calcio
- [un] paio di occhiali da sole
- [un] paio di pantaloncini sportivi
- [un] passaporto
- [una] penna
- [una] sciarpa della squadra
- [un] telefonino
- [un] telo da spiaggia
- [un] tubetto di crema solare

Definite and indefinite articles

EXERCISES

1 Complete the text with the articles: use the definite articles in the spaces ☐ and the indefinite articles in the spaces ⬚ .

[L'] Italia è [una] penisola con la forma simile a [uno] stivale. [Gli] italiani sono circa cinquantasette milioni e [le] regioni italiane sono venti. [L'] italiano non è la sola lingua parlata in Italia; ci sono anche [il] tedesco, [il] francese, [il] catalano, [il] greco, [lo] sloveno e [l'] albanese. Roma, [la] capitale d'Italia, si trova nel Lazio: è [una] città molto bella e i suoi monumenti e musei sono famosi in tutto [il] mondo. Dentro [la] città di Roma c'è [uno] stato indipendente, molto piccolo e molto potente, [il] Vaticano, centro della religione cattolica. Ma [il] Vaticano non è [l'] unico stato indipendente in Italia. C'è [un] altro stato piccolissimo, vicino al mare Adriatico, in cima a [una] montagna: [lo] stato di San Marino. Insomma, [la] penisola italiana presenta molte realtà differenti e [una] grande varietà di culture.

2 Chose the correct article.

Che film è?

È **~~il~~/un** film italiano molto famoso e vincitore di **un/~~l'~~** Oscar. **La/~~Una~~** storia si svolge su **un'/~~l'~~** isola greca durante **la/~~una~~** seconda guerra mondiale. Otto soldati italiani e **un/~~il~~** asino sono obbligati a rimanere sull'isola per 3 anni. Dopo un po' i soldati fanno amicizia con **la/~~una~~** gente del posto. Dimenticano **~~una~~/la** guerra e **~~un~~/i** problemi. Alla fine della guerra però tornano in Italia. Solo **~~il~~/un** soldato rimane sull'isola perché ama **~~la~~/una** donna: vive lì e apre **~~il~~/un** ristorante.
Conosci il film?
If you don't know the title of the film answer the following question: What is the name of the sea that surrounds Italy? That name is also the title of this film.

3 Definite or indefinite article? Complete the joke with the articles in the list.

il il il il l' l' un un un un

Due carabinieri* sono in [un] palazzo. Cercano [un] criminale che abita all'ultimo piano. Devono prendere [l'] ascensore.
[Il] carabiniere dice all'altro: "Chiama [l'] ascensore."
[Il] secondo carabiniere allora urla: "Ascensore!"
[Il] primo carabiniere arrabbiato dice: "Stupido! Usa [un] dito!".
[Il] secondo carabiniere allora mette [un] dito in bocca e urla: "Ascensore!"

**In Italy there are two police forces: Polizia and Carabinieri. The Carabinieri are the subject of many jokes.*

4 Complete the sentences with the definite or indefinite article.

1. L' Italia è nell'Europa meridionale.
2. Il Vaticano è uno stato indipendente.
3. Venezia è una città del Veneto.
4. Dante è un famoso poeta italiano.
5. Ferragosto (15 agosto) è una festa nazionale.
6. Il Chianti è un vino toscano.
7. Il 17 è un numero sfortunato.
8. La *torta co' bischeri* è un' ottima torta toscana.
9. Di solito gli italiani a pranzo bevono il vino.

Essere and *avere*

essere	*avere*
Sono stanco.	**Ho** fame!
Sei a casa oggi?	Quanti anni **hai**?
Signor Rosi, Lei **è** umbro?	Il bambino **ha** sete.
Siamo in ritardo.	**Abbiamo** sempre sonno.
Siete stressati?	**Avete** fretta?
I libri **sono** a scuola.	Sandro e Pia **hanno** paura.

■ ***essere*** *and* ***avere*** *are both irregular verbs.*

Nel frigorifero **c'è** una bottiglia d'acqua.
Carlo non **c'è**, è a scuola.
Sul tavolo **ci sono** molti giornali.
Nella classe **ci sono** dieci studenti.

■ ***c'è*** *(singular) and* ***ci sono*** *(plural) are used to indicate the presence of things or persons in a place.*

essere **and** ***avere***		
	essere	avere
io	**sono**	**ho**
tu	**sei**	**hai**
lui/lei/Lei (formal)	**è**	**ha**
noi	**siamo**	**abbiamo**
voi	**siete**	**avete**
loro	**sono**	**hanno**

EXERCISES

1 Complete the conjugation of the present indicative tense of *essere* and *avere*.

	essere	avere
io	sono	ho
tu	sei	*hai*
lui/lei/Lei	*è*	ha
noi	*siamo*	abbiamo
voi	siete	*avete*
loro	sono	hanno

2 **Chose the correct sentence of each person and then conjugate the verb.**

avere sonno | avere caldo | essere arrabbiato | essere triste | avere fame | essere contento | avere sete | essere sorpreso | avere freddo

Maria

è triste

Ugo

è contento

Laura

ha fame

Paola

ha sonno

Carlo

ha sete

Sergio

è sorpreso

Fabio

è arrabbiato

Rita

ha caldo

Luigi

ha freddo

3 Choose the correct form of the verb *essere.*

e.g. Berlino **sono / è** la capitale della Germania.

1. Molti italiani **sono/~~siamo~~** appassionati di opera.
2. La "Madama Butterfly" **è/~~sono~~** un'opera di Giacomo Puccini.
3. Quando vediamo la 'Boheme' (noi) **~~siete~~/siamo** sempre commossi.
4. La Scala e il San Carlo **sono/~~siete~~** famosi teatri d'opera.
5. "Nabucco" e "Rigoletto" **~~siamo~~/sono** opere di Giuseppe Verdi.
6. Luciano Pavarotti **~~sei~~/è** un famoso tenore italiano.
7. Quando (voi) **~~sono~~/siete** a Verona andate all'Arena a vedere l'Aida.
8. Mimì **~~sei~~/è** la protagonista della "Boheme".
9. "Io **sei/sono** un melomane" significa = Io **sei/sono** un appassionato d'opera.

4 Choose the correct form of the verb *avere* and guess the nationality.

e.g. Rita **ha / ho** venti anni.

a) La nostra nazione è nel Nord Europa e **ha/~~avete~~** un clima molto umido. Tutti pensano che (noi) **avete/abbiamo** un carattere riservato e molto tranquillo ma non sempre è vero, perché alcuni di noi, quando **hanno/~~hai~~** la possibilità di andare allo stadio a vedere una partita di calcio, diventano aggressivi e violenti. **~~Avete~~/Abbiamo** una monarchia e parliamo una lingua che molti studiano. Sai chi siamo? Gli Inglese

b) Siamo nel continente americano. La nostra nazione **~~hanno~~/ha** una gran numero di italiani e le famiglie italiane qui **~~avete~~/hanno** una lunga tradizione. **~~Avete~~/Abbiamo** una lingua parlata anche in Europa e la nostra musica e le nostre danze **hanno/ha** fans in tutto il mondo. Se voi italiani **~~abbiamo~~/avete** quello di Venezia, noi **~~hai~~/abbiamo** quello di Rio. Sai chi siamo? I Brasiliani

c) Se (tu) **hai/~~ha~~** voglia di passare delle belle vacanze vieni da noi! **~~Avete~~/Abbiamo** isole bellissime e un clima caldo. La nostra nazione **~~hai~~/ha** una storia antica e i nostri filosofi **~~ha~~/hanno** una parte importante nella storia della filosofia. Per scrivere **~~ho~~/abbiamo** un alfabeto particolare. Sai chi siamo? I Greci

5 Put the verbs *essere* and *avere* into the present tense and guess the city.

Questa *(essere)* [è] la città più importante della Toscana. *(Avere)* [Ha] circa 400.000 abitanti. Il turismo *(essere)* [è] importantissimo per la sua economia, infatti le sue opere d'arte *(essere)* [sono] conosciute e famose in tutto il mondo. In questa città ci *(essere)* [~~è~~ sono] molti musei, come la Galleria degli Uffizi, che *(avere)* [ha] moltissimi visitatori ogni anno. Il suo centro storico *(essere)* [è] un gioiello del Rinascimento italiano: qui ci *(essere)* [sono] monumenti famosi come il Duomo, il Battistero e il Campanile di Giotto. Le chiese poi *(avere)* [~~ha~~ hanno] tutte opere d'arte da ammirare. Se *(tu/essere)* [sei] in questa città devi vedere il Ponte Vecchio, con le botteghe di gioiellieri che *(avere)* [hanno] le vetrine più belle del mondo; e devi andare al giardino di Boboli: un parco che *(essere)* [è] a nord del fiume Arno, dietro il Palazzo Pitti. Dentro il giardino di Boboli c' *(essere)* [è] una strana fontana molto famosa. Quale città è?

6 Choose the correct verb.

La domenica di Mauro

~~Sono~~/È domenica, **sono/~~è~~** le due del pomeriggio e Mauro **~~ha~~/è** sveglio. Chiama: "Mamma! Dove **~~siete~~/sei**?" La madre arriva subito. "Che **~~sei~~/hai** tesoro? Porto il caffè? Oppure **~~sei~~/hai** fame? Ci **hanno/~~sono~~** anche le lasagne".
Mauro siede sul letto, **~~ha~~/è** stanco, **~~è~~/ha** ancora sonno. **~~Ha~~/È** bello uscire con gli amici il sabato sera, ma poi, la domenica, alzarsi **è/~~ha~~** sempre un problema. **~~È~~/Ha** anche mal di testa… troppo alcool!
"Dove **sono/~~è~~** i vestiti mamma? Oggi c'**è/~~ha~~** la partita della Roma! Giorgio **~~hai~~/ha** due biglietti per lo stadio Olimpico e io vado con lui".
La mamma **~~ha~~/è** un po' preoccupata e dice: "Ma non mangi niente tesoro? **~~Sei~~/Hai** fretta? Prendi almeno un panino!"
"No, va bene così, mamma. Ora vado. Dove **~~è~~/sono** le chiavi della macchina di papà? Vado. Ciao!"
La mamma di Mauro pensa: "Povero figlio mio! **È/~~Ha~~** sempre stanco. Lavora troppo!"

7 *C'è* or *ci sono*? Choose the correct expression.

1. Nel nord Italia **~~c'è~~/ci sono** le Alpi.
2. Vicino Roma **c'è/~~ci sono~~** il mare.
3. A Milano **c'è/~~ci sono~~** la nebbia.
4. A Venezia **~~c'è~~/ci sono** i canali.
5. In Puglia non **~~c'è~~/ci sono** montagne.
6. In Emilia Romagna **c'è/~~ci sono~~** la pianura padana.
7. In Umbria non **c'è/~~ci sono~~** il mare.
8. In Italia **~~c'è~~/ci sono** molte isole.

Adjective - first group

l'albergo car**o** > gli alberghi car**i**
la macchina car**a** > le macchine car**e**
il libro bell**o** > i libri bell**i**
la donna bell**a** > le donne bell**e**
il treno lent**o** > i treni lent**i**
la commessa lent**a** > le commesse lent**e**
l'aereo pien**o** > gli aerei pien**i**
la borsa pien**a** > le borse pien**e**
lo studente brav**o** > gli studenti brav**i**
la studentessa brav**a** > le studentesse brav**e**

- *The adjectives of the first group have four endings:*

masculine singular: ***-o***
masculine plural: ***-i***
feminine singular: ***-a***
feminine plural: ***-e***

Definite adjective - first group		
	singular	plural
masculine	**-o**	**-i**
feminine	**-a**	**-e**

4 Adjective

Adjective - second group

l'albergo grand**e** > gli alberghi grand**i**
la macchina grand**e** > le macchine grand**i**
il libro interessant**e** > i libri interessant**i**
la donna interessant**e**> le donne interessant**i**
il treno veloc**e** > i treni veloc**i**
la commessa veloc**e** > le commesse veloc**i**
l'aereo ingles**e** > gli aerei ingles**i**
la borsa ingles**e** > le borse ingles**i**
lo studente intelligent**e** > gli studenti intelligent**i**
la studentessa intelligent**e** > le studentesse intelligent**i**

- *The adjectives of the second group have two endings (the masculine and the feminine endings are the same):*

m/f singular: ***-e***
m/f plural: ***-i***

Adjective - second group		
	singular	plural
masculine / feminine	-e	-i

EXERCISES

1 Read the text and find all the adjectives. Are they masculine or feminine? Singular or plural? Write them in the correct place in the table, as shown in the example.

Cosa serve per leggere un libro?
Lo scrittore Italo Calvino dice che serve un libro **interessante**, tempo **abbondante**, una persona rilassata, la porta chiusa, la televisione spenta, una posizione comoda. Naturalmente non è facile trovare la posizione ideale per leggere. Le gambe sono allungate e i piedi distesi, la luce non troppo forte e non troppo debole. Insomma l'atmosfera deve essere adatta [...]

(adapted from I. Calvino "Se una notte d'inverno un viaggiatore")

masculine		feminine	
singular	**plural**	**singular**	**plural**
interessante	distesi	rilassata	allungate
abbondante		chiusa	
facile		spenta	
		comoda	
		ideale	
		forte	
		debole	
		adatta	

2 Find the appropriate adjectives for Andrea and Simona.

Andrea è... *Simona è...*

alta
anziano
basso
bionda
brutto
calvo
felice
giovane
grasso
magra
miope
pigro
riccia
sportiva
triste

3 Choose the correct phrases. Follow them and find the most southern point of Italy.

un cane bianca	un cane bianche	un cane bianco	un cane bianchi
un letto grandi	un letto grande	un letto granda	un letto grando
un gatto nero	un gatto neri	un gatto nera	un gatto nere
un film americane	un film americana	un film americano	un film americani
un lavoro stressanti	un lavoro stressante	un lavoro stressanta	un lavoro stressanto
↓	↓	↓	↓
Linosa	**Lampedusa**	**Pantelleria**	**Siracusa**

4 Choose the correct adjective.

L'uomo e la donna ideali

Secondo Carmela l'uomo **ideali/ideale** è **divertente/divertenti**, **simpatico/simpatica**, **intelligente/intelligenti** e **affascinanti/affascinante**. Ha i capelli **scuro/scuri** e gli occhi **azzurri/azzurre**, un fisico **atletica/atletico** e un **grossa/grosso** conto in banca. Ma Carmela è **sposata/sposato** con Piero, un ragioniere **piemontesi/piemontese**, **tranquille/tranquillo**, **noioso/noiosa** ma molto **gentili/gentile**. Piero ha gli occhi **verde/verdi**, è **calva/calvo** e non è molto **sportive/sportivo**.
Anche Piero sogna la donna **ideale/ideali**. Secondo lui è **alto/alta**, con i capelli **bionde/biondi** e **lungo/lunghi** e gli occhi **grandi/grande**. La donna ideale è **bello/bella** come un'attrice, **gentile/gentili**, **servizievoli/servizievole** e **allegra/allegro**. Invece Carmela è una siciliana **carino/carina**, ma **piccole/piccola** e **scura/scuro** e ha un carattere **tristi/triste**. Eppure sono sposati da 17 anni!!

5 Complete the adjective in the correct form and decide if the phrase is true or false, as shown in the example.

In Italia:	**true**	**false**
1. L'inverno è molto cald___.	☐	☐
2. La temperatura primaverile è fredd___.	☐	☐
3. I mesi estiv___ sono cald___.	☐	☐
4. Il 15 agosto è una festa nazional___.	☐	☐
5. D'estate c'è pioggia abbondant___.	☐	☐
6. D'autunno comincia l'anno scolastic___.	☐	☐
7. Il primo maggio è un giorno festiv___.	☐	☐
8. Le località sciistiche sono pien___ di turisti.	☐	☐
9. Nel periodo invernal___ c'è il Carnevale.	☐	☐

6 Put the adjective in the correct form.

Italia: pizza, mafia e mandolini. Le opinioni sugli italiani

In un'intervista ad alcuni stranieri che vivono in Italia leggiamo queste opinioni sugli italiani:

- Elisabeth, una PR del Vietnam, dice che la politica *(italiano)* [italiana] è troppo *(complicato)* [complicata].
- Per Avinash, un ristoratore *(indiano)* [indiano], gli uomini italiani non sono abbastanza *(gentile)* [gentili] con le donne.
- Bart, un fotografo del Belgio, dice che gli italiani sono troppo *(furbo)* [furbi] e non sono *(rispettoso)* [rispettosi] delle leggi.
- Natalia, una imprenditrice *(spagnolo)* [spagnola], pensa che noi italiani siamo troppo *(frettoloso)* [frettolosi] e poco *(rilassato)* [risalssanti].
- Secondo Danny, che è *(inglese)* [inglese], gli uomini *(italiano)* [italiani] sono più *(carino)* [carini] con le donne degli uomini *(inglese)* [inglesi], ma gli italiani non sono *(bravo)* [bravi] a fare la fila.
- Per la violoncellista *(tedesco)* [tedesca] Ina, gli italiani sono troppo *(disorganizzato)* [disorganizzati], tutto è *(complicato)* [complicato] e la lingua delle leggi è *(incomprensibile)* [incomprensibile], ma gli uomini italiani sono amici *(perfetto)* [perfetti].
- Richard, un pilota *(americano)* [americano], dice che i guidatori *(italiano)* [italiani] sono *(pazzo)* [pazzi] e che normalmente la gente è molto *(elegante)* [elegante] anche se non ha le scarpe *(pulito)* [pulite].
- Ellen, infine, una ragazza *(irlandese)* [irlandese], dice che gli italiani sono troppo *(individualista)* [individualisti].

And you? What do you think about it? Do you agree?

7 Write the opposite forms of the words highlighted in the text.

e.g. La casa di **Giovanna** è **grande** e **economica**. → *La casa di Giovanni è piccola e cara.*

L'appartamento di **Mario** è **piccolo**, ma **bello**. Ci sono **poche** stanze e la camera da letto è **piccola**. In camera **Mario** ha un letto **grande**, un tavolo **vecchio**, una libreria **nuova** e delle **belle** foto dei suoi viaggi. **Mario** infatti è un **bravo fotografo**. Ora **Mario** è a Cuba perché **la ragazza**, **Alessandra**, abita lì. **Alessandra** è più **giovane** di **Mario**, ed è davvero **bella**: infatti è **alta** e **magra**. **Alessandra** non vive con **Mario** per amore ma perché vuole fare **la modella**.

L'appartamento di Maria è grande, ma brutto. Ci sono molto stanze e la camera da letto è grande. In camera Maria ha un letto picolo, un tavolo nuovo, una libreria vecchia e delle brutte foto dei suoi viaggi. Maria infatti è un brutto fotographo. Ora Maria è a Cuba perche il ragazzo, Alessandro abita lì. Alessandro è più vecchio di Maria, ed è davvero bella: infatti è picolo e grosso. Alessandro non vive con Maria per amore ma perche vuole fare il modella

Present tense of regular verbs

1. parl**are** → **Parlo** inglese e francese.
2. ved**ere** → **Vedo** un film.
3a. part**ire** → **Parto** alle 16.00.
3b. cap**ire** → Non **capisco**.

- *Italian regular verbs are divided into three groups* ***-are***, ***-ere***, ***-ire***.

Group 1: verbs ending in *-are*		
io	(comprare) Compr**o** un giornale.	*-o*
tu	(parlare) Parl**i** inglese?	*-i*
lui/lei/Lei (formal)	(giocare) Simona gioc**a** a tennis.	*-a*
noi	(lavorare) Lavor**iamo** in banca.	*-iamo*
voi	(ascoltare) Ascolt**ate** la radio.	*-ate*
loro	(suonare) Suon**ano** la chitarra.	*-ano*

Group 2: verbs ending in *-ere*		
io	(vedere) Ved**o** la TV.	*-o*
tu	(chiudere) Chiud**i** la porta.	*-i*
lui/lei/Lei (formal)	(scrivere) Signora, a chi scriv**e**?	*-e*
noi	(mettere) Mett**iamo** un maglione.	*-iamo*
voi	(leggere) Legg**ete** un libro.	*-ete*
loro	(rispondere) Rispond**ono** bene.	*-ono*

Group 3a: verbs ending in *-ire*		
io	(partire) Part**o** per Napoli.	*-o*
tu	(dormire) Dorm**i** sempre troppo.	*-i*
lui/lei/Lei (formal)	(sentire) Carlo sent**e** la musica.	*-e*
noi	(aprire) Apr**iamo** la finestra.	*-iamo*
voi	(offrire) Offr**ite** voi il caffè?	*-ite*
loro	(seguire) Segu**ono** le istruzioni.	*-ono*

Group 3b: verbs ending in *-ire (-isco)*		
io	(capire) Non cap**isco**.	*-isc-o*
tu	(capire) Cap**isci** l'italiano?	*-isc-i*
lui/lei/Lei (formal)	(finire) La lezione fin**isce** alle 13.00.	*-isc-e*
noi	(pulire) Pul**iamo** il bagno.	*-iamo*
voi	(preferire) Prefer**ite** vino o birra?	*-ite*
loro	(costruire) Costru**iscono** una casa.	*-isc-ono*

Regular verbs - indicative - present tense

	am-are	ved-ere	apr-ire	cap-ire
io	am-o	ved-o	apr-o	cap-isc-o
tu	am-i	ved-i	apr-i	cap-isc-i
lui/lei/Lei (formal)	am-a	ved-e	apr-e	cap-isc-e
noi	am-iamo	ved-iamo	apr-iamo	cap-iamo
voi	am-ate	ved-ete	apr-ite	cap-ite
loro	am-ano	ved-ono	apr-ono	cap-isc-ono

EXERCISES

1 Occupations. What do these people do? Match the correct phrase to each occupation.

1) il postino → **e) porta la posta**
2) il commesso
3) lo spazzino
4) il barista
5) il pittore
6) il cantante
7) l'infermiere
8) il cuoco
9) il militare
10) la casalinga
11) l'impiegato
12) l'ingegnere
13) lo scrittore

a) scrive libri
b) lavora in casa
c) canta le canzoni
d) pulisce le strade
e) porta la posta
f) prepara da mangiare
g) lavora in ufficio
h) serve i clienti di un negozio
i) lavora in un ospedale
l) progetta macchine
m) lavora nel bar
n) dipinge quadri
o) esegue gli ordini

2 Complete the conjugation of the present tense of the following verbs.

	parlare	vedere	partire	finire
io	*parlo*	vedo	*parto*	finisco
tu	parli	vedi	parti	*finisci*
lui/lei/Lei	*parla*	*vede*	parte	finisce
noi	parliamo	vediamo	*partiamo*	finismo
voi	parlate	vedete	partite	*finite*
loro	parlano	vedono	partono	finiscono

3 Verbs ending in *-are*. Put the verbs into the present tense.

e.g. Luisa *(parlare)* *parla* troppo.

1. Io *(lavorare)* [lavoro] in banca.
2. Stefano *(parlare)* [parla] bene l'inglese perché *(abitare)* [abita] in America.
3. Quando *(voi/giocare)* [giocate] a calcio?
4. *(io/Pensare)* [penso] spesso alla mia famiglia.
5. Scusi, a che ora *(arrivare)* [arriva] il treno?
6. Perché non *(tu/comprare)* [compri ~~compra~~] un biglietto della lotteria?
7. Anna *(portare)* [porta] la figlia a scuola.
8. Normalmente gli italiani *(studiare)* [studiano] inglese a scuola.
9. *(noi/Tornare)* [tornismo] a Roma lunedì.
10. Signora, Lei *(guidare)* [guida]?

4 Verbs ending in *-ere*. Put the verbs into the present tense.

e.g. A chi *(tu/scrivere)* *scrivi* questa lettera?

1. *(tu/Vedere)* vedi quella donna? È russa.
2. *(io/Perdere)* perdo sempre le chiavi di casa.
3. Scusi, *(Lei/chiudere)* chiude la porta per piacere?
4. *(io/Vivere)* vivo in Inghilterra da 4 anni.
5. Se non *(voi/mettere)* mettete l'indirizzo corretto la lettera non arriva.
6. Loro non *(permettere)* permettono al figlio di uscire la sera.
7. Noi *(vivere)* viviamo in un appartamento.
8. Paola *(cadere)* cade spesso da cavallo.
9. Alberto è un pittore e *(vendere)* vende molti quadri.
10. Noi *(vedere)* vediamo molti film.

5 Verbs ending in *-ire*. Put the verbs into the present tense.

e.g. Di solito *(noi/dormire)* *dormiamo* otto ore.

1. "Quale vino *(Lei/preferire)* preferisce ?" "D'estate *(io/preferire)* preferisco il bianco."
2. L'aereo per Parigi *(partire)* parte alle 18.30.
3. A che ora *(tu/finire)* finisci di lavorare?
4. *(tu/Sentire)* senti questa musica?
5. Il concerto *(finire)* finisce fra un'ora.
6. Anna *(dormire)* dorme sempre troppo.
7. Loro non *(capire)* capiscono l'inglese.
8. Oggi *(offrire)* offriamo noi!
9. Oggi *(io/pulire)* pulisco il bagno.
10. A che ora *(voi/partire)* partite ?

6 6. Verbs ending in *-are*, *-ere*, *-ire*. Put the verbs into the present tense.

1. Paola *(vivere)* vive a Venezia e *(lavorare)* lavora in un negozio di abbigliamento.
2. Quando *(io/studiare)* studio *(io/ascoltare)* ascolto sempre la radio.
3. Ornella e Luca *(partire)* partono oggi per le vacanze. *(Prendere)* Prendono il treno fino a Napoli e poi il traghetto fino a Ischia.
4. Perché non *(tu/pulire)* pulisci la cucina, quando *(tu/mangiare)* mangi ?
5. Voi *(lavorate)* lavorate troppo.
6. Signor Fabi, se *(preferire)* preferisce un appuntamento per la prossima settimana, io sono libero martedì pomeriggio.
7. Annalisa *(giocare)* gioca molto bene a tennis.
8. Quando l'insegnante *(parlare)* parla veloce, gli studenti non *(capire)* capiscono quasi niente.
9. Questo esercizio non *(finire)* finisce mai!
10. Signora, *(vedere)* vede quella fontana? L'autobus *(passare)* passa proprio lì davanti.

7 Who are these people? Choose the correct verb and guess the name of the personality.

a) Sono italiano e **giro/~~gira~~** tutto il mondo per cantare, ma **~~vivi~~/vivo** in Italia. Gli italiani mi **~~conoscete~~/conoscono** perché **vedono/~~vedo~~** i miei concerti alla televisione e **~~comprate~~/comprano** i miei dischi. Mi **~~chiama~~/chiamo** Andrea, sono un tenore e **canto/~~canta~~** molti tipi di musica, classica, opera e moderna.
Sai chi sono? **ANDREA B _ _ _ _ _ _ _**

b) Sono una persona molto importante. **~~Abita~~/Abito** in un piccolo stato indipendente dentro l'Italia. **Ho/~~Ha~~** un lavoro di responsabilità e spesso **~~viaggiamo~~/viaggio** molto. Di solito **~~porta~~/porto** abiti bianchi e lunghi e uno strano cappellino sulla testa e la domenica molta gente **~~aspetta~~/aspettano** di vedermi quando **~~apre~~/apro** la finestra per parlare. Le guardie del mio stato **parlano/~~parlate~~** tedesco perché sono tutte svizzere.
Sai chi sono? **IL P _ _ _**

c) Sono molto famoso, **~~vive~~/vivo** e **~~lavorate~~/lavoro** a Milano. Uomini e donne **~~indossiamo~~/indossano** i vestiti che io **disegno/~~disegna~~**. Molte modelle famose **lavorano/~~lavora~~** per me. I miei vestiti **~~costate~~/costano** molti soldi. Mi **~~chiami~~/chiamo** Giorgio.
Sai chi sono? **GIORGIO A**R M A N I

8 Put the verbs into the present tense and guess the title of the book.

Che libro è?

È un romanzo italiano del 1980, è molto famoso e *(vendere)* [vende] ancora milioni di copie nel mondo. La storia *(accadere)* [accade] nel XIV secolo: un giovane monaco *(accompagnare)* [accompagna] un frate in un'abbazia e *(scrivere)* [scrive] un diario dove *(raccontare)* [racconta] cosa *(succedere)* [succede]. Nell'abbazia c'è un mistero: qualcuno *(assassinare)* [assassina] i monaci e nessuno *(capire)* [capisce] perché. Il frate *(investigare)* [investiga] sul mistero e il giovane monaco *(cercare)* [cerca] di aiutarlo, ma i morti *(aumentare)* [aumentano]. Alla fine il misterioso assassino *(uccidere)* [uccide] 7 monaci! Il mistero *(finire)* [finisce] quando il frate *(scoprire)* [scopre] che la biblioteca dell'abbazia è molto importante per la soluzione e finalmente *(trovare)* [trova] l'assassino. Sai come qual è il titolo di questo libro?

IL _ _ _ _ DELLA _ _ _ _

9 Put the verbs into the correct places in the text.

amano | **cambiano** | **è** | **è** | **è** | **ha** | **mostra** | **sembra** | **serve** | **sono** | **usano** | **vivono**

Una ricerca del 2001 dell'Istituto di Statistica italiano (ISTAT) [ ] che la generazione degli italiani tra i 30 e i 40 anni [ ] la più numerosa del secolo. Infatti gli uomini e le donne che sono in questa fascia di età [ ] più di dieci milioni (10.416.000). Sono i figli del baby-boom degli anni '60 italiani, si interessano di nuove tecnologie e di tutto quello che è veloce e [ ] a fare soldi. Sono molto individualisti, [ ] spesso gusti e passioni, [ ] quasi tutti il motorino e [ ] la cucina internazionale. Il 71,36% [ ] un lavoro, solo l'8,80% [ ] disoccupato, quasi 6 milioni di loro [ ] in coppia con uno o più figli. Non [ ] una generazione molto intellettuale, infatti solo il 5,9% va al cinema più di 12 volte l'anno e solamente lo 0,5% va a teatro più di 12 volte l'anno. [ ] una generazione senza ideologie, senza miti, orientata alla carriera, senza paura di rischiare, che si occupa solo di se stessa e si basa principalmente sull'individualismo.

(adapted from "La Repubblica")

10 Read the introductions of Andrea, Veronica and Caterina and write a short report about them, describing them in the 3rd person singular as shown in the examples.

a) "Ciao. Mi chiamo Andrea Fiorini e ho 26 anni. Sono di Milano e abito in centro, dove lavoro in una agenzia turistica dal lunedì al venerdì. Di solito comincio a lavorare alle 9.00 e finisco alle 5.00, poi, tre volte alla settimana, gioco a tennis con un amico. Non sono fidanzato perché preferisco rimanere libero e indipendente, però ho molte amiche e una vita molto attiva. La sera vedo spesso gli amici per bere qualcosa o andare a ballare."

a) *Si chiama Andrea Fiorini e ha 26 anni. . .* È di Milano e abita in centro, dove lavora in una agenzia turistica dal lunedì e venerdì. Di solito comincia a lavorare alle 9.00 et finisce alle 5.00, poi, tre volte alla settimana, gioca a tennis con un amico. Non è fidanzato perché preferisce rimanere libro e indipendente, però ha molte amiche e una vita molto attiva. La sera vede spesso gli amici per bere qualcosa o andare a ballare.

b) "Buonasera. Mi chiamo Veronica Biaggi e ho 49 anni. Sono di Reggio Emilia ma vivo a Bologna dove insegno in una scuola elementare. Sono sposata e ho due figli, un maschio e una femmina. Nel tempo libero leggo molto, sono appassionata di libri e spendo molti soldi nelle librerie. Qualche volta penso di scrivere un libro sui bambini, ma ora non ho molto tempo. Forse in futuro . . ."

b) *Si chiama Veronica Biaggi e ha 49 anni. . .* È di Reggio Emilia ma vive a Bologna dove insegna in una scuola elementare. È sposata e ha due figli, un maschio e una femmina. Nel tempo libro legge molto, è appassionata di libri e spende molti soldi nelle librerie. Qualche volta pensa di scrivere un libro sui bambini, ma ora non ha molto tempo. Forse in futuro...

c) "Mi chiamo Caterina Cussu, ho 28 anni, sono sarda e vivo a Nuoro, dove lavoro in una società informatica come designer grafico. È un lavoro molto creativo e qualche volta, quando non ho idee, prendo la macchina e giro lungo la costa, a pensare. Non sono sposata né fidanzata. Viaggio volentieri e conosco sempre nuove persone."

c) *Si chiama Caterina Cussu e ha 28 anni. . .* è sarda e vive a Nuoro, dove lavora in una società informatica come designer grafico. È un lavoro molto creativo e qualche volta, quando non ha idee, prende la macchina e gira lungo la costa, a pensare. Non spo è sposata né fidanzata. Viaggia volentieri e conosce sempre nuove persone.

Progress test
(Units 1-5)

Have you made progress? Use this test to check.
Each exercise repeats one or more grammatical topic.
If you get more than half of the total correct: WELL DONE!
Otherwise, repeat the topics that give you most problems.

1 NOUNS (MASCULINE AND FEMININE).
Divide the nouns into masculine and feminine.

cameriere stazione orologio casa autobus padre salame vino pane stagione film città bar bici birra cinema mano fiore problema radio

masculine	feminine
cameriere	

Each correct noun scores 1 point. Total:____/20

2 NOUNS (SINGULAR AND PLURAL).
Put the singular nouns into the plural.

singular	plural
penna	*penne*
amico	
libro	
amore	
operaio	
infermiere	
avvocato	
uomo	
professoressa	
mano	
amica	
pesca	
università	
foto	
bar	
disco	
giornale	
letto	
albergo	
caffè	
pizzeria	

Each correct plural scores 1 point. Total:_____/20

3 DEFINITE ARTICLES.
Complete the text with the definite articles.

Aumentano ___ divorzi e ___ separazioni

Secondo l'ultima statistica dell'Istat in Italia ___ matrimonio è sempre più in crisi: ___ dati dell'Istat dicono che nel 2000 aumentano separazioni (+4,8%) e divorzi (+1,9%). Sono soprattutto ___ donne (68,4%) che chiedono ___ separazione. Invece sono specialmente ___ uomini che chiedono ___ divorzio (63,2%). ___ numero dei figli nelle separazioni e nei divorzi è di 94.320; il 98,8% dei figli resta con ___ madre; il 94% dei bambini ha meno di sei anni.

(adapted from "La Repubblica")

Each correct article scores 1 point. **Totale:______/10**

4 DEFINITE AND INDEFINITE ARTICLES.
Complete the text with the definite or indefinite articles.

Bologna è una città dell'Emilia-Romagna, ___ regione del centro-nord Italia. ___ origini di Bologna sono del IX secolo a.C. Quando nel 189 a.C. diventa ___ colonia romana, ___ suo nome cambia da Felsina (___ suo nome etrusco) a Bononia. ___ periodo più importante e ricco nella storia di Bologna è il secolo XI, quando ___ città diventa comune libero e nasce ___ università. ___ università di Bologna rimane per secoli una delle più importanti in Europa. ___ centro della città ha ancora ___ vie medievali e ___ antiche torri. ___ due torri più famose sono ___ Torre degli Asinelli (secolo XII) e ___ Torre della Garisenda (fine secolo XI). Ora Bologna è ___ importante centro artistico e intellettuale. ___ studenti del DAMS, ___ Accademia delle Arti e dello Spettacolo, rendono ___ città molto vivace e divertente. ___ ristoranti sono ottimi, ___ osterie sono famose per ___ musica dal vivo e ___ vino. Insomma ___ vita a Bologna è piena di stimoli, è ___ città bella e ricca di cultura e arte e molti ancora la chiamano: la grassa.

Each correct article scores 2 points. **Totale:______/50**

5 *ESSERE* AND *AVERE*.
Choose the correct verb: *essere* or *avere*?

L'Italia **è/ha** 20 regioni e, naturalmente, ogni regione **ha/è** molte città, cittadine e paesi che **hanno/sono** molto differenti fra loro. Spesso anche i dialetti **hanno/sono** molto diversi e, secondo alcuni, anche gli abitanti delle diverse regioni, o delle diverse città, **sono/hanno** caratteri diversi.

Per esempio dicono che, se **hai/sei** di Genova, in Liguria, **hai/sei** avaro come uno scozzese. Oppure, se **sei/hai** di Milano, in Lombardia, **hai/sei** sempre fretta, non **sei/hai** molta pazienza e **sei/hai** piuttosto arrogante. Di noi toscani dicono che **abbiamo/siamo** anticlericali e satirici e anche nella stessa Toscana ci **sono/hanno** molte rivalità fra le città e tutti parlano male dei vicini. Dei sardi si dice che **sono/hanno** molto orgogliosi, come anche i siciliani. Qualche volta parlare male delle altre città o delle altre regioni **è/ha** uno dei giochi preferiti, ma, in fondo in fondo, nessuno ci crede poi molto (o quasi ...).

Each correct verb scores 1 point. **Totale:______/15**

6 PRESENT TENSE OF *ESSERE, AVERE* AND REGULAR VERBS.
Put the verbs into the present tense.

Una domenica a digiuno

Aldo torna oggi dalla Francia. È domenica. L'aereo *(arrivare)* ______ all'aeroporto alle 11. Aldo *(aspettare)* ______ le valigie, *(prendere)* ______ un taxi e all'una *(essere)* ______ a casa. " *(io/Avere)* ______ fame", *(pensare)* ______, quindi *(aprire)* ______ il frigorifero e *(vedere)* ______ un cartone di latte vecchio, due pomodori e un vasetto di maionese. Allora *(decidere)* ______ di uscire per comprare qualcosa da mangiare, ma il paese *(essere)* ______ deserto. *(Essere)* ______ agosto, *(essere)* ______ una giornata molto calda e Aldo, dalle finestre aperte, *(sentire)* ______ i profumi del pranzo. La fame *(aumentare)* ______, Aldo *(prendere)* ______ la macchina e *(cominciare)* ______ a girare in cerca di un supermercato aperto.... niente! *(Essere)* ______ domenica, nessuno *(lavorare)* ______! Lo stomaco *(essere)* ______ vuoto, la testa *(girare)* ______, i pochi ristoranti del paese *(essere)* ______ chiusi perché tutti *(essere)* ______ in vacanza. Aldo *(avere)* ______ paura di morire di fame... Almeno un gelato! Alla fine, disperato, *(entrare)* ______ in una gelateria, *(comprare)* ______ un chilo di gelato e lo *(portare)* ______ a casa. Poi *(finire)* ______ tutto il gelato e *(decidere)* ______ di andare a letto, perché *(avere)* ______ un gran mal di pancia! A letto *(pensare)* ______:" *(io/Odiare)* ______ le domeniche d'agosto!!".

Each correct verb scores 3 points. **Totale:______/90**

7 NOUNS, ADJECTIVES, VERBS AND ARTICLES.
Make sentences in the present tense, as shown in the example. Don't forget the articles!

e.g. tedesco/essere/lingua/germanico > *Il tedesco è una lingua germanica.*

1. italiani/normalmente/prendere/vacanze/ad agosto. > ______
2. d'inverno/montagne/italiano/essere/pieno/di sciatori. > ______
3. Sardegna/avere/mare/bellissimo. > ______
4. montagna/più/alto/degli Appennini/essere/in Abruzzo. > ______
5. sciatori/estivo/preferire/Monte Rosa. > ______
6. isole Tremiti/essere/tre isole/italiano. > ______
7. turisti/tedesco/amare/spiagge/italiano. > ______
8. molto/turisti/visitare/cascate delle Marmore/in Umbria. > ______
9. fiume/più/lungo/d'Italia/essere/Po. > ______
10. Po/nascere/sulle Alpi e/finire/nel mare Adriatico. > ______

Each correct sentence scores 4 points. **Totale:______/40**

Modal verbs and the verb *sapere*

Voglio un po' di silenzio!
Lina **vuole** il motorino.
Sandro **deve** fare la dieta.
Dobbiamo studiare di più.
Non **puoi** venire al parco?
I bambini non **possono** uscire da soli.
Non **so** guidare la macchina.
Sapete usare il computer?

*The modal verbs, **volere, potere, dovere** and the verb **sapere** are irregular in the present tense.*

Voglio mangiare un po'.
Devo cambiare i soldi.
Posso fumare?
Scusi, **può chiudere** la finestra?

*Normally the modal verbs **volere, dovere** and **potere** are followed by an infinitive.*

Non **so giocare** a tennis.
(= non so come fare a giocare)

***Sapere** normally means: to have the ability to do something.*

Oggi **non posso** giocare a tennis.
(= non ho tempo/mia madre non mi dà il permesso)

***Potere** usually means: to have the physical ability to do something or to have permission to do something.*

Modal verbs and the verb *sapere*

	volere	potere	dovere	sapere
io	**voglio**	**posso**	**devo**	**so**
tu	**vuoi**	**puoi**	**devi**	**sai**
lui/lei/Lei (formal)	**vuole**	**può**	**deve**	**sa**
noi	**vogliamo**	**possiamo**	**dobbiamo**	**sappiamo**
voi	**volete**	**potete**	**dovete**	**sapete**
loro	**vogliono**	**possono**	**devono**	**sanno**

EXERCISES

1 Choose the correct form of the modal verbs.

e.g. Laura non **posso/può** mangiare le pesche. È allergica.
1. Oggi (io) **devo/deve** telefonare a Massimo.
2. Aldo e Giacomo **vogliamo/vogliono** studiare lo spagnolo.
3. Noi bambini non **possiamo/possono** giocare in giardino.
4. Se (tu) **voglio/vuoi** dimagrire non **deve/devi** mangiare cioccolata.
5. Luca non **può/posso** mangiare la torta perché ha mal di stomaco.
6. Gli studenti **dovete/devono** fare molti compiti.
7. Scusi, (Lei) **puoi/può** spegnere la sigaretta?
8. A che ora (voi) **dovete/deve** partire?
9. Perché le ragazze non **volete/vogliono** venire al cinema?
10. (tu) Non **può/puoi** stare in casa ogni domenica!

2 ***Potere* or *sapere*? Match the correct phrase to each illustration.**

3 ***Potere* or *sapere*? Choose the correct verb for each sentence.**

e.g. Ho mal di denti, non **posso** / **so** parlare.

1. **Sai/~~Puoi~~** nuotare?
2. Oggi non **~~so~~/posso** venire al cinema perché ho da fare.
3. Scusi, **~~può~~/sa** che ore sono?
4. Luigi lavora in Francia ma non **sa/~~può~~** una parola di francese.
5. **Potete/~~Sapete~~** chiamare la polizia? Non ho il telefono.
6. No, mia figlia non **~~sa~~/può** venire in piscina, non **sa/~~può~~** nuotare.
7. Se non vanno in macchina **~~sanno~~/possono** prendere il treno.
8. Non **~~possiamo~~/sappiamo** dove abita Piera.
9. **Possiamo/~~Sappiamo~~** venire a casa tua oggi?
10. **~~Sapete~~/Potete** giocare a bridge domani sera?

4 **Choose the correct verb.**

e.g. Quando andiamo al ristorante **sappiamo** / **vogliamo** / **dobbiamo** sempre un tavolo per fumatori.

Marta e Alice sono gemelle e studiano nella stessa scuola, ma in due classi diverse. Marta è un tipo attivo ed è molto brava in tutti gli sport, Alice invece è più brava in italiano e filosofia e preferisce i libri allo sport. Domani Marta ha un compito di italiano e non **vuole/sa/deve** andare a scuola perché ha paura di prendere un brutto voto, quindi chiede ad Alice se **deve/può/sa** prendere il suo posto e fare il compito per lei, infatti la professoressa non la **vuole/deve/può** riconoscere! Alice risponde di sì, ma dice che allora Marta **sa/vuole/deve** prendere il suo posto alla partita di pallavolo di venerdì perché lei non **sa/deve/può** giocare bene e non **può/deve/vuole** fare una brutta figura. I genitori di Marta e Alice naturalmente non **sanno/devono/vogliono** niente di tutto questo e sono orgogliosi di quanto le loro figlie sono brave in tutto!

Other verbs that are irregular in the present tense

andare	bere	dare	dire
vado	bevo	do	dico
vai	bevi	dai	dici
va	beve	dà	dice
andiamo	beviamo	diamo	diciamo
andate	bevete	date	dite
vanno	bevono	danno	dicono

fare	morire	rimanere	riuscire
faccio	muoio	rimango	riesco
fai	muori	rimani	riesci
fa	muore	rimane	riesce
facciamo	moriamo	rimaniamo	riusciamo
fate	morite	rimanete	riuscite
fanno	muoiono	rimangono	riescono

salire	scegliere	sedere	stare
salgo	scelgo	siedo	sto
sali	scegli	siedi	stai
sale	sceglie	siede	sta
saliamo	scegliamo	sediamo	stiamo
salite	scegliete	sedete	state
salgono	scelgono	siedono	stanno

tenere	uscire	venire
tengo	esco	vengo
tieni	esci	vieni
tiene	esce	viene
teniamo	usciamo	veniamo
tenete	uscite	venite
tengono	escono	vengono

EXERCISES

1 Complete the conjugation of the following verbs.

	dire	rimanere	scegliere	sedere	tenere
io	dico	rimango	scelgo	siedo	tengo
tu	dici	rimani	scegli	siedi	tieni
lui/lei/Lei	dice	rimane	sceglie	siede	tiene
noi	diciamo	rimaniamo	scegliamo	sediamo	teniamo
voi	dite	rimanete	scegliete	sedete	tenete
loro	dicono	rimangono	scelgono	siedono	tengono

2 Reconstruct the phrases.

e.g. che ora/domani/parti/a/? > A che ora parti domani?

1. andare/vogliamo/in vacanza. > Vogliamo andare in casa?
2. rimane/studiare./perché/Renato/a casa/deve > Perché Renato rimane a casa? Deve studiare
3. più birra./beviamo/d'estate > D'estate, beviamo più birra.
4. la/stranieri/italiana/per/incomprensibile./è/politica/gli > La italiana politica per gli stranieri è incomprensibile
5. mancia/non/perché/la/dai/al cameriere? > Perché non dai la mancia al cameriere?
6. venire/a ballare./posso/non > Non posso venire a ballare
7. il/sa/Marco/tedesco. > Marco sa il tedesco
8. domani?/fai/cosa > Fai cosa domani?
9. non usciamo/perché/stasera? > Perché non usciamo stasera?

3 Paola is on holiday with three friends and writes a letter home. Complete the letter with the verbs from the list, as shown in the example.

andiamo andiamo fa facciamo facciamo preferiscono siamo state stiamo usciamo vado vanno vengono viene

Ciao a tutti!

Come [state] ? Noi qui a Sorrento [stiamo] benissimo! [Siamo] in una pensione molto carina e non troppo cara. Ogni mattina [andiamo] al mare, dove [facciamo] una bella nuotata e poi, quando [fa] troppo caldo e [viene] molta gente, andiamo al bar e [facciamo] colazione. Qualche volta (io) [vado] con Serena al mercato mentre Sergio e Giorgio [preferiscono] tornare alla pensione a riposarsi. Sorrento è bellissima e le serate sono davvero divertenti!! I sorrentini sono simpatici e, quando io e Serena [usciamo] e [andiamo] al bar o a ballare da sole (Sergio e Giorgio qualche volta non [vengono] perché [vanno] a pescare di notte) offrono sempre da bere e ci fanno compagnia. Insomma, una pacchia!

Ciao e a presto!

Paola

4 **Choose the correct form of the verb in each phrase and then choose the answer. When you have finished, check your score to discover whether you are a pessimist or an optimist.**

Test psicologico - Sei ottimista o pessimista?

1. Quando **sei/vai** invitato a una festa.
   - ☑ a. **Hai/Sei** molto contento.
   - ☐ b. Trovi una scusa e non **vai/fai**.
   - ☐ c. **Puoi/Vuoi** sapere chi c'è.
   - ☐ d. **Hai/Sei** imbarazzato.
   - ☐ e. Pensi al vestito da mettere.

2. Il tuo mese preferito **è/fa**:
   - ☐ a. Marzo.
   - ☑ b. Dicembre.
   - ☐ c. Giugno.
   - ☐ d. Ottobre.
   - ☐ e. Agosto.

3. Cosa **dici/dai** del tuo aspetto?
   - ☐ a. **Sono/Devo** stare molto attento.
   - ☑ b. **Va/È** abbastanza bene.
   - ☐ c. **Voglio/Vado** migliorare.
   - ☐ d. Non **è/ha** molta importanza.
   - ☐ e. **Sta/È** perfetto.

4. Cosa **hai/fai** se **tieni/vuoi** essere simpatico a qualcuno?
   - ☐ a. Mostri sicurezza.
   - ☐ b. Mostri che **fai/sei** interessato a lui.
   - ☐ c. Sei riservato.
   - ☑ d. Parli dei problemi che **sei/hai**.
   - ☐ e. Ascolti.

5. Cosa pensi delle tue esperienze?
   - ☑ a. **Hanno/Sono** interessanti.
   - ☐ b. Sono personali e riservate.
   - ☐ c. **Va/È** giusto raccontarle a tutti.
   - ☐ d. **Voglio/Vado** raccontarle solo a persone sensibili.
   - ☐ e. Va bene raccontarle agli amici.

10+1+5+3+10 = 29

Risultati

da 0 a 15
Sei molto pessimista e ansioso, malinconico e triste. Devi essere più positivo.

da 15 a 30
Oscilli fra pessimismo e ottimismo. Qualche volta sei disorientato e qualche volta pieno di energia.

da 30 a 50
Sei prevalentemente ottimista e soddisfatto della vita. Hai molti amici e sei contento.

Punteggio

	a	b	c	d	e
1	10 punti	0 punti	5 punti	2 punti	8 punti
2	10 punti	1 punti	7 punti	0 punti	4 punti
3	8 punti	5 punti	0 punti	2 punti	10 punti
4	10 punti	9 punti	0 punti	3 punti	6 punti
5	10 punti	0 punti	5 punti	2 punti	8 punti

5 Choose the correct form of the verb and decide whether the sentences are true or false.

Usi, costumi e regole italiani

	true	false
1. Gli attori italiani **dicono/~~danno~~** che il colore viola porta sfortuna.	☒	☐
2. Se prendi il treno **~~vuoi~~/devi** annullare il biglietto prima di salire.	☒	☐
3. Quando compri qualcosa **devi/~~puoi~~** tenere sempre lo scontrino.	☒	☐
4. Il primo maggio gli italiani **~~salgono~~/rimangono** al lavoro.	☐	☒
5. Nei dialetti meridionali **è/~~sono~~** possibile dire "pure" al posto di "anche".	☒	☐
6. La maggior parte dei giovani **va/~~rimane~~** a vivere da solo molto presto.	☐	☒
7. Quasi tutti in Italia **vanno/~~fanno~~** in vacanza ad agosto.	☒	☐
8. Noi italiani **~~siamo~~/facciamo** sempre la fila per tutto.	☐	☒
9. Se **~~teniamo~~/diamo** un esame all'università **~~diamo~~/diciamo** "In bocca al lupo".	☒	☐
10. Se vuoi essere formale **~~dici~~/dai** del Lei.	☒	☐

6 Choose the correct verb and conjugate it in the present tense.

e.g. Piero **(sapere/volere/fare)** *vuole* diventare architetto.

1. (io) Non **(potere/sapere/bere)** [posso] comprare quella macchina. È troppo cara!
2. Prima di mangiare (tu) **(volere/dovere/potere)** [vuoi] bere un aperitivo?
3. Scusi, **(sapere/dire/potere)** [sa] dove è l'ufficio postale più vicino?
4. Noi **(fare/dovere/dire)** [diciamo] sempre la verità.
5. Il fine-settimana voi **(morire/andare/bere)** [bevete] troppo!
6. Silvia e Barbara **(venire/essere/stare)** [stanno] male.
7. Gli italiani **(uscire/fare/bere)** [~~facciamo~~ fanno] colazione con un cappuccino.
8. D'estate in Italia **(salire/volere/venire)** [vengono] molti turisti.
9. (io) Non **(morire/riuscire/fare)** [riesco] a dormire.

7 Find the two incorrect verb forms in the text.

Il caffè

Come tutti sanno, gli italiani bevono molti caffè durante il giorno: molte persone fanno il caffè a casa con la Moka, (una caffettiera tipica per l'espresso che esiste dal 1933), altri vanno al bar. Quello che gli italiani chiamano caffè è naturalmente l'espresso, che alcuni bevono con un po' di latte (macchiato) e che al nord molti bevono "corretto", con un po' di grappa o cognac. Al bar, la mattina, molti italiani fa [fanno] colazione con un cappuccino o un caffè, in piedi. Molti impiegati smettono di lavorare a metà mattina, usciamo [escono] e vanno a prendere il caffè. Anche agli amici a casa di solito gli italiani offrono un caffè, non un tè.

Addressing people formally

Informal sentence: Scusa, **sei** il fratello di Mario?
Formal sentence: Scusi, **Lei è** il fratello di Mario?

Informal sentence: **Giovanni**, a che ora **pensi** di partire?
Formal sentence: **Signor Testi**, a che ora **pensa** di partire?

Informal sentence: Ciao **Anna**, come **stai**?
Formal sentence: Buongiorno **signorina**, come **sta**?

- *When we need to address people formally we use the pronoun **Lei** (feminine 3rd person singular). The verb therefore is in the 3rd person singular.*

Buonasera Signori, cosa **bevete**?

Buonasera Signori, cosa **bevono**?

- *Often the plural form used to address people formally is **Voi** (2nd person plural).*
- *Sometimes, in very formal situations, we use **Loro** to address more than one person formally (3rd person plural).*

Addressing people formally	
singular	**Lei**
plural	**Loro** *(not very common)*
	Voi *(used more frequently)*

EXERCISES

1 Match each dialogue to the correct illustration.

1\.

2\.

3\.

a.

- ■ Buongiorno Signora Sodini, come va?
- ▲ Molto bene, grazie Signor Loppi. E Lei?
- ■ Niente male, grazie. Lavora qui vicino?
- ▲ Sì, proprio qui davanti.
- ■ Viene a prendere un caffè con me?
- ▲ Perché no. Ho dieci minuti liberi.

b.

- ■ Buona sera Professor Nucci.
- ▲ Ciao Roberto! Tutto bene?
- ■ Abbastanza. Però ho qualche problema con la tesi. Ha un po' di tempo?
- ▲ Certo. Andiamo nel mio ufficio.
- ■ Grazie Professore.

c.

- ■ Franco, come va?
- ▲ Ciao Lucia! Che fai qui?
- ■ Vado in palestra qui vicino. Tu abiti sempre in via S. Stefano?
- ▲ Sì, perché non passi da casa mia dopo la palestra?
- ■ Va bene. A dopo.

2 Andrea Felici and Federica Giusti meet. Put the conversation into the correct order.

f, e, c, b, a, d, g.

5 a) Sì, perché?	4 b) Bene, grazie! Hai tempo?
3 c) Non male e tu?	6 d) Prendi un caffè con me?
2 e) Ciao Federica, come stai?	
1 f) Ciao Andrea!	7 g) Ottima idea Andrea!

3 Now change the conversation to formal speech, as shown in the example.

Buongiorno signor Andrea!

Buongiorno signorina Federica, come sta ?

Non male, e lei? Bene, grazie! Ha tempo? Si, perché? Prenda un caffè con me?

Ottima idea (signor) Andrea!

4 Choose the correct form in the dialogue between Mrs. Cini, a teacher, and Luca Mancini. Use formal speech for the teacher but not for Luca, as shown in the examples.

Luca - Buongiorno professoressa. **Vuole/vuoi** parlarmi?
Prof. - Sì Luca, **vieni/viene** un attimo qui. Lo **sa/sai** che **hai/~~ha~~** dei problemi in italiano, no?
Luca - Sì, ma non so cosa fare. Non ho tempo di studiare tutto quello che Lei **~~fai~~/fa** in classe.
Prof. - E perché no? Per gli altri non è un problema. Tu cosa **hai/~~ha~~** di speciale?
Luca - Scusi, non **~~sai~~/sa** che sono nel gruppo sportivo della scuola e che gioco a calcio nella squadra degli Under 21 del paese?
Prof. - Va bene, ma lo sport non deve prendere il posto dello studio, tu che **~~pensa~~/pensi**?
Luca - Forse **~~hai~~/ha** ragione professoressa ma **deve/~~devi~~** sapere che io voglio diventare un calciatore professionista e non posso perdere tempo con l'italiano. Se **ascolta/~~ascolti~~** i calciatori famosi quando parlano **~~capisci~~/capisce** cosa voglio dire.
Prof. - Ma Luca! Non **puoi/~~può~~** pensare solo al calcio! Se **~~ha~~/hai** sfortuna e questa carriera non va? Cosa **fai/~~fa~~**?
Luca - Forse posso lavorare alla RAI! Lì l'italiano non è molto importante, no?
Prof. - Sigh…

5 Put the verbs in the present tense and complete the interview.

a) Sandro ha 16 anni e lavora part-time da MacDonald's.

Giornalista - **Ciao** Sandro.
Sandro - **Buonasera**.
Giornalista - Da quanto tempo *(lavorare)* [lavi] qui?
Sandro - Da pochi mesi.
Giornalista - E quante ore *(dovere)* [~~dov~~ devi] fare al giorno?
Sandro - Normalmente lavoro 3 giorni alla settimana, sei ore al giorno.
Giornalista - Lo stipendio è buono? Quanto *(prendere)* [prendi] all'ora?
Sandro - Mah, circa 5 euro, non molto.
Giornalista - Allora perché *(volere)* [vuoi] lavorare? Non *(potere)* [puoi] rimanere a casa a studiare o andare in giro con gli amici?
Sandro - È vero. Ma preferisco avere un po' di soldi da spendere e essere indipendente.
Giornalista - Capisco Sandro. Ciao e buon lavoro.
Sandro - Arrivederci e grazie.

b) Il padre di Sandro, Orlando Pistola, ha 57 anni ed è direttore di banca.

Giornalista - **Buongiorno signor Pistola.**
Signor Pistola - **Buongiorno a Lei.**
Giornalista - Cosa *(pensare)* [pensa] del lavoro di Sandro?
Signor Pistola - Non capisco perché vuole lavorare. Noi non abbiamo problemi economici e io posso pagare tutto quello che vuole.
Giornalista - Ma non *(credere)* [crede] che un piccolo lavoro può essere importante per un giovane?
Signor Pistola - Un lavoro da MacDonald's? Penso proprio di no! E poi i giovani devono stare insieme, andare al cinema, andare a ballare, divertirsi insomma!
Giornalista - *(Andare)* [Va] mai a trovare Sandro al lavoro?
Signor Pistola - *(Scherzare)* [Scherza]? No. Mai. Sandro sa che io non sono contento del suo lavoro, è senza futuro.
Giornalista - Lei non *(mangiare)* [mangia] mai da MacDonald's?
Signor Pistola - No, no. Io mangio solo in ristoranti di qualità e non voglio incontrare mio figlio che fa il cameriere.
Giornalista - Ma perché *(essere)* [é] così rigido?
Signor Pistola - Perché il figlio di un direttore di banca non può fare un lavoro così!
Giornalista - Capisco, arrivederLa.
Signor Pistola - ArrivederLa.

TAKE YOUR NOTES

Present continuous (the verb *stare+the gerund)*

present: Di solito **telefono** a mia madre ogni settimana.
present continuous: **Sto telefonando** a mia madre. *(just now)*
present: Il film **comincia** alle 8.30.
present continuous: Vieni! Il film **sta cominciando**! *(just now)*

- *The present continuous is used to express an action which happens at the moment the person is speaking.*

Fai silenzio, **sto** ascolt**ando** la radio.
Isa **sta** mett**endo** i piatti sulla tavola.
Corri!! Il treno **sta** part**endo**!
La lezione **sta** fin**endo**.

- *The present continuous is formed using the present tense of the verb* **stare + the gerund.** *The gerund is formed from the infinitive of the verb. The endings for the gerund are:*

-are > -ando
-ere > -endo
-ire > -endo

I ragazzi **stanno** bev**endo** il vino.
Piero **sta** fac**endo** la doccia.
Cosa **sta** dic**endo**? Non capisco. C'è troppo rumore.

- *Some verbs form the gerund from the 1st person singular of the present tense:*

bevo > bevendo
faccio > facendo
dico > dicendo

Present continuous (present tense of the verb *stare* + *gerund*)

	stare	gerund
io	**sto**	
tu	**stai**	**parl**ando
lui/lei/Lei (formal)	**sta**	**scriv**endo
noi	**stiamo**	**part**endo
voi	**state**	
loro	**stanno**	

EXERCISES

1 What are they doing?
Match each phrase to the correct illustration.

2 Complete the text with the present tense of the verb *stare*, as shown in the example.

Due guardie di un parco [stanno] facendo il solito giro di controllo e vedono un uomo nel laghetto. L'uomo [sta] muovendo le braccia, mentre alcune persone intorno al laghetto [stanno] guardando. Una delle due guardie dice all'altra: "Ehi! Quell'uomo [sta] facendo il bagno!", e va verso il laghetto. Quando arriva più vicino la guardia grida: "Ehi! Non sa che è proibito fare il bagno nel laghetto?". L'uomo risponde: "Non [sto] facendo il bagno, [sto] affogando!" Allora la guardia, tranquilla, dice: "Va bene. Allora può continuare."

3 **What are these people doing? Choose the correct verb for each person and form the gerund, as shown in the example.**

seguire la partita | tagliare la carne | preparare il pane | dire la messa | intervistare una persona | fare una multa | scrivere alla lavagna | vendere un mazzo di fiori | ballare | pettinare una cliente

1. Il sacerdote *sta dicendo la messa.*
2. Il giornalista sta intervistando una persona
3. Il fornaio sta preparando il pane
4. Il parrucchiere sta pettinando una cliente
5. L'insegnante sta scrivendo alla lavagna
6. Il vigile sta facendo una multa
7. La ballerina sta ballando
8. Il tifoso sta seguendo la partita
9. La fioraia sta vendendo un mazzo di fiori
10. Il macellaio sta tagliando la carne

4 **Put the verbs in brackets into the present continuous tense.**

Un'analisi sociologica degli italiani

Una recente analisi dimostra che in Italia *(aumentare)* [stanno] [aumentando] gli abitanti mentre le nascite *(diminuire)* [stanno] [diminuendo]. Infatti ci sono sempre più stranieri che vengono a vivere nel nostro paese e, con tutti gli immigrati che arrivano, il numero dei residenti in Italia cresce continuamente.
Anche la durata della vita è aumentata negli ultimi anni: le donne vivono più a lungo degli uomini, con una vita media che raggiunge gli 81 anni, mentre quella degli uomini arriva a 74 anni. Gli italiani infatti *(fare)* [stanno] [facendo] più attenzione alla salute: *(consumare)* [stanno] [consumando] più medicine ma purtroppo *(comprare)* [stanno] [comprando] anche più sigarette.

Nel campo dell'istruzione vediamo che gli iscritti all'università *(scendere)* [stanno] [scendendo] e che il numero più alto di laureati figura nelle materie economiche.

E cosa fanno gli italiani per passare il tempo libero? Dall'inchiesta risulta che il cinema *(diventare)* [sta] [diventando] sempre più popolare e ci sono sempre più persone che guardano la TV. Per fortuna anche il numero di quelli che visitano i musei *(salire)* [sta] [salendo].

(adapted from "La Repubblica")

Stare per

Sono le otto. Luigi **sta per** arrivare.
Pronto? Ciao Giorgio, scusa ma **sto per uscire**, perché non chiami domani?
Prendo l'ombrello. **Sta per piovere**..

*The verbal expression **"stare per" + the infinitive** is used to describe an action which is about to take place in the near future.*

EXERCISES

1 **Choose the most suitable expression to complete the sentences.**

1. Metti l'impermeabile perché...
2. Corri! L'autobus...
3. Devo entrare subito a teatro perché...
4. Dobbiamo comprare i biglietti aerei per Roma al più presto perché...
5. Se vuoi parlare con Paolo devi telefonare subito perché...

a. ...stanno per finire
b. ...sta per partire
c. ...sta per uscire di casa
d. ...sta per piovere
e. ...sta per cominciare lo spettacolo

2 Rewrite the sentences using the expression *stare per + infinitive*.

e.g. Luisa esce di casa fra pochi secondi. > *Luisa sta per uscire di casa.*

1. Il treno parte fra pochi secondi. > Il treno sta per partire
2. Il film comincia fra pochi minuti. > Il film sta per cominciare
3. L'anno finisce fra pochi giorni. > L'anno sta per finire
4. I miei genitori arrivano fra pochi minuti. > I miei genitori stanno per arrivare
5. Mi sento male, fra poco svengo. > Mi sento male sto per svenire
6. Mancano solo due km, fra poco arriviamo. > Mancano solo due km, stiamo per arrivare
7. Prendiamo l'ombrello, fra pochi secondi piove. > Prendiamo l'ombrello, sta per piovere
8. Non uscire, fra pochissimo nevica. > Non uscire, sta per nevicare
9. Sono stanco, fra poco vado a letto. > Sono stanco, sto per andare a letto
10. La gatta fa i gattini fra pochissimo. > ~~La gatta fa i gattini~~ La gatta sta per fare i gattini

3 Choose for each illustration the correct action, using the form *stare per + infinitive*, as shown in the example.

1. *sta per leggere un libro*

2. sta per aprire la finestra

3. sta per uscire di casa

~~a. uscire di casa~~
~~b. mettere lo zucchero nel caffè~~
~~c. mangiare~~
~~d. fare una doccia~~
e. leggere un libro
~~f. aprire la finestra~~
~~g. entrare in casa~~
~~h. bere~~

4. stanno per mangiare

5. stanno per bere

6. sta per fare una doccia

7. sta per mettere lo zucchero nel caffè

8. sta per entrare la casa

Possessive adjectives and pronouns

Il **mio** professore è molto simpatico.
Non voglio spendere i **miei** soldi.
Questa è la **mia** casa.
Le **mie** amiche sono americane.
Dov'è il **tuo** amico?
Posso prendere i **tuoi** libri?
La **tua** macchina è molto bella.
Quanto costano le **tue** scarpe?

- *The possessive pronouns and adjectives **mio, tuo, suo, nostro, vostro, loro** have 4 endings as do adjectives of the first group.*

"Conosci Susanna Tamaro?"
"Sì, sto leggendo **il suo** ultimo **libro**."

Carlo è siciliano. **La sua famiglia** viene da Catania.

- *Possessive adjectives and pronouns always agree with the noun to which they refer.*

Signore, posso vedere **il Suo** passaporto?
Il nostro giardino confina con **il vostro**.

- *Possessive adjectives and pronouns nearly always use the definitive article.*

I ragazzi vengono alla festa con **le loro** fidanzate.
Questa è **la loro** casa.

- *The pronoun and adjective **loro** is invariable in gender and number.*

Possessive adjectives and pronouns			
masculine		feminine	
singular	plural	singular	plural
il mio	**i miei**	**la mia**	**le mie**
il tuo	**i tuoi**	**la tua**	**le tue**
il suo	**i suoi**	**la sua**	**le sue**
il nostro	**i nostri**	**la nostra**	**le nostre**
il vostro	**i vostri**	**la vostra**	**le vostre**
il loro	**i loro**	**la loro**	**le loro**

EXERCISES

1 Choose the correct possessive adjective.

Mi chiamo Sonia e abito a Ferrara, in Emilia Romagna. **~~Le mie~~/La mia/~~Il mio~~** città mi piace molto, ma **il mio/~~i miei/la mia~~** sogno è di vivere al mare. Per fortuna ho una cara amica a Rimini, Alice, e spesso vado da lei per qualche giorno. **~~Il mio~~/La sua/~~Le sue~~** casa non è molto vicina al centro, ma quando andiamo a fare spese prendiamo **~~il suo/le mie~~/la sua** macchina e arriviamo in città in pochi minuti. La casa di Alice è grande e ha un bel giardino, così qualche volta porto anche Titto, **~~la mia/i miei~~/il mio** cane, perché **~~i loro~~/i miei/~~le mie~~** vicini di casa non sono contenti quando Titto rimane in casa da solo. Di solito è tranquillo, ma loro hanno una gatta antipaticissima che spesso innervosisce il povero cane. Sono sicura che **la loro/~~i loro/il suo~~** gatta odia Titto e che **i miei/~~le mie/i suoi~~** vicini fanno di tutto per creare problemi. Se tutto va bene però cambio casa fra qualche mese e vado a vivere con **~~il mio~~/la mia/~~le mie~~** amica Alice, così finalmente io e **~~la mia~~/il mio/~~i miei~~** Titto possiamo vivere tranquilli, lontani da quella gatta antipatica!

2 Complete the possessive adjectives and then link the phrases on the left with the nouns on the right, as shown in the example.

a. Insegno ai vostri figli.	1. i dentisti
b. Le mi_ opere sono nei musei.	2. il giardiniere
c. Curo il tu_ giardino.	3. lo scrittore
d. Riparo il motore della vostr_ macchina.	**4) il maestro**
e. I nostr_ clienti hanno paura di noi.	5. il farmacista
f. Preparo le tu_ medicine.	6. il meccanico
g. Le mi_ mani sono agili.	7. l'artista
h. Pubblico i mie_ libri.	8. il pianista

3 Choose the correct possessive adjective and then the correct answer, as shown in the example.

e.g. **Il suo / La sua** città più importante è Torino.	▶ **Toscana / Lazio / Piemonte**
1. **Il suo / ~~La sua~~** monumento più famoso è la torre pendente.	▶ **Pisa / Roma / Milano**
2. **~~Le loro~~ / La loro** lingua è il tedesco.	▶ **polacchi / svedesi / austriaci**
3. Ha **il tuo / la tua** foto sopra.	▶ **bancomat / passaporto / codice fiscale**
4. Tiene **il ~~nostro~~ / i nostri** soldi.	▶ **banca / mamma / coniuge**
5. **La sua / ~~Le sue~~** università è la più antica del mondo.	▶ **Bologna / Firenze / Siena**
6. **~~Le sue~~ / I suoi** abitanti parlano italiano e tedesco.	▶ **Genova / Venezia / Bolzano**
7. Contiene **~~le tue~~ / i tuoi** vestiti.	▶ **armadio / frigorifero / letto**

4 **Complete the text with the correct possessive adjectives.**

Campanilismo

L'Italia ha venti regioni. Forse gli italiani non sono sempre orgogliosi della [loro] nazionalità ma la [loro] provenienza regionale è sempre importante. In Toscana questa situazione è ancora più forte: ogni toscano è molto legato alla [sua] città, al [suo] paese o al [suo] quartiere. Chi abita a Lucca pensa: "La [mia] città è più elegante e i [miei] concittadini sono raffinati e interessanti, ma la gente di Pisa è davvero antipatica!" Gli abitanti di Pisa pensano: "La [nostra] città è bellissima, la [nostra] università è famosa, i fiorentini sono solo arroganti, quelli di Lucca sono tutti avari e montanari e quelli di Livorno, con il [loro] porto, sono proprio volgari!". Invece quelli che vivono a Livorno pensano: "Mamma mia come sono antipatici i pisani! Sono arroganti e superbi! La [nostra] città almeno è più vivace e il [nostro] mare è più bello!" Fra tutti i toscani i fiorentini invece sono convinti che la [loro] città è il centro dell'Italia e l'unico posto in cui si parla veramente italiano. Ma come è possibile, visto che tutte le altre città e paesi toscani credono la stessa cosa?

Possessive adjectives and pronouns plus articles

Mio marito è albanese.
Tua sorella non viene con noi.
Signora Rossi, **Suo** figlio è tornato?
Questa è Anna, **suo** padre è Mario.
Dov'è Sergio? **Sua** nonna sta male.
Nostra nipote va all'università.
Vostro zio è in America?

■ *Normally we* ***never*** *use the article before possessive adjectives which refer to singular nouns which indicate family members:* ***padre, madre, nonno, nonna, zio, zia, fratello, sorella, cugino, cugina*** *etc.*

■ *We use the article with:*

I miei genitori sono in pensione.
I suoi figli vivono lontano.
Signora, dove sono **le Sue** figlie?

a) nouns relating to plural family members: ***genitori, figli, figlie, nipoti, mariti, mogli****, etc.*

La sua nonna materna è di Roma
Il mio zio di Napoli arriva domani.

b) nouns relating to definite family members, ***nonna materna, zio di Napoli****, etc*

Ciao Anna! Dov'è **il tuo papà** ?
La nostra mamma non lavora.

c) colloquial nouns relating to family members: ***papà, mamma****, etc.*

La tua sorellina va a scuola?
Il mio cuginetto ha 3 anni.

d) altered nouns relating to family members; ***sorellina, fratellino, cuginetto****, etc.*

Il loro fratello ha 3 anni.
I loro fratelli sono ingegneri.

e) the possessive adjective ***loro*** *(singular and plural).*

EXERCISES

1 Read the text and answer the questions.

Una famiglia allargata

Mi chiamo Paolo, ho 13 anni e vivo a Bolzano. Il mio patrigno, Claudio, lavora all'ufficio postale centrale della città e la mia mamma, povera donna, passa tutto il giorno in casa con i miei fratelli. Infatti siamo 7 figli. Ho quattro fratelli e due sorelle: il mio fratello maggiore, Massimo, ha 17 anni ed è un adolescente pieno di problemi. Il suo fratello gemello Christian invece è più simpatico. Io, Massimo e Christian siamo figli del primo marito di nostra madre. Nostro padre è americano e i nostri genitori sono divorziati. Ora nostra madre vive con Claudio e ha 4 figli con lui. I nostri due fratellastri, Giorgio e Roberto, hanno 9 e 7 anni e le nostre sorelline, Anna e Grazia, sono piccole: hanno solo 4 anni e 1 anno. Le due bambine sono davvero carine, Grazia è una bambina molto dolce e simpatica.

a) Di dove è il padre di Paolo? È Americano

b) Come si chiamano le sue sorelline? Anna e Grazia

c) Quanti anni ha Christian? 17 anni.

2 Look at Mario's family tree and complete the sentences.

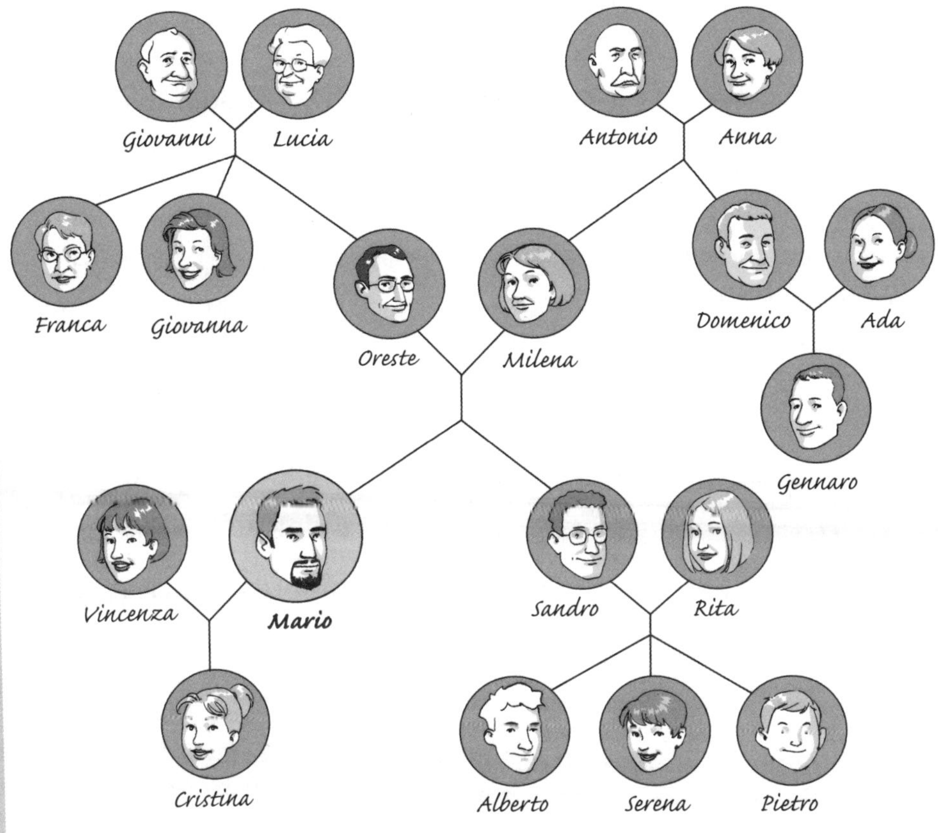

1. ***Il suo*** nonno paterno si chiama Giovanni.

2. La sua nonna materna si chiama Anna.

3. Sua moglie si chiama Vincenza.

4. Suo fratello si chiama Sandro.

5. I ~~sei~~ suoi nipoti si chiamano Alberto, Serena e Pietro.

6. I suoi genitori si chiamano Oreste e Milena.

7. Sua figlia si chiama Cristina.

8. Le sue zie si chiamano Franca, Giovanna e Ada.

9. Suo zio si chiama Domenico.

10. Suo cugino si chiama Sandro.

3 **Insert the correct possessive adjective in the dialogue. Do you need the article or not?**

a

■ Pronto!

▲ Ciao Teresa, posso parlare con [sua] madre?

■ Mi dispiace, non c'è. È fuori con [il mio] papà.

▲ Va bene, richiamo dopo.

b

■ Pronto signor Bianchi buongiorno, sono Aldo Rossi.

▲ Buongiorno, forse Lei vuole [mio] padre. Io sono Sergio.

■ Giovanni Bianchi è [tuo] padre?

▲ Sì, vuole parlare con lui?

■ Sì, grazie.

4 **Complete the text with the possessive adjective *suo/suoi/sua/sue* (with or without the article).**

Una donna famosa

È una donna che vive nel XV secolo, [suo] padre è un papa: si chiama Alessandro VI. [La sua] vita è molto avventurosa. Prende il primo marito a soli 12 anni, nel 1492, per ragioni politiche. Ma [suo] padre, sempre per ragioni politiche, annulla [il suo] primo matrimonio e trova per lei un secondo marito, Alfonso d'Aragona. Quando [il suo] secondo marito muore, assassinato da [suo] fratello, lei prende un terzo marito, il duca di Ferrara.

Ci sono molte leggende che raccontano [la sua] crudeltà, [la sua] cultura e [la sua] pericolosità. Anche [la sua] bellezza è molto famosa e [il suo] uso dei veleni.

[Il suo] nome è Lucrezia. Conosci [il suo] cognome? BORGIA

5 **If you do not know who the famous personality in Exercise 4 is, find the 6 correct sentences. The letters relating to the correct sentences form her last name.**

1. I loro figli sono in campeggio. **B** ✓
2. Mio sport preferito è la pallavolo. **A** ×
3. Anche miei nonni sono in pensione. **F** ×
4. Il nostro gatto si chiama Mizzi. **O** ✓
5. Tuoi libri sono sul tavolo. **N** ×
6. Mia moglie è bionda. **R** ✓
7. Signor Bianchi, Suo figlio dov'è? **G** ✓
8. Vostro lavoro è molto interessante. **E** ×
9. Il mio bambino ha 3 anni. **I** ✓
10. Quanto costa tua auto? **V** ×
11. I tuoi genitori lavorano? **A** ✓

First name: **LUCREZIA**

Last name: B O R G I A

TAKE YOUR NOTES

Reflexive and reciprocal verbs

Purtroppo **mi alzo** sempre alle 3.30. Sono un panettiere.
Bruno **si sente** un po' male oggi.

■ ***Reflexive verbs*** *describe an action that the subject does to itself or which regards it personally.*

Mi lavo le mani con il sapone.
Come **ti** chiami?
Anna **si** trucca e esce per incontrare gli amici.

■ *With reflexive verbs the reflexive pronouns are used:* ***mi, ti, si, ci, vi, si.***

Marta e Carlo **si vedono** ogni sabato.
(= Marta vede Carlo e Carlo vede Marta)
Io e Claudia **ci sposiamo** a luglio.
(= io sposo Claudia e Claudia sposa me)

■ ***Reciprocal verbs*** *describe an action which takes place between two or more people. The form of these verbs is the same as for reflexive verbs.*

lavare: Marco lava la macchina.
lavarsi (reflexive): Marco si lava con il sapone.
amare: Marco ama Giulia.
amarsi (reciprocal): Marco e Giulia si amano.

■ *Almost all Italian verbs can have a reflexive or reciprocal form.*

Domani **mi** devo alzare presto.
Domani devo alzar**mi** presto.
Ti vuoi sedere qui?
Vuoi seder**ti** qui?
Sono le otto, Mario **si** sta per alzare.
Sono le otto, Mario sta per alzar**si**.

■ *When there is a modal or phrasal verb (ie:* ***potere, volere, dovere, sapere, cominciare a, stare per, stare + gerund, finire di****) + the infinitive of a reflexive or reciprocal verb, the pronoun can go before the verb or after the infinitive.*

Reflexive and reciprocal verbs		
alz-**arsi**		
io	**mi**	alzo
tu	**ti**	alzi
lui/lei/Lei (formal)	**si**	alza
noi	**ci**	alziamo
voi	**vi**	alzate
loro	**si**	alzano

Most common reflexive and reciprocal verbs

abbracciarsi	chiamarsi	innamorarsi	rilassarsi	truccarsi
abituarsi a	comportarsi	interessarsi	sedersi	vergognarsi
alzarsi	conoscersi	lamentarsi	sentirsi	vestirsi
amarsi	dimenticarsi di	mettersi	spazzolarsi	
annoiarsi	divertirsi	pettinarsi	sposarsi	
arrabbiarsi	farsi	preoccuparsi	svegliarsi	
baciarsi	impegnarsi	radersi	trovarsi	

EXERCISES

I **Choose the correct form of the verb and find the exact answer. The initial letters of the correct answers form a reflexive verb.**

1. La gente che **si ~~mettono~~/si mette** questo colore può essere sfortunata.	nero	viola	rosso
2. In questa stagione molti italiani vanno al mare e **si riposano/~~ci riposano~~**.	inverno	estate	autunno
3. Se (tu) **~~mi sveglio~~/ti svegli** presto la mattina devi usare questo oggetto.	mamma	sveglia	caffè
4. A Natale molti italiani **~~ci divertiamo~~/si divertono** a giocare a questo gioco.	tombola	scacchi	nascondino
5. I tifosi di questa squadra **~~ci scontriamo~~/si scontrano** spesso con i tifosi del Milan.	Parma	Roma	Inter
6. Sono buone da mangiare fritte, di solito **~~si troviamo~~/si trovano** vicino ai laghi.	serpenti	galline	rane
7. Se (noi) **~~vi sentite~~/ci sentiamo** molto male all'improvviso, chiamiamo il Pronto …	Soccorso	Dottore	Emergenza
8. Questa isola **si trova/~~mi trovo~~** davanti a Napoli e vicina a Capri.	Vulcano	Elba	Ischia

The reflexive verb is v e s t i r s i

2 Where are they?

Valeria and Giacomo, Anna and Claudia are on holiday. Complete the three postcards with the verbs given and guess where they are.

a. Valeria and Giacomo write a postcard to their parents.

si salutano - si travestono - ci divertiamo - si conoscono - si divertono - ci troviamo

ALMA card

XXXXXXX, 8 febbraio
Ciao! Qui va tutto bene! Noi ci ~~salutiamo~~ divertiamo *moltissimo! Ci sono feste bellissime ogni giorno e la pensione dove* ci ~~travestiamo~~ troviamo *è proprio centrale. Fa freddo ma tutti* si travestono *lo stesso e girano per la città con dei costumi incredibili! L'atmosfera è fantastica! Le maschere sono meravigliose. Anche se non* si conoscono*, tutti* si salutano *e* si divertono *insieme! Ed è ancora più bello perché non ci sono macchine, solo battelli e gondole cariche di maschere!*
Baci
V & G

Famiglia Bregni
Viale Corsica, 27
50129
FIRENZE

b. Anna writes to her boyfriend.

mi innamoro - si offrono - ti preoccupi - si trova

ALMA card

XXXXXXX, 15 luglio
Ciao amore! Che peccato che non sei qui con me, il posto è bellissimo! La famiglia di Concetta è molto simpatica, tutti si offrono *sempre di fare i ciceroni*! Oggi siamo nella bellissima Valle dei Templi che* si trova *a ovest dell'isola. Domani invece andiamo verso est, prima a vedere Taormina e poi a una festa vicino all'Etna! (tu) Non* ci preoccupi *vero? I ragazzi sono simpatici ma sono tutti poco interessanti e, come sai, io* mi innamoro *solo di tipi particolari.*
A presto
Anna

**ciceroni: guide turistiche*

Marco Vendrame
Piazza Mancini, 198
00194 ROMA

c. Claudia's English teacher writes to Signora Biagi.

si diverte - si impegna - vi telefonate - si trova - si sforza

ALMA card

XXXXXX, 22 agosto
Salve! Qui va tutto bene! Claudia si trova *presso una famiglia inglese che abita un po' fuori città. Viene ogni giorno alle lezioni di inglese che facciamo nel college e dice che* si diverte *molto e che è molto contenta della famiglia. Il pomeriggio facciamo spesso delle escursioni nei dintorni. Oggi andiamo a vedere la Westminster Abbey e il Big Ben. So che Claudia* si sforza *di parlare inglese con tutti e vedo che* si impegna *molto nel corso di lingua. Sono sicura comunque che sa già tutto, visto che Claudia dice che voi* vi telefonate *quasi ogni giorno.*
ArrivederLa a presto
Caroline Smith

Sig.ra Marta Biagi
Via dell'Orto, n°4
25040 Gianico (BS)
ITALIA

3 Put the verbs in the present tense and then guess the title of this famous film from 1953.

Siamo dei fannulloni!

Il film descrive la vita di un gruppo di cinque amici che vivono in una piccola città che *(trovarsi)* ____ ________ sul mare Adriatico: Rimini. Sono cinque ragazzi intorno ai 30 anni. La loro vita *(svolgersi)* ____ ________ in un modo tipico per alcuni uomini italiani di quel periodo. Sono tutti coccolati dalla mamma, non *(interessarsi)* ____ ________ a niente, *(alzarsi)* ____ ________ tardi la mattina, passano tutto il giorno senza fare nulla e a perdere tempo. Quando stanno in gruppo *(divertirsi)* ____ ________ molto, *(farsi)* ____ ________ molti scherzi e giocano come dei bambini, ma quando sono soli *(annoiarsi)* ____ ________ e *(intristirsi)* ____ ________. Nessuno di loro *(vergognarsi)* ____ ________ di questo tipo di vita, anzi, *(farsi)* ____ ________ tutti dare i soldi dai genitori perché non hanno un lavoro ma hanno molti vizi: sigarette, bar, donne. Non sono interessati a trovare un lavoro o a sposarsi e quando alla fine uno di loro *(sposarsi)* ____ ________ loro *(sentirsi)* ____ ________ quasi traditi dall'amico. Poi però la loro vita lenta e pigra ricomincia come prima.

Il regista di questo film *(chiamarsi)* ____ ________ Federico Fellini. Qual è il titolo?

4 Change the form of the reflexive verb, as shown in the example.

e.g. Mi voglio lavare. → *Voglio lavarmi.*
Sto per incontrarmi con mia madre. → *Mi sto per incontrare con mia madre.*

- ■ Ciao Silvio, scusa ma devo sfogarmi. Sono furioso!
- ▲ Che succede?
- ■ Non sopporto più mia madre! Ogni giorno una nuova!
- ▲ Hai ragione, qualche volta non si sa controllare. Qual è l'ultimo problema?
- ■ Ora dice che mi devo sposare! Che devo trasferirmi in un altro appartamento perché con me qui non si può sentire libera.
- ▲ Beh, forse ha ragione no? Ormai hai 38 anni e vivi ancora con tua madre. Non ti senti a disagio?
- ■ Per niente! Io sto bene qui, non voglio fidanzarmi, ho già una ragazza, basta così. Come faccio a vivere da solo? Non so nemmeno farmi un uovo al tegamino! Perché devo pagarmi le bollette, pulire la casa, eccetera?
- ▲ Ma perché non cominci ad abituarti a vivere da solo? Vieni a stare un po' qui da me.
- ■ Allora sei d'accordo con mia madre! E io che ti considero un amico!

5 Reflexive or not? Choose the correct form.

1. I ragazzi **si vedono/vedono** sempre al bar.
2. Quando vanno al bar, **vedono/si vedono** sempre molta gente.
3. Il cane **si alza/alza** la gamba e fa la pipì.
4. **Mi alzo/Alzo** sempre alle 6.00 per portare il cane fuori a far pipì.
5. Quando parla, Franco riesce ad **annoiarsi/annoiare** tutti.
6. Quando vado all'opera **annoio/mi annoio** da morire.
7. Sandra e Amelia domani **incontrano/si incontrano** due fratelli.
8. Andrea e Maria **sposano/si sposano** domani.
9. La mamma **si chiama/chiama** i figli per il pranzo.
10. Mia madre **si chiama/chiama** Milena.

Progress test (6-10)

Progress test
(Units 6-10)

Have you made progress? Use this test to check.
Each exercise repeats one or more grammatical topic.
If you get more than half of the total correct: WELL DONE!
Otherwise, repeat the topics that give you most problems.

1 PRESENT TENSE OF REGULAR AND IRREGULAR VERBS.
Put the verbs in the present tense.

Giochi pericolosi con gli animali

Gli italiani vogliono molto bene agli animali e spesso *(tenere)* ______ cani, gatti o uccellini in casa. Qualche volta però *(verificarsi)* ______ situazioni in cui gli animali *(potere)* ______ diventare uno spettacolo e *(fare)* ______ guadagnare molti soldi ai loro padroni. Alcuni infatti *(allevare)* ______ delle razze di cani o di galli solamente per la lotta. Le lotte fra i galli per esempio *(essere)* ______ comuni in tutta Italia mentre il mercato delle scommesse clandestine sulle lotte fra cani *(arrivare)* ______ a cifre altissime ogni anno. Secondo i dati della LAV (Lega Antivivisezione) i cani che *(fare)* ______ combattimenti in Italia *(essere)* ______ 15 mila l'anno e quelli che *(morire)* ______ sono circa 5 mila. Se uno *(volere)* ______ scommettere su un cane *(dovere)* ______ scommettere almeno un minimo, mentre non ci sono limiti per la scommessa massima. Normalmente i cani *(dovere)* ______ portare grossi pesi per diventare più forti e poi *(rimanere)* ______ in una gabbia senza mangiare per un po' di tempo prima del combattimento, così *(essere)* ______ più nervosi e cattivi. Il combattimento poi *(potere)* ______ durare fino alla morte. Questo *(essere)* ______ sicuramente un fenomeno negativo, però alcuni *(dire)* ______ che anche il famosissimo Palio di Siena, che *(svolgersi)* ______ due volte l'anno, *(potere)* ______ essere molto crudele. La corsa del Palio *(essere)* ______ infatti molto dura per i cavalli che spesso *(rimanere)* ______ feriti o *(morire)* ______. Ma nessuno *(volere)* ______ rinunciare a una tradizione così antica e famosa nel mondo.

(adapted from "La Repubblica")

Each correct verb scores 3 points. **Total:_____/75**

2 ADDRESSING PEOPLE FORMALLY.

Mr Manetti goes to the doctor's. There are five mistakes in the dialogue. The formal mode of addressing is not always used. Find the mistakes.

■ Buongiorno Signor Manetti, mi dica. Che problemi ha?
▲ Buongiorno dottore. Ho una brutta tosse da diverse settimane e non capisco cosa può essere.
■ Ha la febbre?
▲ No, niente febbre, solo questa tosse continua.
■ Se hai tempo facciamo un controllo completo. Può venire a sedersi qui e togliersi la camicia?
▲ Certo dottore, ecco.
■ Ora deve tossire un po', così posso sentire dove è il problema.
▲ Cough... Cough...
■ Uhm... una brutta tosse. La notte dormi bene?
▲ Non tanto. Mia moglie dice che russo molto e tossisco in continuazione. Cosa pensi dottore, è grave?
■ No. Non mi sembra grave ma si deve curare, signor Manetti. Ora si può rivestire. Intanto scrivo una ricetta.
▲ Mentre scrivi posso uscire a fumarmi una sigaretta?
■ Ma fuma??? E quanto?
▲ Non troppo, il solito pacchetto al giorno.
■ Un pacchetto al giorno? Ma Lei è pazzo! Devi smettere subito! È l'unico modo per curare la tosse!
▲ Ma non voglio smettere di fumare! Io voglio solo smettere di avere la tosse!

Each mistake found scores 1 point. **Total:_____/5**

3 PRESENT CONTINUOUS.

Choose the correct form of the verb.

1. Di solito a cena **mangiamo/stiamo mangiando** una pizza.
2. Quando **state andando/andate** in vacanza?
3. **Faccio/Sto facendo** la doccia! Non posso rispondere al telefono.
4. Mario **sta giocando/gioca** spesso ai cavalli.
5. Di solito il sabato **sto andando/vado** in piscina.
6. Oggi **andiamo/stiamo andando** in piscina. Venite anche voi?
7. Perché non mi **stai ascoltando/ascolti** mai quando parlo?
8. Mi dispiace, Claudio. Non puoi venire ora a casa mia, **esco/sto uscendo** proprio in questo momento.
9. Fai silenzio, per favore. **Studio/Sto studiando**.
10. Dove **abitate/state abitando**?

Each correct verb scores 2 points. **Total:_____/20**

4 ***STARE PER.***
Look at the highlighted verbs: they are all in the present tense. However, four of these can be changed to the form *stare per*. Find them and change them.

Odio il telefono! Chissà perché tutti mi **telefonano** nei momenti sbagliati. Qualcuno **decide** sempre di chiamarmi proprio quando **tolgo** gli spaghetti dal fuoco! Mentre **verso** acqua e spaghetti nello scolapasta … DRIIIIINNNNNN … il telefono **suona** e io **devo** fare tutto in fretta, **lascio** gli spaghetti dentro lo scolapasta e **vado** a rispondere. Naturalmente, proprio mentre **alzo** la cornetta, il telefono **smette** di suonare! Allora **torno** in cucina, ma il telefono **suona** di nuovo! Questa volta **rispondo** subito e … numero sbagliato! Ormai la pasta **è** immangiabile! Basta! La prossima volta che **mangio**, **stacco** il telefono!

Each correct verb scores 5 points. **Total:_____/20**

5 **POSSESSIVE ADJECTIVES.**
Look at Saverio's family tree and complete the sentences, as shown in the example.

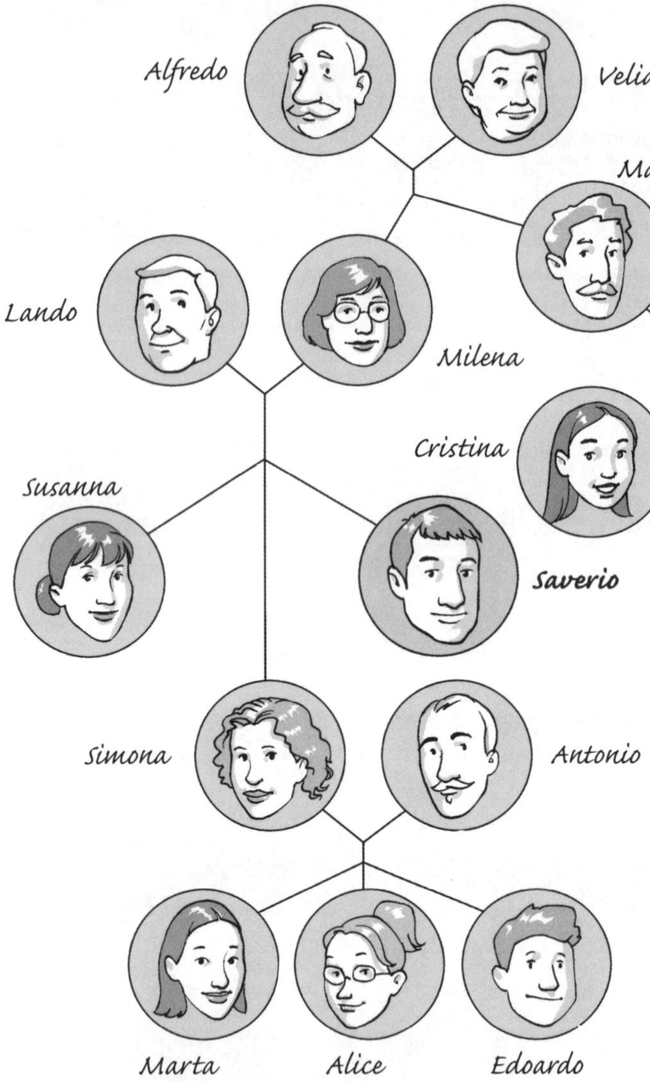

e.g. Davide è **<u>suo cugino</u>**.
1. Velia è ________________
2. Susanna è ________________
3. Mario è ________________
4. Marta è ________________
5. Marta e Alice sono ________________
6. Velia e Alfredo sono ________________
7. Lando e Milena sono ________________
8. Antonio è ________________
9. Cristina e Davide sono ________________
10. Vincenza è ________________

Each correct sentence scores 1 point. **Total:_____/10**

6 REFLEXIVE AND RECIPROCAL VERBS.
Paola writes a report on her day. Complete her diary.

a) **7.00** = **alzarsi** – lavarsi – vestirsi - prepararsi la colazione
b) **8.00** = uscire per andare al lavoro - prendere l'autobus
c) **8.30** = prendersi un caffè al bar
d) **9.00** = entrare al lavoro
e) **13.00** = prendersi un panino al bar - fumarsi una sigaretta
f) **14.00** = finire la pausa - ricominciare a lavorare
g) **18.00** = uscire dall'ufficio
h) **19.00** = arrivare a casa - rilassarsi - bersi un bicchiere di prosecco
i) **20.00** = prepararsi la cena - cenare
l) **21.00** = farsi la doccia - prepararsi per uscire con gli amici
m) **notte** = tornare a casa stanca ma contenta

a) *Alle 7.00 mi alzo, ...*
b)
c)
d)
e)
f)
g)
h)
i)
l)
m)

Each correct verb scores 1 point. **Total:_____/20**

7 PRESENT TENSE AND AGREEMENTS.
Form the sentences paying particular attention to articles and agreements.

e.g. Giovanni/mattina/alzarsi/alle 7.00/e/(lui) andare/al lavoro/con/suo/fidanzata > *Giovanni **la** mattina **si alza** alle 7.00 e **va** al lavoro con **la sua** fidanzata.*

1. Mio/madre/chiamarsi/Anna.
2. Quando/Paolo alzarsi/presto/essere/sempre/nervoso.
3. Giorgio/andare/a casa/domani.
4. (noi) Venire/al mare/con/nostro/genitori.
5. Paolo/dire/che/suo/nonna/essere/tedesco.
6. Quando/(tu) bere/troppo/(tu) essere/insopportabile.
7. Se/(noi) dimenticarsi/di telefonare/a/nostro/padre/lui/non/venire/alla stazione.
8. Scusi/signora Franchi/(Lei) potere/tornare/domani?
9. Come/chiamarsi/tuo/figlia?
10. Quando/arrivare/tuo/genitori?
11. Perché/tuo/sorella/non/dire/mai/verità?
12. (io) Lavorare/al quinto piano/e/normalmente/salire/a piedi.
13. Se/non/(noi) mangiare/qualcosa/morire/di fame!
14. (tu) uscire/con/tuo/amici/stasera?

Each correct sentence scores 4 points. **Total:_____/56**

Impersonal construction

A Natale **si mangia** sempre troppo.
(= In generale tutti a Natale mangiano troppo.)

D'estate **si beve** più che d'inverno.
(= D'estate la gente beve più che d'inverno.)

Alle feste **si canta** e **si balla**.
(= Alle feste la gente canta e balla.)

■ *The impersonal construction expresses general actions which are common to many people.*

Da Roma a Milano **si fa** prima con il treno che con la macchina.

■ *The impersonal construction is made using* ***si + verbo*** *(3rd person singular).*

Quando **si è** nervos<u>i</u> è difficile dormire.

Se si mangia troppo **si diventa** grass<u>i</u>.

■ *With the verbs* ***essere*** *and* ***diventare****, we use* ***plural*** *adjectives.*

Impersonal construction
si + verb (3rd person singular)*
si + essere/diventare (3rd person singular) + plural adjective

for the form si + verb (3rd person plural) see page 198.

EXERCISES

1 Choose the correct form of the verbs.

1. In Italia **~~va~~/si va** in vacanza ad agosto.
2. Quando usciamo con la macchina, non **~~si beve~~/beviamo** mai troppo.
3. Con gli occhiali **~~vede~~/si vede** meglio.
4. La mia famiglia di solito **~~si mangia~~/mangia** a mezzogiorno.
5. Quando piove **~~stanno~~/si sta** bene in casa.
6. Quando fa troppo caldo **~~lavora~~/si lavora** male.
7. Aldo e Claudia oggi **vanno/~~si va~~** a ballare.
8. Se si mangia troppo **~~ingrassano~~/si ingrassa**.
9. Quando si va in chiesa normalmente **~~prego~~/si prega**.

2 **Where are we when we do these things? Put the verbs in the impersonal construction and guess where we do these things, as shown in the example.**

a letto | **al parco** | **in palestra** | **in montagna** | **in biblioteca** | **in discoteca** | **all'ippodromo** | **a scuola** | **allo stadio**

e.g. leggere, parlare a voce bassa, studiare: dove? *Si legge, si parla a voce bassa, si studia: in biblioteca.*

1. parlare a voce alta, ballare, bere: dove? si parla a voce alta, si balla, si beve: in discoteca
2. faticare, diventare forti, sudare: dove? si fatica, si diventa forti, si suda: in palestra
3. dormire, riposare, sognare: dove? si dorme, si riposa, si sogna: a letto
4. giocare, scommettere, vincere, perdere: dove? si gioca, si scommette, si vince, si perde - all'ippodromo
5. camminare, passeggiare, portare il cane: dove? si cammina, si passeggia, si porta il cane: al parco
6. sciare, camminare, giocare con la neve: dove? si scia, si cammina, si gioca con la neve: in montagna
7. studiare, imparare, leggere: dove? si studia, si impara, si legge: scuola
8. tifare per la squadra preferita, urlare, andare con gli amici: dove? si tifa per la squadra, si urla, si va con gli amici: allo stadio

3 **Here we have some activities typical of the four Italian seasons.**
Put each activity in the impersonal construction and then complete the table as shown in the example.

Le quattro stagioni

cominciare a uscire per fare delle passeggiate; andare a sciare; andare al mare; stare in casa con il riscaldamento acceso; andare in campagna a fare un pic-nic; cucinare con i funghi; cominciare ad andare a scuola; finire di andare a scuola; andare alle feste di Carnevale; cucinare per il pranzo di Pasqua; fuggire dal caldo della città; stare insieme per festeggiare il Natale; andare alle feste di Capodanno; andare nei boschi a cogliere le castagne.

primavera	estate	autunno	inverno
Si comincia a uscire per fare delle passeggiate	si va al mare	si cucina con i funghi	si va a sciare
si cucina per il pranzo di Pasqua	si va in campagna a fare un pic-nic	si comincia ad andare a scuola	si sta in casa con il riscaldamento acceso
si va alle feste di Capodanno	si ~~fine~~ finisce di andare a scuola	si va nei boschi a cogliere le castagne	si va alle feste di Carnevale
	si fugge dal caldo della città		si sta insieme per festeggiare il Natale

Impersonal construction of reflexive verbs

Quando si è stanchi e stressati **ci si deve rilassare** un po'.

In Italia **ci si sposa** sempre più tardi.

Al giorno d'oggi **ci si diverte** con sport sempre più estremi.

Quando non **ci si ama** più **ci si separa**. O no?

■ *The impersonal construction of a reflexive verb is:*

ci + si + verbo *(3rd person singular)*

sposarsi → ci si sposa
divertirsi → ci si diverte

Impersonal construction of reflexive verbs
ci + si + verb (3rd person singular)

EXERCISES

1 What do you do when ...?
Choose the correct verbs for each situation and use the normal impersonal construction and the reflexive impersonal construction, as shown in the example.

1. avere mal di denti: *lamentarsi* ▶ *Se si ha mal di denti ci si lamenta.*
2. guarda un film comico: diventirsi ▶ Se si guarda un film comico, ci si diverte
3. bere troppo: sentirsi male ▶ Se si bere troppo, ci si sente male
4. essere invitato a una festa formale: vestirsi elegante ▶ Se si è invitato a una festa formale, ci si veste elegante
5. volere vincere in uno sport: allenarsi molto ▶ Se si vuole vincere in uno sport, ci si allena molto
6. essere sporco: lavarsi ▶ Se si è sporco, ci si lavora

lavarsi | divertirsi | lamentarsi | vestirsi eleganti | sentirsi male | allenarsi molto

2 What do you do with these objects?
Find a suitable action for each object and use the impersonal construction, as shown in the example.

1. con il coltello / *tagliare il pane* ▶ *Si taglia il pane.*
2. con le forbici / tagliare la carta ▶ si taglia la carta
3. con la forchetta / mangiare ▶ si mangia
4. con la penna / scrivere ▶ si scrive
5. con l'ombrello / riparsi dalla pioggia ▶ ci si ripara dalla pioggia
6. con il telefono / communicare ▶ si comunica
7. con gli occhiali / vedere meglio ▶ si vede meglio
8. con il giornale / tenersi aggiornati ▶ ci si tene aggiornati
9. con il biglietto / entrare a teatro ▶ si entra a teatro
10. con la macchina / viaggiare ▶ si viaggia
11. con il caffè / tenersi svegli ▶ ci si tene svegli

scrivere | viaggiare | tenersi aggiornati | tenersi svegli | tagliare il pane
entrare a teatro | mangiare | tagliare la carta | comunicare | vedere meglio | ripararsi dalla pioggia

3 **Put the verb in the correct form, choose an impersonal construction when you need it.**

e.g. Oggi Paolo *(andare)* [va] al mare.

D'estate *(andare)* [si va] al mare.

1. Anna la sera *(uscire)* [esce] spesso con gli amici.
2. D'estate nei posti di vacanza *(uscire)* [si esce] tutte le sere e *(andare)* [si va] a dormire tardi.
3. I Rossi *(andare)* [vanno] a dormire verso le 10.
4. Quando vado a sciare *(alzarsi)* [~~ci si alza~~ mi alzo] presto.
5. D'inverno quando si va a sciare *(alzarsi)* [ci si alza] presto.
6. Quando io e mia moglie andiamo da Paolo *(annoiarsi)* [ci annoiamo] sempre a morte.
7. Ad andare in vacanza da soli *(annoiarsi)* [ci si annoia].
8. Quando si lavora con il caldo *(stancarsi)* [~~mi~~ ci si stanca] di più.
9. Con il suo lavoro Carlo *(stancarsi)* [si stanca] molto.

Present perfect (*Passato prossimo*)

Il mese scorso **ho comprato** un motorino.
Ieri **sono andato** al cinema.

- *The **present perfect** (**passato prossimo** in Italian) is used to describe actions or events which took place in a fairly recent past.*

Questa mattina **ho telefonato** a mia madre.
Paolo **è uscito** con gli amici.

- *The present perfect is formed with the:*
  present tense of the verb avere/essere +
  the past participle of the verb

mangiare > *mangiato*: Ieri sera abbiamo mangi**ato** veramente bene!
conoscere > *conosciuto*: Alla festa ho conosci**uto** il fratello di Alessandro.
finire > *finito*: Ornella e Titti hanno fin**ito** le vacanze.

- *The past participle is formed as follows:*
  *verbs ending in **-are** > past participle **-ato***
  *verbs ending in **-ere** > past participle **-uto***
  *verbs ending in **-ire** > past participle **-ito***

Franco non **ha** capit**o** niente.
Francesca non **ha** capit**o** niente.
Ennio e Franco non **hanno** capit**o** niente.
Francesca e Lilli non **hanno** capit**o** niente.

- *The past participle of verbs with **avere** ends in **-o**.*

Franco **è** andat**o** via.
Francesca **è** andat**a** via.
Ennio e Franco **sono** andat**i** via.
Francesca e Lilli **sono** andat**e** via.

- *The past participle of verbs with **essere** behaves **like an adjective** with four endings (-o, -a, -i, -e) and agrees with the subject of the verb.*

Present perfect		
avere/essere + past participle		
io	ho parlato	sono andato/a
tu	hai parlato	sei andato/a
lui/lei/Lei	ha parlato	è andato/a
noi	abbiamo parlato	siamo andati/i
voi	avete parlato	siete andati/e
loro	hanno parlato	sono andati/e

EXERCISES

1 Find the reason for each person's mood, as shown in the example.

1) **Giulia è stanca perché...**
2) Carlo e Gianni sono tristi perché...
3) Paola e Gigi sono stanchi perché...
4) Serena e Marta sono nervose perché...
5) Sergio è arrabbiato perché...
6) Anna è felice perché...

a) ha perduto le chiavi di casa e ha dovuto chiamare i pompieri per entrare.
b) hanno appena saputo che le loro ragazze tedesche sono tornate in Germania.
c) **ha lavorato troppo e non è ancora andata a casa.**
d) ha passato l'esame ed è finalmente diventata avvocato.
e) si sono sposati oggi e la festa del matrimonio è durata tanto.
f) sono partite per le vacanze e hanno dimenticato di spegnere il gas.

2 Conjugate the verbs *avere* and *essere.*

Ieri *(io/avere)* [ho] comprato una nuova auto. Appena *(avere)* [ho] ritirato la macchina *(essere)* [è sono] partito subito e *(essere)* [è sono] andato a fare un giro in campagna. Purtroppo, con la mia sfortuna, la benzina *(essere)* [è] finita quando *(io/essere)* [sono] arrivato in aperta campagna, così *(avere)* [ho] dovuto lasciare la macchina lì e fare l'autostop. *(Essere)* [Sono] passati tre ragazzi che mi *(avere)* [hanno] portato fino in città. Quando *(essere)* [sono] arrivato a casa *(avere)* [ho] telefonato alla mia ragazza, Amelia, che *(essere)* [è] venuta a prendermi con la sua macchina. Poi *(essere)* [siamo] andati insieme a comprare la benzina, e *(essere)* [siamo] andati a prendere la mia macchina. Che brutto inizio!

3 Form the past participle of the verbs and find the name of this famous Italian personality.

Si chiama Guglielmo, è *(diventare)* [diventato] famoso come scienziato e inventore. Fra il 1800 e il 1900 ha *(studiare)* [studiato] l'elettromagnetismo e ha *(inventare)* [inventato] la radio. È *(andare)* [andato] in Inghilterra a fare le sue ricerche e ha *(sposare)* [sposato] un'irlandese, poi è *(partire)* [partito] per l'America dove ha *(continuare)* [continuato] a fare esperimenti. Nel 1909 ha *(ricevere)* [ricevuto] il premio Nobel per la fisica. L' Inghilterra lo ha *(nominare)* [nominato] baronetto e l'Italia senatore a vita e marchese. Sai chi è?

4 **You don't know who the personality in Exercise 3 is? Choose the correct form of the present perfect in the sentences, as shown in the example. The relevant letters make up his last name.**

1. Ieri le ragazze **sono andate** (M) / **sono andati** (F) al mare. **M**
2. L'Italia ~~**è diventato** (L)~~ / **è diventata** (A) una Repubblica nel 1946. A
3. Giulia ~~**ha comprata** (B)~~ / **ha comprato** (R) un libro a sua sorella. R
4. I miei ~~**sono partito** (I)~~ / **sono partiti** (C) questa mattina. C
5. La mia amica **ha passato** (O) / ~~**ha passata** (N)~~ l'esame. O
6. Pierino ~~**è caduta** (C)~~ / **è caduto** (N) dalla bicicletta. N
7. Ieri **ho ricevuto** (I) / ~~**ho ricevuta** (S)~~ il tuo regalo. I

Avere or essere ?

Il bambino **ha finito il gelato**. *(cosa? → il gelato)* Mario **ha sposato Marella**. *(chi? → Marella)* **Ho studiato italiano** tutto il giorno. *(cosa? → italiano)* **Abbiamo incontrato** Anna. *(chi? → Anna)*	■ ***All*** *transitive verbs (verbs which have a direct object) form the present perfect with the auxiliary* ***avere****.*
Mi sono alzata alle 6.00. **Ci siamo conosciuti** un mese fa.	■ ***All*** *reflexive verbs form the present perfect with the auxiliary* ***essere****.*
Questa borsa **è costata** molto. L'ascensore **è salito** al primo piano. Le vacanze **sono cominciate ieri**.	■ ***Almost all*** *intransitive verbs (verbs which do not have a direct object) form the present perfect with the auxiliary* ***essere****. These include:*
Renata **è restata** a casa. Oliviero **è rimasto** in albergo.	*a)* ***stative verbs:*** *(re)stare, rimanere, etc.*
Siamo andati al mare. Il treno **è partito** un'ora fa.	*b)* ***verbs of movement:*** *andare, venire, arrivare, partire, tornare, entrare, uscire, cadere, etc.*
Mio nonno **è morto** molto tempo fa. Ieri **è nata** mia nipote. La festa **è finita** a mezzanotte.	*c)* ***verbs relating to change:*** *diventare, morire, nascere, invecchiare, iniziare, cominciare, finire, etc.*
L'Islanda mi **è piaciuta** moltissimo. Luca mi **è sembrato** un po' triste.	*d)* ***impersonal verbs:*** *piacere, dispiacere, bastare, parere, succedere, sembrare, etc.*
Ho **visto** un bellissimo film. Siete **venuti** alla festa? Che è **successo**?	■ ***Many*** *verbs have an irregular past participle.*

EXERCISES

1 **Read this letter. Find the verbs in the present perfect and divide them into two columns: verbs with *avere* and verbs with *essere*. Then write also the infinitive, as shown in the examples.**

Milano, 25 gennaio

Cara Marcella,
non ci sentiamo da alcuni mesi ormai, ma in questi ultimi tempi ho avuto davvero molto da fare e da organizzare. Ora finalmente ho trovato un po' di tempo per scrivere, quindi ti racconto cosa ho fatto in questo periodo. Come vedi ora abito a Milano. Mi sono laureata nel giugno scorso e, dopo la laurea, sono partita con alcune amiche per fare un giro d'Europa in Interrail. Siamo andate in Austria, Germania, Danimarca e Norvegia; siamo arrivate fino a Capo Nord e poi siamo tornate verso sud, passando dalla Svezia. È stata una vacanza bellissima come puoi immaginare! Ci siamo divertite un mondo e abbiamo incontrato tantissima gente! Pensa che in Svezia è successa una cosa davvero strana! In un ostello di Stoccolma, dove abbiamo dormito per 2 notti, abbiamo conosciuto un gruppetto di italiani che stavano facendo un giro simile al nostro. Abbiamo passato un paio di giorni con loro e io... beh... fra tutti quei bellissimi svedesi alti e biondi... non mi sono innamorata di Salvo? Uno dei ragazzi del gruppo, un siciliano che lavora qui a Milano. Ora hai capito perché sono venuta a vivere qua. Quando sono tornata dalla vacanza ho cominciato a cercare lavoro in questa città, per stare vicino a Salvo. Alla fine ho trovato un posto come traduttrice/interprete alla Fiera di Milano, ho fatto le valigie e mi sono trasferita qui. Che ne pensi? È stata una grossa decisione, non è stato facile lasciare Perugia... ma sono contenta di essere qui con Salvo.
E tu che fai? Come va?
Scrivi presto e raccontami tutto di te.
Baci
Carolina

avere		essere	
present perfect	**infinitive**	**present perfect**	**infinitive**
ho avuto	***avere***	sono laureata	laureare
ho trovato	***trovare***	sono partita	partire
ho fatto	avere	siamo andate	andare
abbiamo incontrato	incontrare	siamo arrivate	arrivare
abbiamo dormito	dormire	siamo tornate	tornare
abbiamo conosciuto	conoscere	è stata	~~st~~ essere
abbiamo passato	passare	ci siamo divertite	divertirsi
hai capito	capire	mi sono innamorata	innamorarsi
ho cominciato	cominciare	è stata	essere
ho trovato	trovare	è stato	essere
ho fatto	fare		

2 **Read Carolina's letter again and answer the questions.**

1. Perché Carolina non ha scritto a Marcella per molti mesi? *ha avuto molto da fare e da organizzare*
2. Che cosa ha fatto Carolina prima di partire per le vacanze? *è laureata*
3. Quale giro hanno fatto con l'Interrail Carolina e le sue amiche? *giro d'Europa*
4. Che cosa è successo in un ostello di Stoccolma? *Hanno conosciuto un gruppo di Italiani*
5. Che cosa ha fatto Carolina per stare vicino a Salvo? *Ha cominciato a cercare un lavoro nella città di Salvo*
6. Di dove è Salvo? E Carolina? *Perugia*

3 ***Avere* or *essere*? Choose the correct form of the verb.**

Silvia e Ennio **hanno divorziato / ~~sono divorziate~~** poche settimane fa; quindi **~~si hanno messo~~ / si sono messi** d'accordo e **hanno organizzato / ~~sono organizzati~~** una bellissima festa. Sono ancora buoni amici anche se non vogliono più vivere insieme perché non si amano più. Noi amici **~~abbiamo andato~~ / siamo andati** quasi tutti, anche Paul e la moglie, che **sono arrivati / ~~hanno arrivato~~** dalla Germania. La festa **~~ha durato~~ / è durata** fino alla mattina, gli invitati **~~sono ballati~~ / hanno ballato**, **hanno mangiato / ~~sono mangiati~~** e **si sono divertiti / ~~hanno divertito~~** come matti. Alla fine della festa Silvia e Ennio **~~hanno tornato~~ / sono tornati** a casa con i loro nuovi partner.

4 ***Avere* or *essere*? Change the text into the present perfect.**

Tangentopoli

Durante i primi anni '90 scoppia un grave scandalo nella vita politica italiana. La polizia e i magistrati cominciano a controllare gli affari di personaggi politici e di famosi imprenditori e trovano le prove delle relazioni illegali tra politica, mondo degli affari e mafia. Molti uomini di governo corrotti diventano ricchissimi grazie ai soldi della mafia. Dopo questo periodo di continui scandali i maggiori partiti spariscono. Alcuni fondano nuove organizzazioni politiche e altri cercano di rifondare i vecchi partiti con nuovi nomi. Da allora inizia quella che si chiama la Seconda Repubblica.

Durante i primi anni '90 ***è scoppiato*** *un grave scandalo nella vita politica italiana. La polizia e i magistrati...* hanno cominciato a controllare gli affari di personaggi politici e di famosi imprenditori e hanno trovato le prove delle relazioni illegali tra politica, mondo degli affari e mafia. Molti uomini di governo corrotti sono diventato ricchissimi grazie ai soldi della mafia. Dopo questo periodo di continui scandali i maggiori partiti sono spariscani. Alcuni hanno fondato nuove organizzazioni politiche e altri hanno cercato di rifondare i vecchi partiti con nuovi nomi. Da allora è iniziato quella si se chiamato la Seconda Repubblica.

5 **Put the verbs into the present perfect.**

Ah! L'amore!

Questa è la storia di un uomo innamorato e un po' ingenuo. Un uomo di 34 anni, che *(passare)* [ha] [passato] diversi anni in carcere, *(ottenere)* [ha] [ottenuto] a ottobre il permesso di uscire per sette giorni, ma quando *(uscire)* [è] [uscito] non *(ritornare)* [è] [ritornato] più. La polizia lo *(cercare)* [ha] [cercato] per mesi ma non *(trovare)* [ha] [trovato] nessuna traccia. L'uomo però, innamorato di una donna detenuta nel carcere femminile, non *(sapere)* [ha] [saputo] resistere alla tentazione e *(andare)* [sono] [andato] a trovarla. Naturalmente i poliziotti del carcere femminile *(controllare)* [hanno] [controllati] i suoi documenti quando lui *(entrare)* [è] [entrato], lo *(riconoscere)* [hanno] [riconosciuto], lo *(arrestare)* [hanno] [arrestato] e lo *(riportare)* [hanno] [riportato] dentro.
Vero amore o... ?

(adapted from "ANSA")

Some verbs with an irregular past participle

verb	past participle	example
accendere	*acceso*	Non ho **acceso** la luce perché è ancora chiaro.
accorgersi	*accorto*	Non ti sei **accorto** che il gatto è uscito?
aprire	*aperto*	Ha **aperto** Lei la porta?
bere	*bevuto*	Quanto avete **bevuto**?
chiedere	*chiesto*	Abbiamo **chiesto** informazioni a un vigile.
chiudere	*chiuso*	I negozi hanno **chiuso** alle 19:00.
correre	*corso*	Sono **corsa** qui appena ho saputo dell'incidente.
decidere	*deciso*	Allora hai **deciso** dove andare in vacanza?
dire	*detto*	Ho già **detto** tutto alla polizia.
dividere	*diviso*	Hanno **diviso** l'appartamento.
essere	*stato*	Ieri siamo **state** al cinema.
fare	*fatto*	Il bambino ha **fatto** la pipì a letto.
leggere	*letto*	Mio padre ha **letto** tutta l'enciclopedia.
mettere	*messo*	Hai **messo** i soldi in banca?
morire	*morto*	Suo nonno è **morto** tre anni fa.
nascere	*nato*	Dante è **nato** a Firenze.
offendere	*offeso*	Aldo ha **offeso** Beppe.
offrire	*offerto*	Gigi ha **offerto** il pranzo.
perdere	*perso*	Ho **perso** due milioni a carte.
prendere	*preso*	Questa estate avete **preso** tanto sole.
rimanere	*rimasto*	Sei **rimasto** in città a Ferragosto?
rispondere	*risposto*	Non ha **risposto** alla mia domanda, Signor Rossi.
rompere	*rotto*	Ho **rotto** il computer.
scegliere	*scelto*	Alla fine ho **scelto** la gonna blu.
scendere	*sceso*	Siamo **scesi** al pianterreno.
scrivere	*scritto*	Abbiamo **scritto** a casa.
spegnere	*spento*	Hanno **spento** tutte le luci.
stare	*stato*	È **stato** in casa tutto il giorno.
succedere	*successo*	Che è **successo**?
tradurre	*tradotto*	Hanno **tradotto** il libro di Queneau.
vedere	*visto*	Hai **visto** l'ultimo film di Benigni?
venire	*venuto*	Non è **venuto** quasi nessuno alla festa.
vincere	*vinto*	La Francia ha **vinto** i Mondiali del 1998.
vivere	*vissuto*	Ho **vissuto** due anni in Germania.

EXERCISES

I What have they done? Put the verbs into the present perfect and answer the questions.

1. Cosa ha fatto Giuliano quando sua moglie ha baciato un altro uomo?
(Correre) [È corsa] a dividere i due e *(dire)* [ha detto] a sua moglie di smettere.

2. Cosa hanno fatto i bambini quando è iniziato il temporale?
(Accendere) [Hanno accesso] la luce e *(chiamare)* [hano chiamato] i genitori.

3. Cosa ha fatto Paola il giorno del suo compleanno?
(Decidere) [Ha deciso] di non dire niente a nessuno e *(stare)* [è stato] a casa.

4. Cosa hanno fatto gli italiani nel 1943?
(Perdere) [Hanno perso] la guerra e *(chiedere)* [hanno chiesto] l'aiuto degli americani.

5. Cosa è successo nel 1996?
(Morire) [È morto] Marcello Mastroianni.

6. Che hai fatto? Perché l'appartamento è distrutto?
Perché quando *(uscire)* [sono uscito] non *(spegnere)* [ho spento] il gas e così *(scoppiare)* [è ho scoppiato] un incendio.

7. Che ha fatto Sergio quando è nato suo figlio?
(Scegliere) [Ha scelto] il miglior champagne, *(offrire)* [Ha offerto] da bere a tutti e *(fare)* [ha fatto] festa.

8. Che ha fatto Amelia per protesta contro il problema del traffico in città?
(Scrivere) [Ha scritta] una lettera al giornale che nessuno *(leggere)* [ha letto].

9. Che è successo? Perché Simona non guida più?
(Andare) [È andato] troppo veloce, *(avere)* [ha avuto] un incidente, così *(prendere)* [ha preso] una multa e *(perdere)* [ha perso] la patente.

10. Che hanno fatto Valerio e Ugo negli ultimi 10 anni?
(Rimanere) [Sono rimasti] in Germania, *(vivere)* [hanno vissuto] a Stuttgart, *(aprire)* [hanno aperto] un ristorante, *(fare)* [hanno fatto] i soldi, *(venire)* [sono venuti] in Italia e *(comprare)* [hanno comprato] una casa al loro paese.

2 What have they done?

Write what these people have done. Make phrases with the verbs in the list, as shown in the example.

- a. vincere la lotteria
- b. nascere
- c. bere
- d. fare il bagno
- e. chiudere la porta
- f. prendere l'autobus
- g. scendere le scale
- h. rompere il bicchiere
- i. morire

1. *ha bevuto*

2. Ha rotto il bicchiere

3. ha chiusa la porta

4. Ha vinto la lotteria

5. Ha fatto il bagno

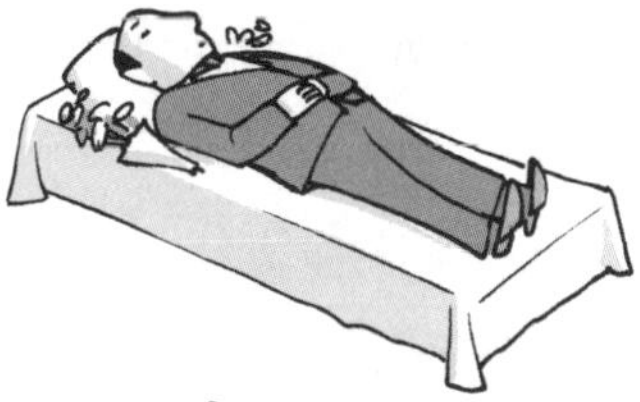

6. È morto

7. Ha preso l'autobus

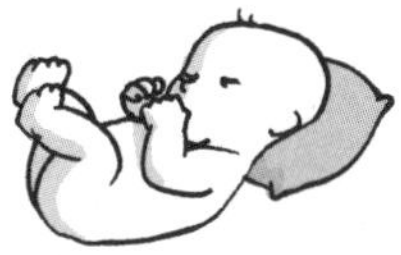

8. È nato

9. È sceso le scale

3 What did Ms X do yesterday?

Describe Ms X's day. Use the verbs in the list. Then guess what her occupation is.

alle	verbi	ieri
8.00	alzarsi e fare colazione	1. *si è alzata e ha fatto colazione*
9.00	prendere l'auto e uscire per andare al lavoro	2. ha preso l'auto e è uscito per andare al lavoro
10.30	avere un appuntamento con alcuni avvocati	3. ha avuto un appuntamento con alcuni avvocati
12.00	studiare un caso importante	4. ha studiato un caso importante
13.00	fare una pausa pranzo con i colleghi	5. ha fatto una pausa pranzo con i colleghi
14.00	occuparsi di un omicidio nella città	6. si è occupata di un omicidio nella città
15.00	parlare con i giornalisti	7. ha parlato con i giornalisti
17.00	prendere un caffè con un giudice	8. ha preso un caffè con un giudice
18.00	dare gli ordini per il lavoro notturno	9. ha dato gli ordini per il lavoro notturno
19.00	andare al corso di judo	10. è andata al corso di judo
21.00	tornare a casa stanchissima	11. è tornata a casa stanchissima
22.30	andare a letto e leggere un giallo	12. è andata a letto e ha letto un giallo

Do you know what job she does?

13 Direct object pronouns

Direct object pronouns

Usi il computer per lavoro? Sì, **lo** uso spesso. *(lo=il computer)*
Ogni quanto guardi la tv? **La** guardo ogni sera. *(la=la tv)*
Io non mangio mai **le** olive. Le odio! *(le=le olive)*
Gli anni della guerra? **Li** ricordo benissimo! *(li=gli anni)*
Piero **ci** saluta sempre. *(ci=noi)*
Mi ami? *(mi=me)*
Certo! **Ti** amo da morire.*(ti=te)*
Vi chiamiamo domani. *(vi=voi)*

- *We use direct object pronouns to replace a direct object (a noun not preceded by a preposition). The direct object pronoun **always** comes before the verb.*

Signora, **La** chiamo domani. *(La=Lei)*

- *When addressing people formally person singular direct object pronoun **La** is used.*

Dov'è la scuola? Non **lo** so. *(lo=dove è la scuola)*

- *The direct object pronoun can also replace a phrase.*

Il biglietto? **Lo** compro domani.
Sandra, **la** chiamo più tardi.

- *Sometimes the direct object pronoun is used as well as the direct object itself. This is an emphatic form, which gives more importance to the object.*

Ho comprato un'auto nuova. **La** vuoi vedere?
Ho comprato un'auto nuova. Vuoi veder**la**?
L'ultimo libro di Baricco? **L'**ho appena cominciato a leggere.
L'ultimo libro di Baricco? Ho appena cominciato a legger**lo**.

- *When there is a modal or phrasal verb (**potere, volere, dovere, sapere, cominciare a, stare per, stare + gerund, finire di**) + the infinitive, the direct object pronoun can either go before the verb or after the infinitive.*

Direct object pronouns		
	singular	plural
1st person	**mi**	**ci**
2nd person	**ti**	**vi**
3rd person masculine	**lo**	**li**
3rd person feminine	**la (La)**	**le**

EXERCISES

1 Connect the questions to the most appropriate answers, as shown in the example.

1) **Guardi spesso la TV?**
2) Ogni quanto chiami i tuoi genitori?
3) Leggi il giornale?
4) Parli inglese?
5) Bevi mai il caffè?
6) Conosci quelle ragazze là?
7) Come fai la pizza?
8) Perché non prendi mai l'autobus?
9) Dove compri i libri?
10) Perché porti gli occhiali?

a) Li compro sempre al mercato dell'usato.
b) Certo, lo leggo ogni giorno.
c) Li porto solo per leggere perché sono un po' astigmatico.
d) **No, non la guardo molto, solo qualche sera.**
e) Lo studio, ma non lo parlo molto bene.
f) Lo prendo ogni mattina a colazione.
g) È semplice: la preparo con farina, sale, lievito, acqua e un pochino di olio di oliva.
h) Normalmente li sento una volta alla settimana.
i) Sì, vengono a scuola con me. Le conosco bene.
l) Non lo sopporto! È sempre in ritardo e sempre pieno!

2 Connect the words on the left with those on the right to make sentences, as shown in the example.

1) **Le forbici**
2) La mia fidanzata
3) La multa
4) Il motorino
5) I vigili
6) I sandali
7) Le tende
8) La mamma
9) Il governo

a) la prendiamo se guidiamo troppo veloci.
b) ci riempie di tasse.
c) mi ama e mi vuole sposare.
d) **le usiamo per tagliare le cose.**
e) lo usiamo per muoverci meglio in città.
f) ci controllano quando guidiamo.
g) li portiamo d'estate perché fa caldo.
h) le chiudiamo quando vogliamo un po' di buio.
i) mi tratta ancora come un bambino.

3 What do the direct pronouns highlighted in the dialogue refer to? Write them in the table, as shown in the example.

Un italiano, un islandese e un indiano sono in un aereo che va da New York a Londra. Durante il volo si verificano dei problemi ai motori e la situazione è un po' preoccupante.

Italiano -	Oddio, mamma mia! E ora? Speriamo bene! Per fortuna che ho con me l'immagine di San Cristoforo che **mi** protegge! Signore **la** vuole toccare?
Islandese -	No, no grazie. Io non sono cattolico. Forse **la** vuole provare il signore vicino a me.
Indiano -	No. Io sono ateo. Quindi spero solo che tutto andrà bene. Questo volo **lo** prendo spesso e i problemi di solito **li** risolvono subito.
Islandese -	Forse ha ragione. Io però ho con me l'ascia di Thor, il dio del tuono. Io sono un seguace della religione degli Asi, gli antichi dei nordici. Sicuramente Thor **mi** salverà! Anche perché non è onorevole morire così banalmente.
Italiano -	Gli Asi? Ma non è una religione pagana? E **la** seguite ancora? È incredibile! Fate anche sacrifici?
Islandese -	Sì, **li** facciamo, ma raramente e non umani. Ci riuniamo per le feste pagane e la nostra sacerdotessa dirige il rituale. Celebriamo agli dei e **li** glorifichiamo. Un po' come voi cristiani no?
Indiano -	**Mi** scusi, ma penso che il signore islandese abbia ragione. Che differenza fa in cosa si crede? Le vostre religioni sono illogiche e basate sulla superstizione. Perché invece non ci rilassiamo con una bottiglia di champagne? Se mi permettete **la** offro io.
Italiano e islandese -	Grazie molto gentile, **la** beviamo volentieri. Questa è certamente una cosa che ci unisce tutti.

pronoun	refers to...
mi	*me (l'italiano)*
la	*l'immagine di San Cristoforo*
la	"
lo	Questo volo
mi	me (Islandese)
la	religione pagana
li	I sacrifici
li	gli dei
Mi	me (Indiano)
la	una bottiglia di champagne
la	"

4 Choose the correct pronoun and guess what we're making.

a) Prendiamo l'olio e ~~li~~/lo mettiamo in una padella. Quando l'olio è caldo, prendiamo uno spicchio d'aglio, lo/~~la~~ sbucciamo, ~~la~~/lo tagliamo e lo/~~la~~ mettiamo nell'olio. Poi facciamo a pezzetti un peperoncino e ~~la~~/lo aggiungiamo al tutto. Quando gli spaghetti sono pronti ~~lo~~/li buttiamo nella padella e li/~~lo~~ facciamo saltare nella salsa. Sai che ricetta è?

b) Prendiamo dei biscotti Savoiardi e li/~~la~~ bagniamo con un pochino di Marsala e molto caffè. Prendiamo del mascarpone e dello zucchero e li/~~le~~ mescoliamo insieme. Quando la crema di mascarpone è pronta ~~le~~/la mettiamo sopra i biscotti. Poi prepariamo altri biscotti e li/~~lo~~ mettiamo sopra alla crema e quindi ~~la~~/li ricopriamo con altra crema. Infine prendiamo del cacao in polvere e ~~li~~/lo spargiamo sulla crema di mascarpone. Conosci questo dolce italiano?

5 Let's go to the cinema! Complete the sentences with direct pronouns and then answer the questions.

1. È un posto dove si girano molti film italiani. Tutti _lo_ conoscono. Si chiama Cinecittà. Dove è?
   ☐ Venezia ☑ Roma ☐ Milano

2. È un festival del cinema molto importante. I cinefili _lo_ seguono molto. Il premio al vincitore è il Leone d'Oro. Dove si tiene?
   ☐ Bologna ☐ Cannes ☑ Venezia

3. Ha vinto l'Oscar nel 1997 con "La vita è bella". In Italia i suoi film sono molto famosi e tutti _li_ trovano molto divertenti. Come si chiama?
   ☑ Benigni ☐ Moretti ☐ Tornatore

4. La Roma degli anni '60 è molto famosa. Ormai tutti _la_ ricordano grazie ad un grande film: "La dolce vita". Chi è il regista?
   ☐ De Sica ☑ Fellini ☐ Antonioni

5. Un poeta insegna a un giovane postino l'arte della poesia. Il postino impara molto bene. Scrive delle belle poesie e _le_ utilizza per conquistare la sua donna. È la storia di un film italiano molto conosciuto. Come si chiama?
   ☐ "Mediterraneo" ☐ "Caro diario" ☑ "Il postino"

6. Sono film italiani che copiano un tipo di cinema americano. Sergio Leone è stato uno dei registi più famosi di quei film. Come _li_ chiamiamo?
   ☑ spaghetti western ☐ macaroni western ☐ linguine western

7. È un regista famoso, molti _lo_ conoscono anche come scrittore e poeta. È morto a Ostia, assassinato. Il suo nome è Pier Paolo...
   ☐ Zeffirelli ☐ Visconti ☑ Pasolini

Direct object pronouns with past participle

Hai comprato il latte? Sì, **l'**ho comprat<u>**o**</u> ieri.
Hai mangiato tu la torta? Sì, **l'**ho mangiat<u>**a**</u> tutta.
Hai cambiato le scarpe? Sì, **le** ho cambiat<u>**e**</u>.
Hai cucinato gli spaghetti? No, non **li** ho cucinat<u>**i**</u>.

- *After the direct object pronouns **lo, la, li, le,** the past participle must agree with the pronoun (**-o, -a, -i, -e**).*

Giulia, sai bene che io **ti** ho amat<u>**a**</u> tanto!
Giulia, sai bene che io **ti** ho amat<u>**o**</u> tanto!
Mario non **ci** ha vist<u>**i**</u>.
Mario non **ci** ha vist<u>**o**</u>.

- *After the direct object pronouns **mi, ti, ci, vi,** the past participle may or may not agree with the pronouns.*

Hai visto l'ultimo film di Moretti? Sì, **l'**(lo) ho visto due volte.
Hai comprato l'insalata? No, non **l'**(la) ho comprata.

- *<u>Only</u> **la** and **lo** are apostrophised before a word which begins with a vowel.*

EXERCISES

1 **I am organising a birthday party. This is the list of the things I have to do and the things I have already done. Connect the words to the correct phrases.**

1) La torta
2) Gli invitati
3) La musica
4) Le bottiglie di vino
5) Da mangiare
6) I giochi
7) I due signori del piano di sotto

a) devo ancora farlo.
b) devo avvisarli perché sono un po' anziani.
c) li ho chiamati tutti.
d) li ho messi sul tavolo.
e) devo ordinarla.
f) devo chiedere a Fabio di portarla.
g) le ho già comprate.

2 **Choose the correct expression.**

Una storia incredibile

È stata una rapina un po' particolare quella di ieri a un ufficio postale romano. I rapinatori infatti l'hanno **~~organizzati~~/l'hanno organizzata** con molta fantasia. Tre ragazzi sono arrivati alla posta con un pacco molto pesante e **l'hanno portato/~~l'hanno portati~~** dentro. Hanno detto: "Dobbiamo **~~spedirla~~/spedirlo** può aprire la porta?" e **~~l'hanno data~~/l'hanno dato** a un impiegato. L'impiegato si è avvicinato alla porta e **~~l'ha aperto~~/l'ha aperta** per far passare il pacco. Improvvisamente un uomo molto piccolo è uscito dal pacco, ha puntato il mitra sugli impiegati e **lo ha minacciato/li ~~ha minacciati~~**. Gli altri tre ragazzi **lo hanno raggiunto/li ~~hanno raggiunti~~** e hanno rubato tutti i soldi contenuti nella cassaforte della posta.

(adapted from "La Repubblica")

3 Insert the correct personal pronoun and complete the past participle. Then find out whom the phrase refers to, as shown in the example.

e.g. Ha conosciuto Piera e *l'*ha subito invitata alla sua festa. → ***Aldo: l'amicone.***

1. È subito diventata tutta rossa quando Stefano _l'_ ha chiamat_a_ per salutar_la_. Marta: la timida
2. Mi sono nascosto dietro la porta e quando loro sono entrati in camera _li_ ho spaventat_i_ moltissimo! Gioia e Pino: i paurosi
3. Quella donna è incredibile! Non solo _l'_ ho portat_a_ alla stazione, ma ho anche dovuto aiutar_la_ a trovare il treno e il binario. Poi ha anche perso il biglietto! Sandra: l'imbranata
4. È sempre in ritardo! È normale. Non porta mai l'orologio. Probabilmente _l'_ ha lasciat_o_ da qualche parte. Vincenzo: il ritardatario
5. Cerchi Stefi? _L'_ ho vist_a_ prima al parco a fare footing. Forse adesso _la_ trovi in piscina. Stefania: la sportiva
6. Sono così noiose! Non _le_ vediamo spesso. Stanno sempre in casa, quando _le_ abbiamo chiamat_e_ prima stavano guardando la TV. Carla e Sonia: le pigre
7. Dov'è la torta? Scommetto che _la_ ha mangiat_a_ tutta lui! Quando c'è qualcosa di dolce in casa _lo_ fa sempre sparire! Bruno: il goloso
8. Dicono che è una pittrice molto brava. I suoi quadri alcuni _li_ trovano bellissimi ma io non _li_ ho mai capit_i_. Ursula: l'artista
9. Oddio che chiacchierone quelle due! _Le_ ho incontrat_e_ per strada alle 3.00 e _le_ ho potut_e_ lasciare solo dopo più di un'ora! Quanto parlano!! Maria e Barbara: le pettegole
10. I gemelli? Non _li_ ho mai sopportat_i_! Vogliono sempre tutto e subito! Marco e Roberto: i viziati

- **Bruno: il goloso**
- **Gioia e Pino: i paurosi**
- **Aldo: l'amicone**
- **Maria e Barbara: le pettegole**
- **Marta: la timida**
- **Marco e Roberto: i viziati**
- **Vincenzo: il ritardatario**
- **Carla e Sonia: le pigre**
- **Ursula: l'artista**
- **Sandra: l'imbranata**
- **Stefania: la sportiva**

Prepositions with a place

Domani vado **a Palermo**. Di solito facciamo le vacanze **a Capri**.	*Normally* ***a*** *is used with:* - *cities* - *small islands*
Parigi è **in Francia**. La montagna **in Calabria** è molto bella. L'anno prossimo voglio andare **in Africa**. Sandro abita **in Corsica**.	*Normally* ***in*** *is used with the names of:* - *countries* - *regions* - *continents* - *large islands*
Vieni **da Marco** stasera? Domani c'è una festa **da me**.	*Normally* ***da*** *is used with:* - *names of persons* - *personal pronouns*
Quando **parti per** Vienna? Se vado a Torino **passo per** Genova.	*Normally* ***per*** *is used with:* - *partire* - *passare*
Sono di Bari ma abito all'estero. Alberto **torna da** Ischia sabato prossimo. Questo regalo **viene da** Parigi. L'università è **vicino a** casa mia. Anna vive **lontano da** Roma.	*Other common expressions of place are:* - *essere di* - *tornare da* - *venire da* - *vicino a* - *lontano da*

EXERCISES

1 Choose the correct preposition and guess who or what the texts refer to.

a) È stata una famosa famiglia **di/in** Firenze, molto potente e importante **a/in** tutta la Toscana. Ha fatto molto per l'economia e le arti **da/in** Toscana dal Medioevo al Rinascimento. Un componente famoso di questa famiglia si chiama Lorenzo.
Sai chi sono? → **I M**e d i c**I**

b) Si chiama Giacomo, è **da/di** Venezia ma muore **a/in** Boemia, nel XVIII secolo. Figlio di attori, viaggia molto **a/in** Europa e vive **a/in** molte città. Poi finisce in prigione **in/a** Venezia per magia e massoneria. Alla fine evade e fugge **da/di** Venezia, e vive **in/a** tutta Europa come diplomatico e cavaliere. Scrive le sue memorie, dove parla molto delle sue avventure con le donne.
Sai chi è? → **C**a s a n o v a

È un dolce molto famoso **a/in** Italia e anche all'estero. Viene **a/da** Milano ma è esportato anche **a/in** Europa e **in/a** America. È un tipo di dolce che mangiamo quando passiamo il Natale **a/da** parenti e amici. La sua forma è simile alla cupola di una chiesa.
Sai che dolce è?
→ **P**a n n e t o n e

2 Do you know Italy? Complete the sentences with *in* or *a*.

1. Il fiume Po nasce [in] Piemonte e finisce in mare [in] Emilia Romagna.
2. [In] Sardegna, [a] Alghero, la gente parla catalano.
3. [A] Ischia* ci sono sorgenti termali ottime per la salute.
4. [A] Matera, [in] Basilicata, ci sono delle case molto particolari, scavate nella montagna.
5. Il lago di Como è vicino [a] Milano.
6. Molti italiani dopo la prima guerra mondiale sono emigrati [in] America e [in] Australia.
7. Ci sono molti italiani che vivono [in] Germania e tornano [in] Italia per le vacanze.

**Ischia: a small island off Naples.*

3 Do you know Italy? Complete the sentences with *da* or *di*. Then decide which sentences are true or false.

	true	false
1. La famosa torta "pastiera" viene [da] Napoli.	☒	☐
2. Il fiume Tevere passa [da] Firenze e [da] Pisa.	☐	☒
3. Il vino Brunello viene [da] Montalcino.	☒	☐
4. Napoli è molto lontana [da] Amalfi.	☐	☒
5. Sophia Loren è [di] Milano.	☐	☒
6. Il carnevale [di] Venezia è famoso.	☒	☐
7. Gli Appennini vanno [da] nord a sud.	☒	☐
8. Il liquore limoncello è [di] Verona.	☐	☒

4 Choose the correct prepositions in the following conversations.

a

▲ Pronto? Ciao Andrea, sono Silvia.
■ Ciao bella come stai?
▲ Bene grazie, sono **~~in~~/a** Siena. Rimango qualche giorno.
■ Bello, allora stasera vieni a cena **a/da** me. Ok?
▲ Grazie, perché no? Vengono anche Alberto e Sandro?
■ Come no! Loro vengono sempre **~~a~~/da** me il sabato sera. Poi andiamo **~~in~~/da** un nostro amico che ha un bar discoteca.
▲ Perfetto! Non vedo l'ora. Ciao!

b

▲ Pronto signora, sono Giacomo Nicoli, vorrei parlare con Elisabetta.
■ Elisabetta non c'è, mi dispiace. Non abita più qui.
▲ Ah, posso avere il nuovo telefono?
■ Betti non vive più **~~in~~/a** Genova, ora abita **in/~~a~~** Inghilterra, lavora là.
▲ Bello! È **in/a** Londra?
■ Sì, abita **~~a~~/da** sua zia che è sposata con un inglese, Le do il numero.
▲ Grazie.

5 Complete with prepositions.

Cara Anna,

ho un problema. Mia figlia Pia è sposata e ha due bambini. Lei e il marito abitano [ ] Livorno, non molto lontano [ ] casa mia, visto che io e mio marito abitiamo [ ] Pisa. Il problema è che quando vengono a pranzo o a cena [ ] noi, o quando noi andiamo [ ] loro e mangiamo insieme, io non sopporto il marito di mia figlia! Lui mangia come un maiale! Non ha educazione a tavola, fa rumori mentre mangia e parla con la bocca piena. Anche i figli stanno diventando come lui. Mia figlia dice che io sono esagerata e che lui non mi piace perché è [ ] Livorno. È vero che preferisco le persone [ ] Pisa, ma io non sopporto più di avere quell'uomo qui [ ] me. Che devo fare?

6 In this text there are 4 incorrect prepositions. Find them.

Due innamorati

Domani mi sposo. La festa di matrimonio è a Roma ed è ben organizzata: ci sono 140 invitati. Molti miei amici vengono a Roma da Milano, da Firenze e da Bologna. Anche i genitori del mio fidanzato, Fritz, devono venire da Monaco, perché la sua famiglia abita a Germania. Vogliamo fare una festa sulla via Appia, quindi, visto che probabilmente la festa finisce tardi, alcuni miei amici dormono albergo in Roma. I genitori di Fritz invece stanno a noi, perché abbiamo una casa grande. Sono molto felice di sposare Fritz, in viaggio di nozze andiamo a Africa e io non vedo l'ora di partire. Sono sicuro che Fritz è l'uomo della mia vita. Voglio vivere con lui qui in Italia, se possibile.

Prepositions with time

Aspetto l'autobus **da** mezz'ora *(e sono ancora qui ad aspettarlo).*
Studio inglese **da** molto tempo *(e ancora lo studio).*
Vivo a New York **da** 3 anni *(e ancora ci vivo).*

- *Normally the preposition **da** is used to express a continuous time, that is an action which is still continuing in the present.*

Ho aspettato l'autobus **per** mezz'ora
(sono andato via, non lo aspetto più).
Voglio vivere all'estero (**per**) un po' di tempo.
Rimango a Milano (**per**) 2 mesi.

- *Normally the preposition **per** is used to express a definite time, that is an action closed by a time limit, in the past or in the future. Sometimes **per** can be left out.*

Ho conosciuto Rita 2 anni **fa**.
Sono arrivato alla stazione 10 minuti **fa** e ho perso il treno.

- *Normally the preposition **fa** is used to express a precise time in the past.*

Mi alzo **tra** 5 minuti.
Il prossimo treno parte **fra** un'ora.

- *Normally the preposition **tra/fra** is used to express a precise time in the future.*

Lavoro **da** settembre **a** giugno.
Sergio studia **da** mattina **a** sera.

- *Normally the prepositions **da... a...** are used to express a definite period, with a specific start and end.*

EXERCISES

1 Choose the correct preposition.

Una storia comune

Sonja vive a Roma **da/~~fra~~** 3 anni. La sua storia è piuttosto comune: è arrivata a Roma 3 anni **~~da~~/fa** per rimanere solo **per/~~da~~** un anno, imparare l'italiano e tornare a casa. Invece ha trovato un lavoro in un pub e lì ha conosciuto un ragazzo, Antonio. Si sono innamorati e hanno passato ogni fine settimana insieme, **~~per~~/da** mattina **a/~~da~~** sera. Ormai stanno insieme **~~fa~~/da** più di due anni e pensano di sposarsi **~~fa~~/fra** un anno.

2 Complete with prepositions.

Antonio e Sonja si sposano

Antonio pensa:
"Oddio! Questa è una giornata importante. Sono nervoso, è il giorno del mio matrimonio e sono qui davanti alla chiesa che aspetto da un'eternità! Per di più non fumo [da] 5 mesi e ho deciso che non voglio più fumare [per] tutta la vita. È troppo pericoloso e fa male alla salute. Pensare che 5 mesi [fa] fumavo 30 sigarette al giorno e ora... 0! Ma oggi è una giornata particolare no? Quando arriva Sonja? La cerimonia comincia [fra] 10 minuti. Gli invitati sono tutti in chiesa e aspettano ormai [da] mezz'ora! Dov'è? Perché non viene? ... Forse ha cambiato idea? Mamma mia! Chi mi dà una sigaretta?"

3 Choose the correct preposition.

L'unità d'Italia

L'Italia è una nazione unica **da/fa** poco più di un secolo, dal 1861. Per questo è difficile parlare di italianità quando gli italiani sono stati uniti solo **fra/per** così poco tempo. Solo 200 anni **fra/fa** infatti l'Italia era divisa in molti stati. Dopo l'unificazione gli italiani hanno cominciato a parlare e a scrivere in una sola lingua; **dal/al** 1861 **dal/al** 1911 la percentuale di analfabeti è scesa dal 75% al 38%. Ma ancora oggi molti parlano il dialetto in casa e con gli amici. Chissà, forse **in/fra** altri 50 anni tutti noi parleremo la stessa lingua.

4 Complete the text with the prepositions on the list.

fa **fa** **fra** **per** **per** **da**

Le origini della cucina italiana

La cucina italiana è famosa in tutto il mondo [da] almeno cinquant'anni, ma quando è nata? Le colonizzazioni greca ed etrusca sono state importanti per le origini della cucina italiana, con gli Etruschi in Etruria migliaia di anni [fa] e i greci nella Magna Grecia più di 2000 anni [fa]. I greci sono rimasti nell'Italia meridionale [per] circa cinque secoli e sono stati quasi certamente loro che hanno introdotto il vino. Le tradizioni greca ed etrusca sono poi passate nella cultura gastronomica dell'antica Roma dove, in età imperiale, [per] circa 300 anni, la cucina ha avuto una grande importanza e raffinatezza. Il generale e console Lucullo, per esempio, che è vissuto a Roma durante il primo secolo avanti Cristo, ha dato origine all'aggettivo lucullïano, usato per descrivere un pranzo ricchissimo.

Dopo la dominazione romana la cucina italiana si è sviluppata sempre più localmente, con produzioni regionali e influenzate dalle dominazioni straniere. Anche ora alcune abitudini straniere sono entrate nei nostri usi alimentari. E chissà come sarà la nostra cucina [fra] altri cento anni?

Other prepositions

Andiamo **in** pizzeria?
Andiamo **alla** pizzeria "Bellanapoli"?
Laura deve andare **in** farmacia.
Laura deve andare **alla** farmacia di via Ripetta.

Often with places which end in ***-ia*** *the preposition* ***in*** *is used. When the place is a definite place, the preposition* ***alla*** *is used.*

Questa maglia è **di** cotone.
Il tavolo che voglio comprare è **di** legno scuro.

Normally the preposition ***di*** *is used to express material.*

Che sete! Compro qualcosa **da** bere.
Non ho niente **da** mangiare in frigorifero.
Oggi ho troppo **da** fare.

*When a verb follows an indefinite pronoun (****qualcosa, niente, molto, troppo,*** *etc) the preposition* ***da*** *is usually used before that verb.*

Serena vuole un uomo **da** sposare.
Ci sono i bambini **da** portare a scuola.

When a verb follows a noun often the preposition ***da*** *is used before that verb.*

Ho comprato qualcosa **di** carino per il compleanno di Vania.
Ieri non ho fatto niente **di** particolare.

When is an adjective follows an indefinite pronoun normally the preposition ***di*** *is used before that adjective.*

EXERCISES

1 Connect the phrases and choose the correct preposition.

1) Bella quella camicia! È di/a seta?
2) Volete niente **di/da** mangiare?
3) Ciao, hai un po' di tempo?
4) Sei già stato **a/in** panetteria?
5) Vieni al cinema stasera?
6) Cosa avete fatto ieri?
7) Che fame!
8) Che metti domani alla festa?
9) Non ho niente **a/da** bere per la cena di domani.
10) Ti piace questa maglia?

a) Probabilmente metto qualcosa **di/in** elegante.
b) Vuoi qualcosa **di/da** mangiare?
c) Sì, ma preferisco le maglie **per/di** pura lana.
d) No, ma sembra seta, vero?
e) Se vuoi, porto un po' di vino io.
f) Grazie, abbiamo già mangiato.
g) Mi dispiace, devo correre **in/a** farmacia, sta per chiudere!
h) Sì, ho già comprato il pane.
i) Non abbiamo fatto niente **a/di** speciale.
l) Non posso. Ho molto **a/da** studiare per un esame.

2 Choose the correct preposition.

Caccia al tesoro

Mauro è una persona molto attiva, ha sempre mille cose **da/a/per** fare e, quando non lavora, inventa sempre qualcosa **da/di/su** nuovo e interessante per passare il tempo. Il mese scorso ha organizzato una caccia al tesoro per gli amici. È stata davvero divertente. I partecipanti hanno avuto molti enigmi **a/da/di** risolvere e diverse cose **per/da/di** fare: il giro del paese in bicicletta, salire sul campanile della chiesa, correre **a/in/da** macelleria a trovare della carne di tacchino... Le squadre poi hanno anche dovuto organizzare una sfilata di moda con abiti **a/da/di** materiali alternativi, come carta e plastica. Alla fine della caccia tutti i partecipanti, stanchissimi, sono andati **in/per/a** pizzeria insieme e poi hanno continuato la serata **a/in/da** birreria.

Compound prepositions

L'auto **del** *(di + il)* padre di Silvia è rotta.
Andiamo **al** *(a + il)* cinema stasera?
Questo vino viene **dalla** *(da + la)* California.
Nello *(in + lo)* zaino c'è il libro di matematica.
Non sono mai andata **sulle** *(su + le)* Alpi.

- *Sometimes prepositions are followed by definite articles. In this case the prepositions* ***di, a, da, in, su*** *are joined to the article to form a* ***compound preposition.***

Stasera esco **con le** mie amiche.
I giocattoli sono **per i** bambini.
Tra le due ragazze preferisco Daria.

- *The prepositions* ***con, per, tra/fra*** *are not joined to the article.*

- *There are not many rules to help decide on the use of compound prepositions. Normally they are used:*

a) in the plural;

In America parlano inglese.
Negli Stati Uniti parlano inglese.
Kurt vive **in** Olanda.
Kurt vive **nei** Paesi Bassi.
Studio spesso **in** biblioteca.
Studio spesso **nelle** biblioteche.

b) before a definite, particular noun.

Lavoro **in** ufficio.
Lavoro **nell'**ufficio al primo piano.
La domenica Carla va **in** chiesa.
La domenica Carla va **nella** chiesa di S. Eusebio.
Vado **a** scuola.
Vado **alla** scuola di via Manzoni.

Compound prepositions

	il	lo	la	i	gli	le	l'
di	del	dello	della	dei	degli	delle	dell'
a	al	allo	alla	ai	agli	alle	all'
da	dal	dallo	dalla	dai	dagli	dalle	dall'
in	nel	nello	nella	nei	negli	nelle	nell'
su	sul	sullo	sulla	sui	sugli	sulle	sull'

EXERCISES

1 Complete with compound prepositions, as shown in the example.

e.g. "Vai a teatro, stasera?" "No, vado *(a + il)* [al] cinema."

1. "Di chi è quel motorino?" "È *(di + la)* [della] mia amica."
2. L'Italia si estende *(da + le)* [dalle] Alpi fino *(a + l')* [all'] isola di Lampedusa.
3. "Dove sono le chiavi?" "In casa, *(in + la)* [nella] mia borsa."
4. "Sei venuta *(con + la)* [con la] macchina di tuo padre?" "No, sono venuta in motorino."
5. *(Su + il)* [Sul] tavolo in cucina ci sono i bicchieri da vino.
6. Scusi, fate riduzioni *(per + gli)* [per gli] studenti?
7. Perché non ci vediamo *(fra + le)* [fra le] nove e le dieci?
8. "Dove avete parcheggiato?" "*(Tra + la)* [Tra la] Mercedes e la Volvo."
9. Traiano è stato uno *(di + gli)* [degli] imperatori di Roma.

2 Choose the correct preposition.

Un mito della canzone italiana: il festival di Sanremo

Non è possibile pensare **a/alla** musica leggera italiana senza nominare il festival di Sanremo. Questo popolarissimo festival della canzone è nato **in/negli** anni '50, precisamente nel 1951. In quegli anni l'Italia era povera, divisa **da/dalla** guerra fredda e **dai/dalle** tensioni politiche fra sinistra e centro. Il festival è riuscito a mettere d'accordo tutti gli italiani. La canzone che ha vinto per prima è stata "Grazie **dei/di** fiori" cantata da Nilla Pizzi. Incredibilmente, nonostante i grandissimi cambiamenti **in/nella** musica popolare italiana, le vecchie canzoni **del/di** Festival di Sanremo sono ancora conosciute e amate da tutti.
Sai in che regione si trova Sanremo?

3 If you don't know the answer to Exercise 2, choose the correct sentences below. The relevant letters will give you the name of the region.

1.	La biblioteca di università di Roma è grande.	T
2.	Mi piacerebbe andare in Stati Uniti.	O
3.	Ieri sono andata alla piscina comunale.	L
4.	Sono venuto al lavoro con la bici di mia sorella.	I
5.	Ho avuto un incidente in auto di mia madre.	S
6.	È proibito camminare su prati.	C
7.	A Carnevale c'è sempre tanta gente per le strade.	G
8.	Sono tornato ieri dagli Stati Uniti.	U
9.	Ho appena telefonato a miei genitori.	A
10.	Anna si sposa nella chiesa del paese.	R
11.	È bellissimo fare trekking sulle Alpi.	I
12.	Sei mai andato in Paesi Bassi?	N
13.	Ci vediamo a teatro di Piazza Manzoni.	A
14.	Ruth viene dai Paesi Bassi.	A

The name of the region is L I G U R I A

Now correct the mistakes in the remaining sentences.

4 **Choose the correct compound preposition and decide if the phrase is true or false, as shown in the example.**

Credenze e superstizioni

	true	false
e.g. Toccare la schiena **al/allo** gobbo porta fortuna.	☒	☐
1. Mettere le chiavi **sui/sul** letto porta sfortuna.	☒	☐
2. **Ai/Agli** studenti prima **dell'/degli** esami si dice : "Buona fortuna!"	☐	☒
3. Quello che fai il primo **dall'/dell'** anno lo fai tutto l'anno.	☒	☐
4. 17 è il numero **nella/della** fortuna.	☐	☒
5. Aprire un ombrello **al/all'** interno di una casa porta fortuna.	☐	☒
6. Se passi sotto **alla/della** scala sei fortunato.	☐	☒
7. Far cadere l'olio **sull'/sul** tavolo porta sfortuna.	☒	☐

5 **Complete the text with the compound prepositions from the list.**

con gli **degli** **degli** **dei** **del** **dell'** **dell'** **dell'** **della** **della** **nel** **sull'**

La lingua italiana

Un'indagine dell'Istat [sull'] uso [della] lingua italiana e i dialetti [nel] 1995 ha mostrato che circa il 94% [degli] italiani parlava l'italiano in almeno una situazione (famiglia, amici, estranei), ma solamente il 44,6% lo parlava in famiglia e il 47,3% [con gli] amici. La situazione naturalmente cambiava a seconda [della] regione di appartenenza. Ad esempio, mentre circa il 90% [dei] toscani parla l'italiano, in Veneto quasi la metà [degli] abitanti parla il dialetto sia in famiglia che con gli amici. Una indagine simile era stata fatta otto anni prima. In otto anni c'è stato un aumento significativo [dell'] uso [dell'] italiano e un calo [dell'] uso [dei] dialetto.

(adapted from B. Mastragostino "Italiano, una lingua televisiva")

6 **Complete the text with the compound prepositions from the list.**

dei **delle** **di** **di** **di** **in** **in** **nell'** **nell'** **tra le**

Il polo industriale italiano

[~~tra~~ Nell'] Italia nord-occidentale si trovano tre regioni ricche [di] industrie: Piemonte, Lombardia e Liguria. In particolare Piemonte e Lombardia sono [~~dei~~ fra le] regioni più industrializzate d'Italia. [In] Piemonte ci sono industrie meccaniche, elettromeccaniche e tessili; [in] Lombardia industrie [di] ogni tipo. Gli occupati [nell'] industria sono il 41% in Piemonte e il 44% in Lombardia, ma è il settore [dei] servizi avanzati a occupare il maggior numero di persone. La Liguria vive principalmente [di] turismo, con il 60% [~~di~~ delle] persone in questo settore. Ma non mancano industrie meccaniche, siderurgiche e chimiche.

(adapted from "In Italia")

TAKE YOUR NOTES

Indirect object pronouns

Ho visto Carlo e **gli** ho dato il regalo. *(gli = a lui, a Carlo)*
Ho parlato con Rita e **le** ho detto tutto. *(le = a lei, a Rita)*
Perché non **mi** telefoni domani? *(mi = a me)*

- *Indirect object pronouns are used to substitute a person or an object preceded by the preposition **a**.*

Vera non viene all'opera. Non **le** interessa.

- *The indirect object pronoun is **always** used before the verb.*

Scusi signora, **Le** dispiace se fumo? *(Le = a Lei)*

- *When addressing people formally the 3rd person feminine indirect object pronoun **Le** is used.*

Ti piace la mia nuova casa?
Questo film **mi sembra** bellissimo.

- *Some Italian verbs normally require the indirect pronoun: **piacere, sembrare, dispiacere,** etc.*

I miei genitori festeggiano le nozze d'argento. Io **gli** ho regalato un fine settimana a Capri.
(gli = a loro, ai miei genitori)
I miei genitori festeggiano le nozze d'argento. Io ho regalato **loro** un fine settimana a Capri
(loro = a loro, ai miei genitori)

- *The indirect object pronoun of the 3rd person plural has two forms: **gli** and **loro**. The pronoun **loro** is less common and is used after the verb.*

Ti ha chiamato Franco. **Gli** devi ritelefonare.
Ti ha chiamato Franco. Devi ritelefonar**gli**.
Ho parlato con Francesca. **Le** ho finito di raccontare la mia storia.
Ho parlato con Francesca. Ho finito di raccontar**le** la mia storia.

- *When there is a modal or phrasal verb (**potere, volere, dovere, sapere, cominciare a, stare per, stare + gerund, finire di**) + the infinitive, the indirect object pronoun can go before the verb or after the infinitive.*

Indirect object pronouns		
	singular	plural
1st person	**mi** (a me)	**ci** (noi)
2nd person	**ti** (a te)	**vi** (a voi)
3rd person masculine	**gli** (a lui)	**gli** (a loro)
3rd person feminine	**le/Le** (a lei/a Lei)	**gli** (a loro)

EXERCISES

1 **Put the conversation in the correct order. Then underline the indirect pronouns and explain what they refer to, as shown in the example.**

a

3 1. - Sì grazie, **gli** può dire che ha telefonato Ricci e che gli ritelefono più tardi?
1 2. - Pronto buongiorno, c'è il dottor Rossetti?
4 3. - Certo signora, arrivederLa.
2 4. - No, mi dispiace, il dottore è fuori. Vuole lasciargli un messaggio?

b

6 1. - Non gli piace molto il nero. Non avete niente di blu o grigio?
3 2. - Prego, che taglia Le serve?
1 3. - Buongiorno desidera?
4 4. - Una L per favore. È per mio marito
2 5. - Vorrei vedere quel maglione in vetrina.
5 6. - Le va bene nero? Abbiamo solo questo colore di quella taglia.
7 7. - No, mi dispiace.

c

4 1. - No, grazie. Non ci interessano questi stupidi colossal!
2 2. - Che film c'è?
1 3. - Ciao! Vi va di venire al cinema?
3 4. - Titanic. Vado con Carla, le piacerebbe rivederlo.

	indirect object pronoun	refers to...
conversation a	gli	dottor Rossetti
	gli	dottor Rossetti
	mè	a mè
	gli	dottor Rossetti
conversation b	le	a lei
	Le	a lei
	gli	a lui (marito)
	mi	a me
conversation c	vi	a voi
	le	a lei (Carla)
	ci	a noi

2 Read the text, then substitute all the underlined words with an indirect pronoun.

Sono stanchissima! Che giornata! Oggi al lavoro abbiamo avuto diversi problemi: la mattina si è rotta la fotocopiatrice. È sempre così difficile avere un tecnico urgentemente! Abbiamo telefonato al tecnico diverse volte e, alla fine, quando abbiamo detto al tecnico che pensavamo di rimandare indietro la macchina, è arrivato. Ha guardato la fotocopiatrice, ha fumato una sigaretta, ha telefonato all'azienda e, quando dopo circa 40 minuti ha finito e ha dato a noi una fattura di 40 euro, abbiamo chiesto al tecnico di spiegare a noi il problema. "Non lo so - ha risposto a noi - ma ora funziona". Poi mi ha chiamata il capo, la signora Ferranti, per discutere del nuovo progetto su cui lavoro. Naturalmente non è piaciuto alla signora Ferranti e ha detto a me di rimanere in ufficio fino a tardi per rivederlo perché alla signora Ferranti serve urgentemente. Sono rimasta al lavoro fino alle 10.00 per finire il progetto! Quando alla fine ho telefonato a un taxi per andare a casa hanno detto a me di aspettare almeno mezz'ora, perché di venerdì sera c'è molta gente in giro a divertirsi e hanno molto da fare. Finalmente sono arrivata a casa! Alle 11.00! E sulla segreteria telefonica ho trovato un messaggio della mia amica Francesca, che dice a me che ha dei biglietti gratis per l'Opera di domani e vuole invitarmi ad andare con lei. Finalmente una buona notizia!

3 Who is speaking? Choose the correct indirect object pronoun and guess who says these lines, as shown in the example

	Who's speaking?
e.g. Signora, **Le/gli** consiglio di andare più piano.	*il vigile*
1. Guardi avvocato che **ti/Le** ho detto tutto quello che so!	il ladro
2. Mi dispiace ma **ci/ti** devo dare un brutto voto. Non hai studiato.	il professore
3. Per ritirare la raccomandata **mi/vi** deve fare una firma qui.	il postino
4. Quante volte **mi/vi** devo dire che la musica troppo alta disturba i vicini?	la mamma
5. Signorina, **gli/mi** servono quei documenti al più presto.	l'uomo d'affari
6. No, la banana non **ti/mi** va! Non **ti/mi** va e non **ti/mi** va!	il bambino
7. Questi pantaloni **gli/Le** stanno proprio bene signore!	la commessa
8. **Gli/Mi** mancano la mamma, la pizza e il vino buono!	l'italiano all'estero
9. Non ha il biglietto? Allora **ti/Le** devo fare una multa.	il controllore

l'uomo d'affari **il vigile** **il controllore** **la commessa** **la mamma** **il bambino** **l'italiano all'estero** **il ladro** **il professore** **il postino**

4 Enzo is going on holiday and leaves instructions for his flatmate. Insert the correct indirect pronoun.

(al gatto): [Gli] devi dare da mangiare due volte al giorno.
Non [gli] devi permettere di fare pipì sulle piante.

(alle piante): [Gli] devi dare acqua solo una volta.
È bene se [gli] fai ascoltare della musica. [Gli] piace Bizet.

(alla vicina): Non [ti] conviene dar[le] confidenza. È una pettegola.

(a Serena): Se telefona [le] devi dire che sono fuori per lavoro.

5 What day is it? Complete with the indirect object pronouns and guess what day it is.

1. Ieri siamo andati da Carla e [le] abbiamo portato un regalo. Abbiamo mangiato la torta e [le] abbiamo cantato "Tanti auguri a te".
   Natale ☐ **matrimonio** ☐ **compleanno** ☑

2. I bambini hanno trovato una calza con dentro i dolci che [gli] piacciono di più.
   Natale ☐ **Epifania** ☑ **compleanno** ☐

3. Abbiamo mangiato le uova benedette e l'agnello e gli invitati (a noi) [ci] hanno portato le uova di cioccolata.
   carnevale ☐ **Pasqua** ☑ **capodanno** ☐

4. È stato un pranzo lunghissimo! (a noi) [ci] hanno fatto mangiare antipasti, 4 primi, 4 secondi, frutta, formaggi e, naturalmente il dolce di nozze! Quando gli sposi sono partiti [gli] abbiamo fatto molti scherzi.
   matrimonio ☑ **Pasqua** ☐ **capodanno** ☐

5. (a te) [Ti] è piaciuta la festa? A me molto. I fuochi artificiali di mezzanotte erano meravigliosi!
   Natale ☐ **capodanno** ☑ **matrimonio** ☐

6. Ho incontrato Sonia alla festa in maschera. [le] ho parlato per tutta la sera ma non ho capito che era lei!
   carnevale ☑ **Pasqua** ☐ **compleanno** ☐

6 Complete with the indirect object pronouns.

Regali di Natale

Che difficile fare i regali di Natale! Come al solito mi sono trovato all'ultimo momento senza idee. Facciamo una lista.

Mamma: volevo comprar[le] un libro di ricette tradizionali, ma ultimamente [le] è venuta la mania dello yoga e della cucina macrobiotica.

Papà: avevo pensato di prender[gli] una pipa, ma da quando mamma è diventata salutista anche lui ha cambiato gusti e ha smesso di fumare.

La fidanzata: che [le] faccio? L'anno scorso [le] ho comprato una scatola di cioccolatini e sono quasi sicuro che non [le] è piaciuta. Forse [le] compro un paio di guanti.

I futuri suoceri: sempre più difficile. Che [gli] prendo? Una bottiglia di whiskey? O forse [gli] potrei offrire una cena a casa dei miei?

Quanto odio il Natale!!!

Progress test
(Units 11-15)

Have you made progress? Use this test to check.
Each exercise repeats one or more grammatical topic.
If you get more than half of the total correct: WELL DONE!
Otherwise, repeat the topics that give you most problems.

1 IMPERSONAL CONSTRUCTION.
Conjugate the verbs in the impersonal construction and put the adjectives in the correct form, as shown in the examples.

Per belle apparire un poco si deve soffrire

Povere noi donne! Quanta fatica per diventare più belle! *(Cominciare)* [Si comincia] la mattina presto; *(alzarsi stanca)* [ci si alza stanche] con le borse sotto gli occhi, ma dopo una buona sessione di trucco *(diventare presentabile)* [ ] e finalmente *(potere)* [ ] uscire. E che dire degli appuntamenti mensili? *(Andare)* [ ] dal parrucchiere, *(andare)* [ ] dall'estetista … *(farsi bionda)* [ ] *(farsi mora)* [ ] *(farsi rossa)* [ ] … E se i muscoli si ammosciano un po'? Allora *(recarsi)* [ ] in palestra almeno due volte alla settimana: *(soffrire)* [ ] *(sudare)* [ ] e *(saltellare)* [ ] come delle pazze a ritmi di musica assordante, e tutto in nome della bellezza. E quando arrivano le rughe *(tirarsi)* [ ] e *(fare)* [ ] di tutto per sembrare più giovani. Non *(potere)* [ ] mangiare troppo altrimenti *(ingrassare)* [ ] … che noia!

Each correct answer scores 3 points. **Total:_____/45**

2 IMPERSONAL CONSTRUCTION AND PRESENT PERFECT.
Put the verbs in the present impersonal structure in the spaces [ ] and in the present perfect in the spaces [- - -].

Di solito *(andare)* [ ] in ferie per riposarsi. *(rilassarsi)* [ ] *(alzarsi)* [ ] tardi, *(camminare)* [ ] *(mangiare)* [ ] *(bere)* [ ] *(divertirsi)* [ ] il più possibile e la sera *(andare)* [ ] a letto tardi. Non ha importanza dove *(essere)* [ ], l'atmosfera deve essere rilassata e vacanziera! Io invece sono una turista masochista. L'estate scorsa *(andare)* [- - -] a fare una vacanza avventura, nel deserto del Sahara, con un piccolo gruppo. *(noi/Dormire)* [- - -] in tende nel deserto, *(noi/viaggiare)* [- - -] con jeep e *(noi/cucinare)* [- - -] all'aperto e, naturalmente, *(noi/dimagrire)* [- - -] tutti di diversi chili! Eppure *(essere)* [- - -] un'avventura indimenticabile!

Each correct verb scores 4 points. **Total:_____/60**

3 REGULAR AND IRREGULAR PRESENT PERFECT.
Put the verbs into the present perfect.

L'uomo con la pioggia dentro

Tutto è cominciato una sera di marzo. Lui *(tornare)* ________ a casa, *(mettere)* ________ la borsa a terra e *(dire)* ________: "Piove". Lei lo *(guardare)* ________ in modo strano: non aveva visto niente. Lui *(precisare)* ________: "Mi piove dentro". Lei *(avvicinare)* ________ l'orecchio al suo petto e *(sentire)* ________ il rumore di una pioggia leggera dentro di lui.

"Come *(succedere)* ________?" *(lei/chiedere)* ________." *(io/Vedere)* ________ un cane", *(rispondere)* ________ lui "un cane abbandonato a un angolo di strada. Mi *(venire)* ________ da piangere, ma le lacrime non *(uscire)* ________, *(cominciare)* ________ invece questa pioggia dentro, che ora però è più lenta".

Poiché lui è una persona molto sensibile, dentro di lui piove di continuo. Si è fatto visitare, esaminare, radiografare. Il medico *(dire)* ________: "Si sta riempiendo di pioggia". Non *(proporre)* ________ cure, troppe cose nella vita causano quella pioggia, è impossibile fermarla. Quando il livello *(salire)* ________ ancora si è messo a letto. Lei gli *(rimanere)* ________ vicina. *(Cercare)* ________ di escluderlo dal mondo, ma lui adesso soffre per se stesso. E la pioggia lo *(riempire)* ________.

Lei lo *(guardare)* ________ affogare, poi gli *(chiudere)* ________ gli occhi ed *(restare)* ________ con la testa sul suo petto, mare finalmente calmo. Quando lei *(sentire)* ________ il temporale, *(andare)* ________ alla finestra, ma *(vedere)* ________ il sole. Solo allora *(capire)* ________ di non avere lacrime, fuori.

(loosely adapted from G. Romagnoli "Navi in bottiglia", La Repubblica on line, November 2002)

Each correct verb scores 2 points. **Total:______/54**

4 SIMPLE PREPOSITIONS.
Complete with simple prepositions.

Gianna è italiana, di Palermo, ma abita ________ Parigi dove lavora, vicino ________ Montmartre. Viaggia molto per lavoro: domani è ________ Roma, poi va ________ Firenze per qualche giorno e solo alla fine della settimana torna ________ Parigi. Che vita! Gianna vive volentieri ________ Francia, ma ogni tanto, quando è stanca, si prende una vacanza ________ Italia, e va ________ Capri*, dove ha amici, o ________ Sicilia, dove vive sua madre. Partire ________ l'Italia è sempre una bella esperienza. La vita ________ Capri, dai suoi amici, è così divertente! I suoi amici non sono italiani, vengono ________ un paese non lontano ________ Amburgo, ________ Germania, ma passano spesso le vacanze ________ Italia. Mentre le vacanze ________ Lampedusa**, da sua madre, sono sempre molto rilassanti. Di solito quando Gianna torna ________ Parigi ________ Lampedusa è molto rilassata e pronta a ricominciare il lavoro a pieno ritmo.

**Capri: a small island off Naples.*
***Lampedusa: a small island South of Sicily.*

Each correct preposition scores 1 point. **Total:______/18**

5 SIMPLE AND COMPOUND PREPOSITIONS.
Complete the sentences with the prepositions (with or without the article).

1. Mi piace molto passare il tempo ______ musei della città.
2. Domani vado a scuola ______ ______ macchina di mio padre.
3. Vivere ______ Milano non mi piace molto, preferisco una città più piccola.
4. Rosalba è ______ Palermo ma vive ______ Stati Uniti ______ cinque anni.
5. Ormai abito qui ______ America ______ quindici anni.
6. Quando ho molto ______ studiare non rispondo ______ telefono.
7. Ieri ho comprato un paio di guanti ______ pelle.
8. Di solito il tempo è buono ______ marzo ______ ottobre.
9. Loro studiano sempre ______ biblioteca, io invece preferisco studiare a casa.
10. Siete mai stati ______ Sardegna? È bellissima!
11. L'anello di Teresa è ______ oro bianco.
12. ______ biblioteche comunali non si lavora molto bene. C'è troppa gente.
13. La mia amica ha una casa ______ Ischia.
14. Ho divorziato tre anni ______.
15. Non ho niente ______ carino per la festa di domani!
16. Devo uscire a comprare qualcosa ______ mettere alla festa di domani.
17. Olivia parte oggi ______ Milano per andare in vacanza ______ Africa.
18. Voglio lavorare ______ almeno un anno in questa ditta.
19. Lo spettacolo comincia ______ dieci minuti.

Each correct preposition scores 3 points. **Total:______/60**

6 DIRECT AND INDIRECT OBJECT PRONOUNS.
Direct or indirect? Decide whether the highlighted pronoun is direct or indirect.

	direct	indirect
1. I miei amici **mi** hanno invitato al cinema.	☐	☐
2. Non so se vado, **mi** hanno detto che vogliono vedere un film russo.	☐	☐
3. I film russi **mi** sembrano un po' deprimenti.	☐	☐
4. Tu che dici? **Ti** piacciono?	☐	☐
5. **Ti** ho mai raccontato di quella volta che sono andato a vedere "La corazzata Potemkin"?	☐	☐
6. A 16 anni una mia fidanzata "intellettuale" **mi** ha convinto ad andare con lei.	☐	☐
7. Alcuni nostri amici **ci** hanno sconsigliato ma lei non ha voluto ascoltarli.	☐	☐
8. Beh, non ricordo niente del film. Ho dormito quasi tutto il tempo e lei **mi** ha lasciato.	☐	☐
9. **Mi** ha detto che non poteva perdere tempo con uno che russa davanti ad una tragedia russa.	☐	☐
10. **Ti** pare una cosa da dire?	☐	☐

Each correct answer scores 2 points. **Total:______/20**

7 **DIRECT AND INDIRECT PRONOUNS.**
Complete with direct or indirect pronouns.

Il caffè di Piero

Che bellezza! Il mio primo caffè della giornata! Ho preso la moka, [ ] ho riempit[ ] di acqua, ho messo il filtro e poi ho aggiunto il mio caffè preferito: Arabica. [ ] piace questa miscela, [ ] bevo ogni giorno. È l'unica che [ ] tiene sveglio e [ ] fa affrontare bene la giornata. La mia ragazza invece è una salutista, dice che il caffè non [ ] fa bene, che [ ] rende nervosa e beve solo tè deteinato. Sì! Avete capito bene: tè deteinato, un'offesa all'italianità! Volete mettere con il piacere di preparare la moka, sentir[ ] mentre fa il caffè e sentire il profumo del caffè che riempie la stanza... poi versar[ ] nella tazzina, senza zucchero naturalmente. E, finalmente, ber[ ] mentre ti svegli lentamente... questo sì che è un piacere della vita!

Each correct pronoun scores 3 points. **Total:_____/30**

Conjugation of the imperfect *(Imperfetto)*

Da bambina **giocavo** con le bambole.
Una volta i ragazzi **leggevano** più libri e **guardavano** meno tv.
Ieri sera non **riuscivo** a dormire per il caldo.
Quando **avevo** vent'anni il sabato andavo sempre in discoteca.
Aldo e Giorgio **venivano** spesso a trovarmi.

- *Almost all verbs have a regular form in the **imperfect** (**imperfetto** in Italian).*

Stamattina c'**era** il sole ma **faceva** freddo.
Non ho capito che cosa **diceva** Carlo.
Quando **ero** piccolo non **bevevo** vino.

- *The verbs **essere, fare, dire** and **bere** have irregular forms in the imperfect.*

Imperfect - regular verbs			
	am-**are**	ved-**ere**	apr-**ire**
io	am-**avo**	ved-**evo**	apr-**ivo**
tu	am-**avi**	ved-**evi**	apr-**ivi**
lui/lei/Lei	am-**ava**	ved-**eva**	apr-**iva**
noi	am-**avamo**	ved-**evamo**	apr-**ivamo**
voi	am-**avate**	ved-**evate**	apr-**ivate**
loro	am-**avano**	ved-**evano**	apr-**ivano**

Imperfect - irregular verbs				
	essere	fare	dire	bere
io	**ero**	**facevo**	**dicevo**	**bevevo**
tu	**eri**	**facevi**	**dicevi**	**bevevi**
lui/lei/Lei	**era**	**faceva**	**diceva**	**beveva**
noi	**eravamo**	**facevamo**	**dicevamo**	**bevevamo**
voi	**eravate**	**facevate**	**dicevate**	**bevevate**
loro	**erano**	**facevano**	**dicevano**	**bevevano**

EXERCISES

1 Choose the correct form of the imperfect and decide if the sentences are true or false.

Un po' di storia

		true	false
1.	Una volta la Corsica **~~erano~~/era** italiana.	☑	☐
2.	Nel Medioevo gli intellettuali italiani **parlavano/~~parlavamo~~** inglese.	☐	☑
3.	Prima della Repubblica gli italiani **avevano/~~abbiamo~~** un re.	☑	☐
4.	Una volta nel sud Italia **c'~~eri~~/erano** i greci.	☑	☐
5.	I fondatori di Roma si **~~chiamava~~/chiamavano** Ennio e Paolo.	☐	☑
6.	Prima dell'eruzione del Vesuvio, Pompei **~~rappresentavi~~/rappresentava** un importante centro romano commerciale e culturale.	☑	☐
7.	L'antica Roma si **trovava/~~trovavamo~~** su dieci colli.	☐	☑
8.	Le quattro repubbliche marinare **erano/~~eri~~** Pisa, Venezia, Genova e Amalfi.	☑	☐
9.	La famiglia Medici **~~venivano~~/veniva** da Bologna.	☐	☑

2 Choose the correct form of the imperfect.

Una volta...

a) Quando **~~era~~/ero** piccola tutti mi **dicevano/~~diceva~~** che sembravo mio fratello, ma io non **~~era~~/ero** contenta, prima di tutto perché lui **era/~~ero~~** un maschio e poi perché mio fratello non mi **~~piacevo~~/piaceva**. **~~Ero~~/Era** antipatico e non **~~volava~~/voleva** mai giocare con me, mi **faceva/~~fava~~** sempre gli scherzi e **~~ridevo~~/rideva** di me con i suoi amici. E tu: **~~andava~~/andavi** d'accordo con tuo fratello o con tua sorella?

b) Mia nonna mi racconta sempre che quando lei **~~ero~~/era** giovane e **~~vivevi~~/viveva** in campagna la vita non **~~erano~~/era** molto facile. I contadini **~~mangiavamo~~/mangiavano** carne solo una volta la settimana, quando **~~eravate~~/erano** fortunati. E di solito **~~ero~~/era** carne di coniglio allevato da loro. I giovani **~~doveva~~/dovevano** aiutare in casa e solo le famiglie meno povere **potevano/~~potevate~~** permettersi di far studiare qualche figlio. Come **vivevano/~~viveva~~** i contadini nel tuo paese 70 anni fa?

3 Conjugate the verbs in the imperfect.

Leggende italiane

Liguria. Secondo una leggenda, ad Alassio, una cittadina ligure, molto tempo fa *(vivere)* [vivevano] alcune streghe chiamate "bazure". Nelle notti di tempesta, le streghe *(ritrovarsi)* [si ritrovavano] sulla spiaggia, *(mettere)* [mettevano] in mare le barche che i pescatori *(avere)* [avevano] lasciato e *(andare)* [andavano] verso l'Africa. Prima dell'alba, però, *(tornare)* [tornavano] con enormi quantità di datteri.

Lombardia (Valtellina). Ancora oggi nel paese di Primolo è tradizione toccare il vetro che protegge l'immagine della Madonna di Primolo. Infatti, un tempo le ragazze che non *(trovare)* [trovavano] marito *(chiedere)* [chiedevano] l'aiuto della Madonna in questo modo.

Calabria. Secondo una leggenda, nelle grotte alla base del monte Riventino una volta *(vivere)* [vivevano] delle fate. Queste fate *(volere)* [volevano] costruire una chiesa sul monte perché *(essere)* [erano] molto religiose. Solo un uomo *(potere)* [era] comunicare con le fate. *(Essere)* [Era] il ragazzo che ogni giorno *(portare)* [portava] il pranzo agli uomini che *(lavorare)* [lavoravano] alla costruzione della chiesa. Ogni giorno il ragazzo *(parlare)* [parlava] con le fate e poi *(andare)* [andava] a dare ai muratori le istruzioni per costruire la chiesa. Ma gli uomini, che *(essere)* [erano] curiosi e *(volere)* [volevano] vedere le fate, uccisero il ragazzo, che *(cercare)* [cercava] di proteggerle. Da quel giorno nessuno ha più visto le fate.

Use of the imperfect

■ *The tense called imperfect is used normally:*

Da bambina **avevo i capelli biondi**. **Faceva** così **freddo** ieri!	*a) in physical or atmospheric descriptions;*
D'estate **andavamo** al mare **tutti i giorni**. Ricordo che **di solito dicevi** molte bugie.	*b) to indicate a repetition or a habit;*
Non sono venuto perché **ero depresso**. Anna **non si sentiva bene** ieri.	*c) for a psychological description, a sensation or a feeling;*
C'**era una volta** un re che **aveva** una figlia bellissima.	*d) at the begin of a fairy tale;*
Stavate mangiando? **Stavano per** uscire quando siamo entrati.	*e) with the expressions **stare + gerund** and **stare per**;*
Mentre guardavamo la TV è saltata la luce.	*f) after the word **mentre**;*
Aspettavo l'autobus già da mezz'ora quando è passato mio padre in macchina. Anna **era** in casa e **leggeva** il giornale.	*g) when expressing a continuous unfinished action, which is not definite in time.*
Ieri ho studiato **tutto il** giorno. Abbiamo lavorato **dalle** 9 **alle** 5.	■ *In the case of an action which is definite in time, it is preferable to use the **present perfect**.*

EXERCISES

1 Find the verbs in the imperfect and in the present perfect and write them in the table with the infinitive, as shown in the examples.

Una nascita nella famiglia Rossi

Giacomo **è nato** il 4 marzo, di giovedì. **Era** un giorno caldo e c'era una luce così chiara e uniforme sulla città che sembrava un giorno di primavera. Subito dopo la nascita la madre, Silvia, l'ha voluto vedere e lo ha tenuto un po' lì con sé. Il bambino era grande e aveva dei capelli lunghi e neri, come quelli di un cantante rock. Per fortuna era tranquillo e non piangeva. Mentre Silvia si trovava all'ospedale, il padre, Piero, era al lavoro e aspettava nervoso una telefonata dall'infermiera. Appena è arrivata la buona notizia si è alzato, ha smesso di lavorare ed è uscito di corsa per andare a vedere la moglie e il figlio. Per strada si è fermato a comprare un mazzo di fiori e una scatola di cioccolatini. Quando finalmente è arrivato all'ospedale ha salito le scale di corsa e, per la confusione, è entrato nella stanza sbagliata, dove non si è accorto che la donna che stava nel letto non era sua moglie. Le è andato vicino per baciarla, ma quando ha visto che la pancia era ancora grossa e che la donna era bionda, e non castana come Silvia, si è scusato e, imbarazzato, è uscito dalla stanza. La moglie si trovava in quella accanto e Giacomo era lì con lei, addormentato nella culla. Piero ha pianto di commozione, mentre Silvia rideva perchè era la prima volta che vedeva suo marito così confuso.

present perfect	imperfect
è nato (nascere) ha voluto (volere) ha tenuto (tenere) è arrivata (arrivare) I si è alzato (alzarsi) ha smesso è uscito (uscire) I è ~~fermato (ferma~~ ha salito (salire) è entrato (entrare) è andato (andare ha visto (vedere ha pianto	***Era (essere)*** + ~~IIII~~ III era (essere) sembrava (sembrare) aveva (avere) trovava (trovare) I aspettava (aspettare) stava (stare) rideva (ridere vedeva (vedere

2 Now insert the verbs again in their place in the text.

aspettava **aveva** **è andato** **è arrivata** **è arrivato** **è entrato** **era** **era** **era** **era** **era** **era** **era** **era** **era** **è uscito** **è uscito** **ha pianto** **ha salito** **ha smesso** **ha tenuto** **ha visto** **ha voluto** **piangeva** **rideva** **sembrava** **si è accorto** **si è fermato** **si è scusato** **si trovava** **si trovava** **stava** **vedeva**

Giacomo è nato il 4 marzo, di giovedì. Era un giorno caldo e c' [era] una luce così chiara e uniforme sulla città che [sembrava] un giorno di primavera. Subito dopo la nascita la madre, Silvia, l' [ha voluto] vedere e lo [ha tenuto] un po' lì con sé. Il bambino [era] grande e [aveva] dei capelli lunghi e neri, come quelli di un cantante rock. Per fortuna [era] tranquillo e non [piangeva]. Mentre Silvia [si trovava] all'ospedale a partorire, il padre, Piero, [era] al lavoro e [aspettava] nervoso una telefonata dall'infermiera. Appena [è arrivata] la buona notizia si è alzato, [ha smesso] di lavorare ed [è uscito] di corsa per andare a vedere la moglie e il figlio. Per strada [si è fermato] a comprare un mazzo di fiori e una scatola di cioccolatini. Quando finalmente [è arrivato] all'ospedale [ha salito] le scale di corsa e, per la confusione, [è entrato] nella stanza sbagliata, dove dapprima non [si è accorto] che la donna che [stava] nel letto non [era] sua moglie. Le [è andato] vicino per baciarla, ma quando [ha visto] che la pancia [era] ancora grossa e che la donna [era] bionda, e non castana come Silvia, [si è scusato] e, imbarazzato, [è uscito] dalla stanza. La moglie [si trovava] in quella accanto e Giacomo [era] lì con lei, addormentato nella culla. Piero [ha pianto] di commozione, mentre Silvia [rideva] perchè [era] la prima volta che [vedeva] suo marito così confuso.

3 Choose the correct form of the verb.

Una domenica

Domenica il tempo non era per niente buono: **c'era/~~è stato~~** un gran vento e **~~ha fatto~~/faceva** molto freddo. Per questo Carla, che non **si sentiva/~~si è sentita~~** molto bene, **~~decideva~~/ha deciso** di telefonare a qualche amica per invitarla a casa sua. Ma: Federica non **~~è stata~~/era** in casa e così Carla **~~doveva~~/ha** dovuto lasciare un messaggio sulla segreteria telefonica; Monica **~~rispondeva~~/ha risposto** che non **ha potuto/~~poteva~~** venire, perché **~~ha dovuto~~/doveva** uscire a fare spese con la madre; a casa di Piera **~~rispondeva~~/ha risposto** il figlio che non **~~ha saputo~~/sapeva** dove **~~è stata~~/era** la madre. Insomma, una domenica da passare da sola davanti alla TV? Carla **~~pensava~~/ha pensato** che forse non **era/~~è stata~~** una cattiva idea. **Si è fatta/~~Si faceva~~** una cioccolata calda, **~~metteva~~/ha messo** un video di un film romantico e **~~passava~~/ha passato** una delle più belle domeniche degli ultimi anni!

4 Conjugate the verbs into either the present perfect or into the imperfect.

Intervista con un famoso imprenditore

■ Buongiorno signor Arraffoni. Vorrei chiederLe come *(fare)* [ha fatto] a diventare un imprenditore così importante.

▲ *(Avere)* [Ho avuto] la fortuna di conoscere le persone giuste al momento giusto. Quando *(essere)* [ero] più giovane *(lavorare)* [lavoravo] come animatore sulle navi da crociera, ma poi *(incontrare)* [~~incontravo~~ ho incontrato] delle persone che mi *(aiutare)* [hanno aiutato] nei miei progetti. Come gli americani anche io *(farsi)* [mi sono fatto] da solo.

■ E si può dire che Lei *(costruire)* [ha costruito] un impero. Ma non Le *(bastare)* [bastava]? Perché *(entrare)* [h è entrato] in politica?

▲ *(Avere)* [Avevo] molti amici politici. Loro mi *(consigliare)* [~~sono~~ hanno consigliato] di presentarmi alle elezioni per proteggere i miei interessi. E poi il paese *(avere)* [aveva] bisogno di un volto nuovo e onesto.

■ La Sua famiglia cosa pensa di questa Sua carriera?

▲ Sono tutti felici e orgogliosi. Da quando sono in politica *(risolvere)* [ha ~~risolveva~~ risolto] i problemi di tutta la famiglia. *(Trovare)* [Ho trovato] lavoro a tutti e *(comprare)* [ho comprato] tante belle cose anche alla mia mammina!

Present perfect or imperfect of some verbs

- *Some verbs change meaning depending on whether they are used in the present perfect or in the imperfect tense.*

- ***Dovere**, **potere** and **volere** (modal verbs):*

*a) when they are used in the **imperfect** they indicate uncertainty (perhaps the action happened, perhaps not);*

Dovevo studiare ma sono andata al cinema *(e forse ho studiato o forse no).*
Mia sorella ha risparmiato per un anno perché **voleva** comprare un motorino *(e forse lo ha comprato o forse no).*
Non **potevo** rispondere al telefono, ero sotto la doccia *(e forse ho risposto o forse no).*

*b) when they are used in the **present perfect** the action definitely happened.*

Ieri **ho dovuto** studiare 3 capitoli di storia *(e li ho studiati).*
Ieri non **ho voluto** lavorare perché era il compleanno di mia moglie *(e non ho lavorato).*
Non **siamo potuti** andare in vacanza per mancanza di soldi *(e non ci siamo andati).*

- ***Conoscere:***

*a) when used in the **imperfect** it means "to know someone for a long time";*

Conoscevi i miei genitori?

*b) when used in the **present perfect** means that someone has been introduced to me, that I have met someone for the first time.*

Ho conosciuto tuo fratello ieri.

- ***Sapere:***

*a) when used in the **imperfect** it means "know something for a long time";*

Lo **sapevi** che ho una casa a Roma?

*b) when used in the **present perfect** indicates "to get to know something by way of someone else".*

Ho appena **saputo** che ti sei sposato!

EXERCISES

1 Present perfect or imperfect? Choose the correct form of the verb.

1. **~~Sapevo~~/Ho** saputo proprio ora che Anna ha telefonato.
2. Nessuno **ha voluto/~~voleva~~** invitare Franco per capodanno, e così è rimasto da solo a casa.
3. A quei tempi Sonia non **~~ha conosciuto~~/conosceva** ancora suo marito.
4. Sergio è triste perché **~~sapeva~~/ha saputo** che non ha passato l'esame.
5. Non **dovevi/~~hai dovuto~~** lasciare la porta aperta! Ora il gatto è scappato.
6. Da bambina non **~~ho potuto~~/potevo** uscire da sola la sera.
7. Mi dispiace, ma ho avuto così tanto da fare che non **ho potuto/~~potevo~~** finire quel lavoro!
8. I miei genitori **~~conoscevano~~/hanno conosciuto** Pino a una festa di Carnevale.
9. **Volevo/~~Ho voluto~~** telefonarti ma non ho trovato una cabina.
10. Per punizione oggi **~~dovevo~~/sono dovuto** restare tutto il giorno in casa!
11. I Rossi **dovevano/~~hanno dovuto~~** fare dei lavori in casa ma hanno deciso di usare i soldi per andare in vacanza.
12. Davvero Franca si è fatta suora? Non lo **~~ho saputo~~/sapevo**!
13. **~~Sapevo~~/Ho saputo** da Susi che Franca si è fatta suora.

2 Present perfect or imperfect ? Put the verbs in the correct tense and guess the city.

Una città italiana

Nell'antichità *(essere)* [era] una città romana e i romani la *(chiamare)* [chiamavano] Augusta Taurinorum. Per molti anni *(essere)* [è stata] la sede dei Duchi di Savoia, che sono poi diventati Re d'Italia. Proprio in questa città la famiglia Agnelli *(aprire)* [ha aperto] una grande fabbrica di auto che *(diventare)* [~~ha~~ è diventata] molto famosa in Italia e all'estero e che negli anni '60 *(essere)* [è stata] un simbolo del boom economico italiano.
Sai che città è?

3 If you do not know the answer to the Exercise 2, choose the correct sentences. The letters which correspond to the correct sentences form the name of the city.

1. Sapevo appena ora della partenza di Mario.	**P**
2. Ho saputo appena ora della partenza di Mario. ✓	**T**
3. Mentre dormivo sono entrati i ladri. ✓	**O**
4. Mentre ho dormito sono entrati i ladri.	**A**
5. Ho studiato inglese per 5 anni. ✓	**R**
6. Studiavo inglese per 5 anni.	**D**
7. Paola conosceva suo marito su Internet.	**O**
8. Paola ha conosciuto suo marito su Internet. ✓	**I**
9. Oggi volevo fare la dieta, ma non ho resistito. ✓	**N**
10. Oggi ho voluto fare la dieta, ma non ho resistito.	**V**
11. Ieri ho lavorato 10 ore! ✓	**O**
12. Ieri lavoravo 10 ore!	**A**

The city is T O R I N O

Indirect object pronouns plus direct object pronouns

17 Double object pronouns

Belli questi fiori, chi **te li** ha regalati? *(ti + li)*

■ *When an indirect object pronoun and a direct object pronoun are found in the same sentence, they join up to form a* ***double object pronoun.***

"Chi ti ha prestato il motorino?"
"**Me lo** ha prestato Claudio." *(mi + lo)*

"Mi dai i guanti?" "Sì, **te li** do subito." *(ti + li)*

"Chi vi ha comprato gli sci?"
"**Ce li** ha comprati nostro padre." *(ci + li)*

Ve li hanno dati i biglietti per il teatro? *(vi + li)*

■ *When they form a double object pronoun, the indirect object pronouns* ***mi, ti, ci vi*** *change the vowel* ***-i > -e.***

"Chi ha detto a mamma dell'incidente?"
"**Gliel'**ho detto io." *(le + l')*

"Chi ha preso il giocattolo a Angelo?"
"**Gliel'**ha preso la sorella." *(gli + l')*

Signora, è questa la Sua valigia? Vuole che **Gliela** porti su in camera? *(Le + la)*

"Hai detto ai tuoi che partiamo oggi?"
"No, **glielo** dico dopo." *(gli + lo)*

■ *Double object pronouns in the* ***3rd person*** *(singular and plural) are:*

glielo/gliela/glieli/gliele

(NOTE! These double object pronouns are one word)

Paolo mi ha chiesto la macchina e io **gliel'**ho prestat**a**.
Paolo mi ha chiesto dei soldi e io **glieli** ho prestat**i**.

■ *As for direct object pronouns, the past participle of the verb agrees with the double object pronoun (****-o, -a, -i, -e****).*

La macchina è rotta, non **te la** posso dare.
La macchina è rotta, non posso dar**tela**.

■ *When there is a modal or phrasal verb (****potere, volere, dovere, sapere, cominciare a, stare per, stare + gerund, finire di****) + the infinitive, the double object pronoun can go either before the verb or after the infinitive.*

indirect object pronouns		direct object pronouns		double object pronouns
mi	+	lo/la/li/le	=	**me lo/me la/me li/me le**
ti				**te lo/te la/te li/te le**
gli/le				**glielo/gliela/glieli/gliele**
ci				**ce lo/ce la/ce li/ce le**
vi				**ve lo/ve la/ve li/ve le**
gli				**glielo/gliela/glieli/gliele**

EXERCISES

1 Choose the correct pronoun.

- Ciao Serena dove vai?
- Devo comprare un regalo per il matrimonio di Giorgio e Sonia. Tu **te lo/glieli/glielo** hai già comprato?
- Sì, e **me lo/glielo/ce lo** ho portato ieri. Ma non sai che hanno una lista di nozze*?
- No, non **te lo/me lo/me le** hanno detto! E dove l'hanno fatta?
- Da "Pasquini", in centro. A Franco invece **me lo/glielo/te lo** hanno detto, solo dopo che lui aveva già comprato il regalo!
- No! Quei due sono proprio un disastro. Comunque grazie dell'informazione. A dopo. Ciao!

** **lista di nozze**: wedding list. The list would be held by one shop.*

2 Complete the sentences with the pronouns in the list.

glieli **ce lo** **me lo** **me li** **gliela** **ve le** **glielo** **te lo** **ve li**

1. Hai visto quel quadro? L'ha fatto mio cugino. ______ ha regalato quando mi sono laureato.
2. Mmmm... quanti biscotti! Sono tutti per Lino? Davvero vuoi portar______ tutti?
3. Non preoccupatevi. Se non sapete dove lasciare le bambine domani sera ______ guardo io.
4. Credi a me! Gianni è scappato con la segretaria. ______ dico io!
5. Certo che sappiamo che nonno ha fatto la guerra! ______ ripete ogni giorno!
6. Se avete bisogno di dischi per la festa, ______ porto io!
7. Veronica vuole una bici per Natale, mi piacerebbe comprar______ ma non so se ho i soldi.
8. ______ hai dati quei numeri di telefono? Non mi ricordo.
9. No, Piero non sa che ho visto sua moglie con un altro. Non ho avuto il coraggio di dir______.

3 Change the sentences using a double object pronoun, as shown in the example.

e.g. Luca ha aperto la porta a Lucia. > (a Lucia=**le** + la porta=**la** → **le** + **la** = **gliela**) *Luca gliela ha aperta.*

1. Il prete ha prestato la Bibbia al bambino. > ______
2. Il barbiere mi ha tagliato i capelli. > ______
3. A Ferragosto ci hanno tirato i secchi di acqua. > ______
4. Hanno raccontato subito tutta la storia ai giornali. > ______
5. Le ragazze hanno detto a Piera che Aldo la tradiva. > ______
6. Ti hanno mai raccontato la storia di Roma? > ______
7. Vi hanno portato i mobili? > ______
8. Ieri mi hanno rotto il vetro con una pallonata. > ______
9. Ci hanno rotto i timpani tutto il giorno con quella musica a tutto volume! > ______
10. Finalmente Silvia ha comprato il regalo a sua sorella. > ______
11. Signor Bianchi, Le hanno recapitato quel pacco? > ______
12. Ho detto al dottore che avevo le vertigini. > ______
13. Perché hai detto ai miei che sono andata in vacanza con Dimitri? Non lo sapevano! > ______

4 **Complete the sentences with the verbs in the list and with the double object pronouns, as shown in the example.**

comprare **cucinare** **guardare** **pagare** **portare** **prestare** **prestare** **spedire** **spiegare** **tagliare**

e.g. Nonna, devo andare alla posta, la lettera *te la spedisco io*.

1. Se non hanno ancora trovato una baby sitter, i bambini ________________
2. Ho finito la scuola per parrucchiere, se vuoi i capelli ________________
3. Se non sapete come arrivare, la strada ________________
4. Signor Bianchi, devo andare al supermercato. Se vuole il latte ____________
5. Quando vado al ristorante con mio figlio succede sempre che il conto ________________
6. Se hai fame e non hai tempo, il pranzo ________________
7. Non avete contanti? Non vi preoccupate, i soldi ________________
8. Se non hai niente da metterti per il matrimonio di Anna, un vestito ________________
9. *(in albergo)* Signora, la valigia ________________

5 **Find the 3 mistakes in the use of the double object pronouns.**

Una giornataccia

Che giornata! Questa mattina sono arrivato al lavoro dopo le ferie e ho scoperto che il prossimo convegno era ancora tutto da organizzare. Vuoi sapere cosa è successo? Te lo spiego subito.

La segretaria che doveva venire per lo straordinario non è venuta perché nessuno glielo ha detto.

La posta elettronica in ufficio non funziona e non ce lo hanno ancora riparata.

I partecipanti non hanno ricevuto i biglietti aerei perché nessuno glieli ha mandate.

La conferenza del prof. Forti è spostata al pomeriggio ma nessuno glielo ha comunicato.

Le camere in albergo non ce li hanno ancora confermate.

Il servizio di catering per il ricevimento di apertura aspetta ancora la conferma della data perché nessuno gliel'ha mandata.

Io avevo lasciato il mio numero in albergo, ma nessuno ha avuto il coraggio di telefonarmi.

Reflexive pronouns plus direct object pronouns

Ho deciso. Voglio il motorino! **Me lo** compro di sicuro!
Mi chiamo Daria. **Te lo** sei dimenticato?
Paola è convinta di essere una grande ballerina, **se lo** ripete ogni giorno.
A me e mia sorella piace cambiare stile di capelli. **Ce li** tingiamo spesso.
Ve la ricordate la parola chiave per l'allarme?
Gli atleti devono tenere d'occhio il cuore, infatti **se lo** controllano regolarmente.

When a reflexive pronoun and a direct object pronoun are found in the same sentence, they join up to form a ***double object pronoun****. In this case the* ***-i*** *of the reflexive pronoun becomes an* ***-e****.*

reflexive pronouns		direct object pronouns		double object pronouns
mi				**me lo/me la/me li/me le**
ti				**te lo/te la/te li/te le**
si				**se lo/se la/se li/se le**
ci	+	lo/la/li/le	=	**ce lo/ce la/ce li/ce le**
vi				**ve lo/ve la/ve li/ve le**
si				**se lo/se la/se li/se le**

EXERCISES

1 Choose the correct double object pronouns.

Smemorina, la mia segretaria, è una ragazza tanto simpatica ma con una pessima memoria e molto disordinata. Ieri si è alzata e si è preparata per venire al lavoro ma è uscita di casa senza scarpe, **se le/gliele** è dimenticate! È arrivata al lavoro in pantofole e **ce li/se le** è tenute per tutto il giorno, ma nessuno ha detto niente perché ormai tutti la conosciamo. Anche io ho imparato come comportarmi con lei: ho sempre con me una chiave dell'ufficio perché Smemorina **me la/se la** dimentica quasi sempre, le lettere più importanti **se le/me le** scrivo sempre io perché lei non **se la/se le** ricorda mai, il pranzo **me la/me lo** ordino da sola perché lei di solito **se la/se lo** dimentica... Lo so, è un disastro, ma è la nipote del direttore generale...

2 **Rewrite the sentences with the pronouns, as shown in the example.**

e.g. <u>Mi</u> dimentico sempre <u>la luce</u> accesa. → ***Me la** dimentico sempre accesa.*

1. Lucia <u>si</u> trucca sempre <u>gli occhi</u> di blu.
2. Stasera <u>ci</u> beviamo tutta <u>una bottiglia di whiskey</u>.
3. Piero <u>si</u> gioca sempre <u>lo stipendio</u> al casinò.
4. Io <u>mi</u> risciacquo sempre <u>i capelli</u> con l'aceto.
5. <u>Mi</u> sono fatto <u>l'abbonamento</u> a La Scala.
6. <u>Mi</u> porto sempre <u>il giornale</u> al lavoro, così non devo uscire per comprarlo.
7. Perché non <u>ti</u> metti <u>gli occhiali</u>? Vedresti meglio.
8. I miei <u>si</u> comprano sempre <u>l'olio</u> direttamente dal contadino.
9. <u>Ti</u> lavi <u>i denti</u> prima di andare a letto?

3 **Fabio is a very meticulous person but his brother Gino is exactly the opposite. Write Gino's replies to Fabio, using reflexive pronouns and direct object pronouns.**

Fabio	Gino
1. Io mi rifaccio sempre il letto dopo che mi sono alzato.	a) Io no, non ***me lo** rifaccio mai.*
2. Io mi faccio sempre la doccia prima della colazione.	b) Io no, non __________
3. Io mi metto sempre un po' di gel sui capelli prima di uscire di casa.	c) Io no, non __________
4. Io mi metto sempre la cravatta per andare al lavoro.	d) Io no, non __________
5. Io mi compro sempre il giornale prima di arrivare in ufficio.	e) Io no, non __________
6. Io mi mangio sempre dei panini per pranzo.	f) Io no, non __________
7. Io mi ricordo sempre dove ho parcheggiato la macchina.	g) Io no, non __________
8. Io mi preparo sempre una bella cenetta ogni sera.	h) Io no, non __________
9. Io mi stiro sempre le camicie prima di andare a dormire.	i) Io no, non __________

TAKE YOUR NOTES

Present conditional

Examples	Rules
	The present conditional is used for:
Mi **piacerebbe** andare in Polinesia.	*a) expressing a wish;*
Scusi, **chiuderebbe** la porta per favore?	*b) expressing oneself formally;*
Al posto tuo **prenderei** il treno dell'una.	*c) giving advice;*
Nella banca ci **sarebbero** 3 ostaggi.	*d) giving information which is not 100% certain.*
*compr-**are**:* Signor Bini, **comprerebbe** un cane? *spend-**ere**:* Dario **spenderebbe** tutti i suoi soldi per i vestiti.	*The forms of the present conditional of verbs ending in **-are** are the same as those of verbs ending in **-ere**.*
Sarebbe così gentile da aiutarmi a scendere?	*The present conditional of the verb **essere** is irregular.*
Vorrei tanto quell'auto! Scusi, **potrebbe** smettere di fumare? **Dovresti** prendere un'aspirina.	*Some verbs have an irregular form of conditional: volere (vorrei), potere (potrei), dovere (dovrei), sapere (saprei), andare (andrei), etc.*

Present conditional - regular verbs

	am-are	prend-ere	apr-ire
io	am-**erei**	prend-**erei**	apr-**irei**
tu	am-**eresti**	prend-**eresti**	apr-**iresti**
lui/lei/Lei	am-**erebbe**	prend-**erebbe**	apr-**irebbe**
noi	am-**eremmo**	prend-**eremmo**	apr-**iremmo**
voi	am-**ereste**	prend-**ereste**	apr-**iresti**
loro	am-**erebbero**	prend-**erebbero**	apr-**irebbero**

Present conditional - irregular verbs

	essere	avere
io	**sarei**	**avrei**
tu	**saresti**	**avresti**
lui/lei/Lei	**sarebbe**	**avrebbe**
noi	**saremmo**	**avremmo**
voi	**sareste**	**avreste**
loro	**sarebbero**	**avrebbero**

Other irregular verbs

verb	conditional
andare	io **andrei**
bere	io **berrei**
cadere	io **cadrei**
dare	io **darei**
dire	io **direi**
dovere	io **dovrei**
fare	io **farei**
potere	io **potrei**
rimanere	io **rimarrei**
sapere	io **saprei**
stare	io **starei**
tenere	io **terrei**
vedere	io **vedrei**
venire	io **verrei**
vivere	io **vivrei**
volere	io **vorrei**

EXERCISES

1 Match the most suitable wish to the correct illustration, as shown in the example.

1) **bambino**

2) cane

3) gatto

4) manager

5) turista

6) studente

a) Vorrei un osso grandissimo!

b) Ci vorrebbe un bel sole.

c) Vorrei concludere quell'affare.

d) Quanto pagherei per passare l'esame!

e) Mangerei un gelato enorme!

f) Mmm… quanto mi piacerebbe un bel topo succoso.

2 Choose the correct form of the conditional.

a) In un negozio

- ■ Buongiorno, desidera?
- ● Buongiorno. **Vorrei/~~Vorresti/Vorrebbe~~** vedere quella gonna blu in vetrina.
- ■ Che taglia porta?
- ● La 44 o la 46, dipende dal modello. **~~Potresti~~/~~Potrei/Potrebbe~~** (Potrei) provarle entrambe?
- ■ Certo. Ecco a Lei. Il camerino è lì dietro.

b) In treno

- ■ Scusi, Le **~~dispiacerei~~/dispiacerebbe/~~dispiaceresti~~** spegnere la sigaretta? È uno scompartimento non fumatori.
- ● Guardi signora, io non vedo il cartello "Vietato Fumare" da nessuna parte…
- ■ Ma io sono sicura che questa è una carrozza non fumatori! Altrimenti non **~~sarebbe~~/sarei/~~saresti~~** qui. Non sopporto il fumo!
- ● Allora signora **~~farebbero/faresti~~/farebbe** bene a controllare il biglietto, forse è nella carrozza sbagliata.
- ■ Ecco qui: carrozza 9 posto numero 24.
- ● Visto? Questa è la carrozza 10.

3 Put the verbs in the present conditional and join the phrases on the left with those on the right.

1) *(Lei/Potere)* [potrebbe] chiudere la finestra per favore?
2) Oddio! Che mal di denti!
3) Che ne *(voi/dire)* [direste] di un giro al mare?
4) *(tu/Dovere)* [dovresti] studiare di più.
5) Che è successo al computer?
6) Dove possiamo trovare quel libro?
7) Vi *(piacere)* [~~piaceresti~~ piacerebbe] venire in vacanza con noi?
8) Non mi sento molto in forma ultimamente, che mi consigli?

a) *(tu/Dovere)* [dovresti] prendere un appuntamento dal dentista
b) Prendiamo il costume, aspetta!
c) *(tu/Potere)* [potresti] fare un po' di sport.
d) Perché no? Dove andate?
e) Certo, la chiudo subito.
f) Non capisco. *(Sembrare)* [sembrerebbe] rotto.
g) *(voi/Dovere)* [dovreste] provare nella nuova libreria.
h) Ma se studio ogni giorno 3 ore!

18 Conditional

4 **Choose from the list the correct advice for these people. Begin the sentence with: *Io, al posto tuo...* and use the conditional, as shown in the example.**

e.g. Sono stanco! — Io al posto tuo, *mi prenderei tre giorni di riposo.*

1. Ho bisogno di soldi. — Io al posto tuo, chiederei un prestito in banca
2. Voglio un uomo! — Io al posto tuo, entrerei in un club di cuori solitari
3. Ho un mal di testa terribile. — Io al posto tuo, prenderei un'aspirina
4. Mi annoio e non so che fare. — Io al posto tuo, telefonerei a un'amica e organizzare la serata
5. Non mi piace più il mio lavoro. — Io al posto tuo, mandrei il curriculum ad altre aziende
6. Sono ingrassato. — Io al posto tuo, farei una dieta
7. Si è rotta la lavatrice. — Io al posto tuo, chiamerei il tecnico
8. Ho freddo. — Io al posto tuo, ascenderei il riscaldamento
9. Ho fame ma non ho voglia di cucinare. — Io al posto tuo, andrei a mangiare da mamma

accendere il riscaldamento | **andare a mangiare da mamma** | **chiamare il tecnico** | **chiedere un prestito in banca** | **entrare in un club di cuori solitari** | **fare una dieta** | **mandare il curriculum ad altre aziende** | **prendere un'aspirina** | **prendersi tre giorni di riposo** | **telefonare a un'amica e organizzare la serata**

5 **Put the verbs in the present conditional.**

Giovanni sogna...

Quanto *(io/volere)* [vorrei] vincere alla lotteria! Gioco tutte le settimane e so già esattamente cosa *(fare)* [farei] con i soldi. Prima di tutto *(organizzare)* [organizzerei] una mega festa per tutti gli amici e i parenti in una villa in campagna. Il ricevimento *(essere)* [sarebbe] nel parco, con tantissime cose da mangiare e da bere. Dentro la villa ci *(essere)* [sarebbero] almeno tre sale con tre diversi d.j. per la musica. La festa *(potere)* [potrebbe] continuare per un fine settimana, poi mi *(mettere)* [metterei] a pensare seriamente a come investire i soldi. Sicuramente *(comprare)* [comprerei] un paio di case: una in città e una al mare, forse all'estero. Poi *(investire)* [investirei] gran parte degli altri soldi e *(fare)* [farei] in modo da avere una rendita annua per poter vivere bene tutta la vita. Ah! Stavo per dimenticare i viaggi! Naturalmente mi *(piacere)* [piacerebbe] fare dei bei viaggi, almeno uno all'anno, per periodi di minimo un mese! Ma forse, invece di perdere tempo a sognare, *(fare)* [farei] bene a prepararmi per andare al lavoro, comincio fra un'ora!

6 **Complete the sentences with the present conditional and then choose the number which corresponds to your opinion.**

1 = Sì, assolutamente.
2 = Sì, sono abbastanza d'accordo
3 = Dipende
4 = No, non sono completamente d'accordo
5 = No, assolutamente

I figli. Che ne pensi?	
a) I bambini *(dovere)* dovrebbero obbedire ai genitori senza discutere.	1 2 (3) 4 5
b) Essere figli unici è un vantaggio.	1 2 3 4 (5)
c) Bambini e bambine *(dovere)* dovrebbero essere educati nello stesso modo.	(1) 2 3 4 5
d) La maggior parte degli uomini *(volere)* vorrebbero avere un maschio come primo figlio.	1 2 (3) 4 5
e) Non *(bisognare)* bisognerebbe mai punire un bambino fisicamente.	(1) 2 3 4 5
f) È dovere di ogni figlio occuparsi dei genitori, quando diventano anziani.	1 2 3 4 5
g) Il modo migliore di punire un bambino *(essere)* sarebbe di non dargli la paga settimanale.	1 2 (3) 4 5
h) I bambini richiedono troppo lavoro e energia.	1 2 3 4 5
i) Quando il bambino è molto piccolo almeno uno dei genitori *(dovere)* dovrebbe rinunciare al lavoro.	1 2 (3) 4 5
l) Al giorno d'oggi *(essere)* sarebbe una buona idea impedire alle famiglie di avere più di 4 figli.	1 2 3 4 5
m) I ragazzi minorenni *(dovere)* dovrebbero essere a casa dopo le undici di sera.	1 2 3 4 5

7 **Choose the correct form of the verbs.**

Paola e Giovanna si incontrano dopo molti mesi.

Paola - Ciao Giovanna! Ma quanto tempo che non ci vediamo! Ti vedo in forma perfetta!

Giovanna - Grazie Paola, sto bene infatti. Lavoro molto ma ho deciso che non **ho/~~avrei~~** nessuna intenzione di diventare grassa e rovinarmi la salute per colpa del lavoro, quindi **~~andrei~~/vado** in palestra almeno due volte la settimana. Purtroppo **vorrei/~~voglio~~** andarci più spesso, ma non ho proprio tempo. Ma anche tu stai molto bene!

Paola - Non tanto. Non sai quanto mi **~~piace~~/piacerebbe** avere una linea come la tua. Non vedi come sono ingrassata? Eppure non mangio tanto, non capisco perché.

Giovanna - Ma stai facendo qualcosa?

Paola - Sì. Ho appena cominciato una nuova dieta e la seguo molto regolarmente. Non **mangio/~~mangerei~~** quasi niente, solo verdura e frutta, ma spesso non **~~avrei~~/ho** energia.

Giovanna - Uhm, non mi sembra una dieta adatta. Vai da un dietologo?

Paola - No. L'ho trovata su un giornale.

Giovanna - Secondo me dovresti stare più attenta alla salute. Perché non **~~verresti~~/vieni** in palestra con me? Un po' di sport e un'alimentazione sana ti **~~fanno~~/farebbero** sicuramente bene!

Paola - Ma sono così pigra... ci penso, ok?

Giovanna - Va bene, ciao Paola!

Perfect conditional

■ *The perfect conditional is used:*

a) to talk about a hypothetical or impossible situation;

Quanto mi **sarebbe piaciuto** fare quel viaggio!
Avrei voluto comprare un'auto nuova, ma non avevo i soldi.

b) to give information on a past event, which is not 100% certain;

L'imputato **avrebbe ammesso** l'omicidio.

c) to express an action which represents the future in the past, that is a second action in the past subsequent to a previous action in the past.

Sapevo che **avresti telefonato** per scusarti. *(**sapevo:** 1st action in the past; **avresti telefonato:** 2nd action in the past or future in the past)*
Loro credevano che **saresti venuto** con la macchina. *(**credevano:** 1st action in the past; **saresti venuto:** 2nd action in the past or future in the past)*

Ti **avrei telefonato** ma non avevo il tuo numero.
Diceva sempre che **sarebbe andato** a vivere in America.

■ *The perfect conditional is formed with the **conditional** of **avere** or **essere** plus the **past participle** of the verb.*

Perfect conditional (present conditional of *avere* or *essere* + past participle)		
io	**avrei parlato**	**sarei andato/a**
tu	**avresti parlato**	**saresti andato/a**
lui/lei/Lei	**avrebbe parlato**	**sarebbe andato/a**
noi	**avremmo parlato**	**saremmo andati/e**
voi	**avreste parlato**	**sareste andati/e**
loro	**avrebbero parlato**	**sarebbero andati/e**

EXERCISES

1 Join the phrases together to make sentences, as shown in the example.

a. Sarei venuta volentieri alla tua festa di compleanno,

b. Ti avrei voluto telefonare,

c. Sandro avrebbe dovuto portare anche il vino,

d. I miei avrebbero voluto che studiassi medicina,

e. Anna sarebbe stata felice di darti una mano,

f. Avremmo voluto andare all'Opera,

g. Mio fratello avrebbe voluto farmi uno scherzo per il 1° d'Aprile,

h. Mi sarei voluta fare i capelli biondi,

i. Avrei voluto mascherarmi per Carnevale,

1. ma non ho trovato una maschera che mi piaceva.
2. ma io non ci sono cascato.
3. ma non sapeva che avevi bisogno di aiuto.
4. ma non avevo il tuo numero.
5. **ma un mio amico mi aveva già invitata a cena fuori.**
6. ma il parrucchiere me lo ha sconsigliato.
7. ma io non sopporto il sangue.
8. ma non c'erano più biglietti.
9. e invece ha portato solo la birra.

2 Put the verbs in the perfect conditional and guess the name of the personality.

Era una forte personalità politica, secondo lui l'Italia *(dovere)* [sarebbe dovuta] ritornare al glorioso passato dell'antica Roma ed era convinto che, sotto il suo comando, *(diventare)* [sarebbe ~~avrebbe~~ diventata] un grande impero. Per questo credeva che un'alleanza con la Germania *(aiutare)* [avrebbe aiutato] l'Italia nella sua espansione.

È andato al potere nel 1924. Nel 1940 ha dichiarato guerra alla Francia e alla Gran Bretagna e ha convinto gli italiani che l'Italia *(vincere)* [avrebbe vinto]. Molti italiani lo hanno seguito. Ma nel 1943, quando l'Italia ha perso la guerra, la sua dittatura è finita e lui è stato ucciso.

Sai come si chiama?

3 If you don't know the name of the personality in Exercise 2, read the following sentences. Find the correct ones, the letters in brackets will form his last name.

1. Anna diceva sempre che non si sposerebbe mai, invece il suo matrimonio è la prossima settimana. (P)
2. I ragazzi avrebbero dovuto telefonare alle 4.00 invece non si sono sentiti. (M)
3. Mia madre credeva che sarei diventata una grande pianista. (U)
4. Secondo la polizia i rapinatori avrebbero ucciso uno degli ostaggi. (S)
5. Quel politico affermava che non sarebbe mai fatto un'alleanza con la destra, invece ha fatto tutto il contrario! (T)
6. Tornerei prima, ma il traffico era tremendo! (R)
7. Ultime notizie: il disastro aereo sarebbe successo a causa di un guasto ai motori. (S)
8. Peccato che non sono potuta venire alla festa, mi avrebbe tanto piaciuto! (A)
9. Ma non avevi detto che saresti venuto a prendermi in macchina? (O)
10. Lo sapevo che avresti passato quell'esame! (L)
11. Diceva che mi amerebbe per sempre, invece è scappato con la segretaria! (N)
12. Lo dicevo io che ci sarebbe stato uno sciopero dei treni. (I)
13. Credevamo che avrebbero chiuso la biblioteca. (N)
14. Un pic-nic sarebbe stata una ottima idea! Peccato che non ci abbiamo pensato! (I)

The personality is M U S S O L I N I

4 Now rewrite the wrong sentences correcting the mistakes.

1. non si sarebbe mai sposata

5. avrebbe mai fatto

6. sarei tornato

8. mi sarebbe tanto piaciuta

11. mi avrebbe amato

5 **An article written at the end of 2000 tells us what will disappear in the future. 100 years later, in 2100, you find the article and summarise it for a newspaper of your times. Rewrite only the underlined sentences, using the perfect conditional, as shown in the example.**

<u>**Con l'aiuto della ricerca genetica il cancro sarà sconfitto**</u>. Inoltre <u>grazie alla tecnologia digitale andranno in pensione tante macchine</u> e i fili che ingombrano case e uffici. Tutto questo sarà molto positivo, purtroppo però, se non facciamo attenzione, <u>anche molte specie viventi, animali e piante scompariranno</u>. Per fortuna <u>la società sarà più ricca e democratica e lavoreremo di meno</u>. Però <u>il mondo viaggerà sempre più a marce diverse</u>. Infatti <u>i paesi più ricchi forniranno servizi, cultura, simboli e valori</u> e <u>altri produrranno beni materiali per il consumo dei primi</u>, con fabbriche altamente inquinanti. <u>Altri ancora non produrranno niente ma saranno un serbatoio di mano d'opera a basso prezzo e basi militari</u>. Insomma, se non si prenderanno provvedimenti, alcuni degli aspetti del futuro prossimo sono preoccupanti.

(adapted from "Il Venerdì di Repubblica")

Cento anni fa scrivevano che:

a. *con l'aiuto della ricerca genetica il cancro <u>sarebbe stato</u> sconfitto.*

b. grazie alla tecnologia digitale sarebbero ~~andanto~~ andato

c. anche molte specie viventi, animali e piante avrebbero scomparicto

d. la società sarebbe stato

e. il mondo avrebbero ~~fanato~~ fornito

f. i paesi più ricchi avrebbe ~~sarebbe~~ viaggiato

g. altri ancora non avrebbero ~~prodotto~~ ~~prod~~ prodotto

h. altri ancora

6 **Put the verbs in the conditional tense (present or perfect).**

Un impiegato va dal suo capo e dice:
"Mi scusi, *(potere)* potrei avere una giornata libera per andare a fare le spese di Natale con mia moglie?"
"Ovviamente no!"- risponde il capo.
"La ringrazio di cuore, signore! Sapevo che *(potere)* avrei potuto contare sul Suo aiuto!"

7 **Choose the correct verb.**

Sono qui in casa, da sola, e aspetto Fabio. Lo **aspetto/~~aspetterei~~** ormai da 3 ore e non capisco cosa **è successo/~~sarebbe successo~~.** Ieri mi **ha telefonato/~~avrebbe telefonato~~** e mi ha detto che **passerebbe/sarebbe passato** a prendermi alle 11.00 per andare a fare un pic-nic. Invece non è ancora arrivato. Uffa! Sono le 2.00 e ho fame, **~~ho mangiato~~/avrei mangiato** qualcosa ma non ho niente in casa. Questa mattina non **sono andata/~~sarei andata~~** a fare la spesa perché sapevo che **~~pranzerei~~/avrei pranzato** con Fabio! Ci sono solo dei pomodori nel frigorifero e forse un po' di pasta. Che faccio? Forse mi preparo una pasta con i pomodori. Peccato però! **~~Ho voluto~~/Sarei voluta** tanto andare fuori. È una così bella giornata!

The particle *ci* as an adverb of place

"Vai al cinema?" "Sì, **ci** vado." *(**ci** = al cinema)*
Vai al parco? **Ci** vengo anch'io! *(**ci** = al parco).*
"Sei stato in Sicilia?" "No, non **ci** sono mai stato." *(**ci** = in Sicilia).*

"Quando vai a Milano?" "**Ci** vado domani."

- *Often we use the particle **ci** to avoid repeating the name of a place which we have already mentioned. In this case **ci is an adverb of place (locativo)**.*
- *The particle **ci** is always used before the verb.*

EXERCISES

I Join the phrases together, as shown in the example.

a) Vai in biblioteca a studiare?
b) Con chi andate alla partita?
c) È tardi. Quando torniamo a casa?
d) È vero che passi sempre le vacanze in Sardegna?
e) Non venite da Anna oggi? Fa una festa.
f) Ma Aldo e Sara non vanno in vacanza?
g) Quando vai da tua madre?
h) Dovresti andare più spesso dal dentista.
i) Vi va di passare dal supermercato con me?
l) Vieni a ballare stasera?

1) Ma se ci vado una volta all'anno! Lo sai che non mi piacciono i dentisti!
2) Sì, ci vanno a luglio, per due settimane.
3) Sì, ci vado ogni giorno.
4) Ci vado almeno una volta al mese, vive da sola e mi preoccupa un po'.
5) No, non ci vengo. Il sabato sera c'è troppa gente in discoteca.
6) Sì, ci vado appena posso. Ho una casa proprio sulla Costa Smeralda.
7) Ci andiamo con nostro padre. Lui è un gran tifoso del Milan.
8) No, non ci veniamo. Non ci ha invitati.
9) Non ti preoccupare. Ci torniamo in tempo per vedere il tuo programma preferito.
10) No grazie. Ci siamo andati questa mattina.

2 **Now write what the particle *ci* replaces each time in the sentences in Exercise 1, as shown in the example.**

particle *ci*	replaces...
1) **ci** vado una volta all'anno	*dal dentista*
2) **ci** vanno a luglio	
3) **ci** vado ogni giorno	
4) **Ci** vado almeno una volta al mese	
5) No, non **ci** vengo	
6) Sì, **ci** vado appena posso	
7) **Ci** andiamo con nostro padre	
8) No, non **ci** veniamo	
9) **Ci** torniamo in tempo	
10) **Ci** siamo andati	

3 **Rewrite the text, replacing the words underlined with the particle *ci*. Pay careful attention to the word order.**

Marco è un appassionato di teatro. Normalmente va <u>a teatro</u> almeno due volte al mese. L'altro giorno ha letto sul giornale che c'era un bello spettacolo al teatro di Genova e ha deciso di andare <u>a Genova</u>, anche se è una città piuttosto lontana da La Spezia, dove abita lui. Marco non conosce il teatro comunale di Genova, non è mai stato <u>al teatro comunale di Genova</u>, ma sa che è un buon teatro e che di solito ha un programma molto interessante. Quindi ha telefonato a Silvana, una sua amica di Genova, e le ha chiesto se poteva rimanere a dormire da lei, dopo la fine dello spettacolo. Naturalmente Silvana è stata molto disponibile e, anzi, dopo aver parlato con Marco dello spettacolo, ha detto che sarebbe andata volentieri anche lei <u>allo spettacolo</u> insieme a lui.

Marco è un appassionato di teatro. Normalmente...

Other meanings of the particle *ci*

The particle **ci** is also used in other cases. For example

a) to substitute a word or a phrase introduced by the preposition **a**;

"Chi pensa al bambino?" "Non preoccuparti, **ci** pensa la baby-sitter." *(**ci** = al bambino)*
Tu credi all'oroscopo? Io non **ci** credo. *(**ci** = all'oroscopo)*
Non buttare quel giocattolo! **Ci** tengo moltissimo. *(**ci** = a quel giocattolo)*

b) to substitute a word or a phrase introduced by the preposition **su**;

Mi ha detto che mi avrebbe aiutato a trovare un lavoro, ma io non **ci** conto. *(**ci** = su di lui)*
Mi piacciono le corse dei cavalli ma non **ci** scommetto mai. *(**ci** = sui cavalli)*

c) to substitute a word or a phrase introduced by the preposition **in**;

Tu credi in Dio? No, non **ci** credo. *(**ci** = in Dio)*

d) to substitute a word or a phrase introduced by the preposition **con**.

"Sei uscito con Rita ieri?" "No, **ci** esco stasera." *(**ci** = con Rita)*

In everyday speech the particle **ci** is often used in reply to a question with the verb **avere**. In that case it becomes **ce**.

"Scusi signore, ha il passaporto?" "Sì, **ce** l'ho."
"Hai un po' di soldi?" "No, non **ce** li ho."

EXERCISES

1 Underline the cases in which *ci* is an adverb of place or substitutes phrases introduced by *a, su, in* and *con*. Then complete the table, as shown in the example.

Una lettera ad una rivista

Cara Cuoresolitario,
io e Paola siamo grandi amiche, siamo andate a scuola insieme, anche le nostre mamme erano amiche e, quando la mamma di Paola mi invitava a casa loro, io ci andavo sempre molto volentieri e ci rimanevo spesso anche a dormire. Oggi però Paola mi ha detto che ha visto il mio ragazzo in discoteca con un'altra e io non ci ho creduto. Io e Sandro, il mio ragazzo, non abbiamo mai avuto problemi, lui mi ha sempre detto la verità e, quando l'altra sera mi ha detto che restava in casa perché non si sentiva bene, io gli ho creduto. Lo so che Paola è un'amica, so anche che su lei posso sempre contarci, ma io sono così innamorata di Sandro! Ci tengo troppo! Che devo fare? Chiedergli una spiegazione? Sono così confusa, più ci penso e più mi sento disperata! Non voglio litigare con Paola per colpa di un ragazzo, ma non voglio nemmeno chiudere con Sandro. Aiuto!

adverb of place	a	su	in	con
ci andavo				

2 Join together the phrases and complete them with the particle *ci*, as shown in the example.

a) Piero ha detto che si vuole fare prete.

b) Non ti manca la vita della città?

c) Che ne pensi della vita extraterrestre?

d) Vuoi venire a vedere "La strada" al cinema Odeon?

e) Come ti trovi con la famiglia di tuo marito?

f) Come è la situazione con Carla?

g) Per il trasloco vorrei chiedere a Sergio di aiutarmi. Che dici?

1) Non ☐ contare. È una persona inaffidabile.

2) No, grazie. ☐ sono stata due giorni fa. Stasera vado a teatro.

3) Con lei ho chiuso, ☐ ho litigato e non ☐ parlo più.

4) Da quando sto in campagna non ☐ penso molto.

5) Non ☐ credo per niente! Esiste solo nei film.

6) Non ☐ vado molto d'accordo. Sono troppo diversi da me, soprattutto la madre.

7) Non *ci* **posso credere! Davvero? E quando lo ha deciso?**

3 Now write what the particle *ci* replaces each time in the sentences in Exercise 2, as shown in the example.

particle *ci*	replaces...
1) Non **ci** contare	*su Sergio*
2) **Ci** sono stata due giorni fa	
3a) **ci** ho litigato	
3b) non **ci** parlo più	
4) non **ci** penso molto	
5) Non **ci** credo per niente	
6) Non **ci** vado molto d'accordo	
7) Non **ci** posso credere	*a questa cosa (alla notizia che Piero si vuole fare prete).*

4 Rewrite the text, replacing the underlined words with the particle *ci*. Pay careful attention to the word order.

Ieri siamo andati all'ippodromo. Io non ero mai stata all'ippodromo e mi sono davvero divertita all'ippodromo. Eravamo un bel gruppo di amici, una decina di persone che volevano passare una bella domenica insieme. Andrea mi ha chiesto se volevo scommettere qualcosa sulla prima corsa e io, che non avevo pensato a scommettere, ho deciso di provare a scommettere. Sono andata con lui al botteghino ma quando siamo arrivati al botteghino mi sono accorta che non avevo idea di come funzionavano le scommesse. Quindi ho deciso di farmi aiutare da Andrea che conosceva molto bene i cavalli e che mi ha consigliato di scommettere su Furia. Io ho scommesso su Furia dieci euro e ho aspettato con ansia la corsa. Per fortuna che ho scommesso solo pochi soldi su Furia, perché, naturalmente, il cavallo non ha vinto e io ho deciso di non credere più ad Andrea! Comunque ho passato una bella giornata e abbiamo deciso di ritornare all'ippodromo un'altra volta.

The particle *ci* as adverb of place with direct object pronouns

■ *The particle* ***ci*** *as an adverb of place can be combined with direct object pronouns. In these cases it behaves differently:*

"Chi ti porta a casa?" "**Mi ci** porta mio padre."
"Se vuoi **ti ci** posso portare io, oggi ho la macchina."
"E a noi chi ci porta?"
"Se andate verso lo stadio, **vi ci** portiamo noi."

a) with the direct object pronouns ***mi, ti, vi*** *the particle* ***ci*** *follows in the pronoun and remains unchanged;*

"Chi ha messo il libro sotto la gamba del tavolo?" "**Ce** l'ho messo io."
"Non sopporto i gatti sul letto, invece **ce li** trovo sempre!"

b) with the direct object pronouns ***lo, la, li, le,*** *the particle* ***ci*** *precedes the pronoun and changes the vowel* ***-i*** *to* ***-e;***

"Noi dobbiamo andare alla stazione. Chi **ci** porta?" *(and not: "Chi* ***ci ci*** *porta?")*

c) the particle ***ci*** *is not used with the pronoun for the 1st person plural* ***ci.***

direct object pronouns		*ci* as adverb of place		double object pronouns
mi	+	ci	=	**mi ci**
ti				**ti ci**
ci				**ci**
vi				**vi ci**

particle *ci* as adverb of place		direct object pronouns		double object pronouns
ci	+	lo	=	**ce lo**
		la		**ce la**
		li		**ce li**
		le		**ce le**

EXERCISES

1 Underline all the cases in which the particle *ci* is joined to the direct object pronoun, as shown in the example.

a

■ Papà, andiamo al circo?
● Lo sai che non sopporto il circo, Piero.
■ Ma dai! Non **mi ci** porti mai!
● È vero. Non ti ci porto perché lo trovo uno spettacolo crudele e triste. Quei poveri animali in gabbia! Non ce li posso vedere! Dovrebbero stare nel loro ambiente naturale, non in giro per il mondo!
■ Uffa! Lo sapevo! Chiederò al papà di Franco se mi ci porta lui!

b

■ Ciao tesoro, cosa hai fatto oggi a scuola?
● Siamo andati al parco.
■ Ah davvero? E chi vi ci ha portati?
● Ci hanno accompagnati le maestre. Ci siamo andati con altre due classi.
■ Bello! E sei anche andata sul trenino?
● No, la maestra non mi ci ha lasciata salire.

2 **Now write the phrases substituted by the words that you have underlined, as shown in the example.**

double object pronoun	replaces...
mi ci	*mi = me; ci = al circo*

3 **Choose the correct form.**

Anna telefona al marito Pino e gli lascia un messaggio sulla segreteria telefonica:
"Ciao Pino, ti chiamo dal lavoro. La macchina non funziona bene, ci sono problemi con i freni e devo portarla dal meccanico. Probabilmente **ce la/mi ci** porto subito dopo il lavoro. Purtroppo però avevo promesso a Laura e Ornella che le avrei portate in piscina questa sera, ma non credo che farò in tempo. Non so come tornare a casa, probabilmente chiederò al meccanico se **ce lo/mi ci** porta lui, ma non so a che ora arrivo. **Ce le/Ti ci** puoi accompagnare tu? Poi possiamo chiedere alla signora Villi se le riporta a casa lei. Fammi sapere. Ciao".

4 **Complete the sentences with *ci + direct object pronoun*, as shown in the example.**

1. Carla, se non sai come andare a scuola, [*ti*] [*ci*] posso portare io.
2. Signorina, queste lettere vanno in archivio. [ ] [ ] porti subito, per favore.
3. Quando andate in vacanza portate pure il cane da me in campagna. [ ] [ ] potete lasciare quanto volete.
4. "Dove sono i guanti?" "Sono nel cassetto di mezzo. [ ] [ ] ho messi io"
5. Mi avevano promesso un trasferimento nella sede di Milano, invece mi hanno mandata a Roma e [ ] [ ] hanno lasciata per 3 anni!
6. Signora, deve mettere questa crema sull'occhio e [ ] [ ] deve tenere tutto il giorno.
7. Quando dovete andare a casa ditemelo che [ ] [ ] accompagno io.
8. Quei libri vanno sull'ultimo scaffale della libreria, aspetta che ti aiuto a metter [ ].
9. Ieri siamo andati a sciare, [ ] ha portati zio Michele.

Ne as a partitive pronoun

"Vuoi ancora della torta?" "Grazie, **ne** prendo ancora un po'." *(**ne** = di torta)*
Belle quelle mele, **ne** prendo due chili. *(**ne** = di mele)*
Hai il numero di telefono di un buon albergo a Milano? Io non **ne** conosco nessuno. *(**ne** = di alberghi)*

- *Usually the particle **ne** is used to express quantities, numbers or negative quantities (niente, nessuno, etc). In this case **ne** is called a **partitive pronoun** and behaves like a direct object pronoun.*

"Com'erano i panini?" "Buonissimi, **ne** ho mangiati tre!" *(**ne** = di panini)*
"Vuoi una sigaretta?" "No, grazie, oggi **ne** ho fumate troppe." *(**ne** = di sigarette)*

- *Also with the **past participle** the particle **ne** behaves like a direct object pronoun.*

"Quanti panini vuoi?"
"**Li** voglio **tutti**." / "**Ne** voglio due."

- *With **tutto/a/i/e** the particle **ne** is not used. Instead we used the direct object pronouns **lo, la, li, le**.*

EXERCISES

1 Underline all the occurrences of *ne* in the conversation. Then write down what they replace, as shown in the example.

- Buongiorno signora, mi dica!
- Buongiorno Giovanni. Vorrei del pane casereccio.
- Le va bene questo? È un chilo e mezzo.
- No, è troppo. <u>**Ne**</u> prendo solo metà, grazie. Ha anche il pane di Altamura? Ne ho provato un po' l'altro giorno ed è buonissimo!
- Certo che ce l'ho! Ne vuole un po'?
- Sì, ne prendo un pezzo, grazie. Poi vorrei del prosciutto, di quello crudo di montagna.
- Oh, mi dispiace ma non ne ho più. È finito tutto. Questo prosciutto di Parma Le va bene?
- Ok. Però ne prendo solo un etto. Preferisco quello di montagna di solito. È più saporito.
- Ecco fatto signora. Altro? La ricotta la vuole?
- No, grazie. Ne ho ancora tanta a casa. Magari ne prendo un po' domani. Basta così, grazie.
- Sono 10 euro, signora.
- Ecco a Lei, arrivederci Giovanni.

particle *ne*	replaces...
<u>*Ne*</u> *prendo*	*(metà) di pane casereccio*

2 Rewrite the text, replacing the underline words with the particle *ne*. Pay careful attention to the word order!

Chiacchiere dal parrucchiere

La signora Paola e la signora Giulia sono dal parrucchiere e passano il tempo parlando della gente dal paese.

■ Giulia, hai sentito l'ultima? Il dottor Seri si è risposato! Con la baby sitter della nipotina!
● Ma quanti anni ha? È una bambina!
■ Hai ragione, lei ha solo 20 anni e lui ha 50 anni!
● Scandaloso! E tu hai sentito quello che è successo al macellaio?
■ No. Cosa?
● Ti ricordi i conigli che vendeva? Vendeva tantissimi conigli! Il prezzo era ottimo e la carne buonissima. Beh ... diceva che allevava un po' di conigli lui e un po' li comprava da altri contadini.
■ Sì, sì. Io di solito compro almeno due conigli al mese.
● Non lo fare più! Hanno scoperto che non tutti quelli che vendeva erano conigli! Alcuni erano gatti!
■ Disgustoso! Ma che succede in questo paese? Pensano tutti solo ai soldi? Più hanno soldi, più vogliono soldi!
● Hai ragione! Come la maestra Lalli e i figli! Non è contenta di avere già 5 bambini? Ora aspetta un altro bambino!
■ Ma va! Ma quanti anni ha? Non ha già più di 40 anni?
● Non lo so. Ma dimostra almeno 45 anni!
■ Mah, la gente di questo paese sta impazzendo! Chissà dove andremo a finire!

3 Complete the text with either *ci* or *ne*.

Una gita nel parco nazionale degli Abruzzi

Lo scorso luglio io e Serena abbiamo deciso di passare le vacanze nel parco nazionale degli Abruzzi. Il parco è bellissimo e anche molto grande, infatti, anche se ___ siamo rimasti una settimana intera ___ abbiamo vista solo una parte, perciò abbiamo deciso di ritornar___ appena possiamo.
Nel parco ___ sono diversi itinerari da seguire e noi ___ abbiamo fatti 3. La nostra guida era Fulco, una guardia forestale che lavora nel parco da più di 10 anni e d'estate ___ viene a vivere con la famiglia. Fulco ci ha parlato dei diversi animali che vivono nel parco e ce ___ ha fatti vedere alcuni, fra cui anche un orso! Io non sapevo che c'erano degli orsi in Italia, ma Fulco ci ha detto che il numero degli orsi nel parco sta aumentando e che ora ce ___ sono forse più di dieci! Ma gli orsi non sono l'unica attrazione del parco; sicuramente vale la pena andar___ anche per passare solo pochi giorni lontani dallo stress del lavoro e della vita in città. Io e Serena per esempio abbiamo deciso che una settimana non è abbastanza e che la prossima volta che ___ andiamo vogliamo rimaner___ almeno dieci giorni.

Other meanings of the particle *ne*

■ *The particle* ***ne*** *is used also in other cases. For example*

"Sai niente delle elezioni?" "No, non **ne** so niente."
(ne = delle elezioni)
"Lo sport non mi interessa, quindi non **ne** parlo mai."
(ne = di sport)

a) to replace some phrases introduced by the preposition ***di****;*

È entrata al bar e **ne** è uscita subito dopo. *(ne = dal bar)*
"Hai visto la nuova palestra?" "**Ne** vengo proprio ora."
(ne = dalla palestra)

b) to replace some phrases introduced by the preposition ***da****, also with significance of place.*

EXERCISES

1 Match the phrases and complete them with the particle *ne*, as shown in the example.

a) Siete andati a trovare Sara all'ospedale?	1) Perché ☐ ho mangiata già troppa. Sono davvero pieno!
b) Che brutta situazione!	2) Non mi pare. No, non ☐ conosco nessuna.
c) Sei contento di aver cambiato lavoro?	3) No, non ☐ so niente. Perché?
d) Perché non prendi un altro po' di pasta?	4) Di solito ☐ fumo un pacchetto.
e) Quante sigarette fumi al giorno?	**5) Sì, *ne* veniamo proprio ora. Sta piuttosto bene.**
f) Sai niente di Piero?	6) ☐ sono felicissimo! È un lavoro davvero interessante!
g) Conosci qualcuna delle amiche di Silvia?	7) Sì. È molto imbarazzante. Non so come venir☐ fuori.

2 Now write the words or phrases that are replaced by the particle *ne* in the sentences in Exercise 1, as shown in the example.

particle *ne*	replaces...
1) **ne** ho mangiata	*(troppa) di pasta*
2) non **ne** conosco nessuna	
3) non **ne** so niente	
4) **ne** fumo un pacchetto	
5) **ne** veniamo proprio ora	
6) **Ne** sono felicissimo	
7) venir**ne** fuori	

3 **Rewrite the text, replacing the underlined words with the particle *ne*. Pay careful attention to the word order!**

Lettera a Cuoresolitario

Cara Cuoresolitario,

io e mio marito siamo sposati da 10 anni, lui ha 45 anni e io ho 30 anni. All'inizio del nostro matrimonio, parlando di figli, avevamo deciso che non volevamo nessun figlio. Io però ho cambiato idea e comincio a pensare che mi piacerebbe avere un bambino. Lui invece non vuole sentir parlare di avere un bambino. Dice che abbiamo il nostro lavoro, che non avremmo il tempo e che lui non sente il bisogno di avere un bambino. Io però sono convinta che, una volta visto il bambino, lui sarebbe subito innamorato del bambino e cambierebbe idea. Che dovrei fare? Rimanere incinta senza dirglielo?

Particle *ci* plus particle *ne*

"Quanti libri hai messo nella borsa?" "**Ce ne** ho messi 3."
*(**ci** = nella borsa; **ne** = di libri)*
"Quante ore di treno ci vogliono da Roma a Pisa?" "Con l'Intercity **ce ne** vogliono 3." *(**ci** = volerci; **ne** = di ore)*

- *The particles **ci** and **ne** form the double object pronoun **ce ne**.*

particle *ci*		particle *ne*		double object pronoun
ci	+	ne	=	**ce ne**

EXERCISES

1 **Match the phrases, as shown in the example.**

a) Ci vuole molto vino per la cena?	1) Ce ne vogliono due: il codice fiscale e la carta d'identità.
b) Quante olive metti nel Martini?	2) Io con il motorino ce ne metto 20.
c) Quante persone c'erano alla festa?	3) Ce n'erano una trentina.
d) Con l'autobus fino in centro ci metto 40 minuti.	**4) Sì, ce ne vogliono almeno 7 bottiglie.**
e) Quanti documenti ci vogliono per aprire un conto in banca?	5) Ce ne metto una.
f) Hai già messo lo zucchero nel caffè?	6) ... e anche oggi ce ne ha portate due insieme.
g) Il maestro Toti porta sempre le sue classi al museo...	7) Sì, ce ne ho messi due cucchiaini.

2 **Now write the words or phrases that are replaced by the double object pronoun *ce ne* in the sentences in Exercise 1, as shown in the example.**

double object pronoun *ce ne*	replaces...
1) **Ce ne** vogliono due	***ce*** *= volerci;* ***ne*** *= (due) di documenti*
2) **ce ne** metto	
3) **Ce n'**erano	
4) **ce ne** vogliono	
5) **Ce ne** metto	
6) **ce ne** ha portate	
7) **ce ne** ho messi	

3 **Rewrite the answers, using the double object pronoun *ce ne*, as shown in the example.**

e.g. Quanto peperoncino hai messo nella pasta?
Ho messo tanto peperoncino nella pasta.
Ce ne ho messo tanto.

1. Quanto olio hai messo nell'insalata?
   Ho messo poco olio nell'insalata.
   ____

2. Quanti anni hai passato in America?
   Ho passato solo due anni in America.
   ____

3. Ci sono dei film interessanti da vedere?
   Sì, ci sono molti film interessanti.
   ____

4. Hai messo delle camicie nella valigia?
   Sì, ho messo tre camicie nella valigia.
   ____

5. Quante ore ci vogliono da Roma a Milano con l'Eurostar?
   Ci vogliono 4 ore.
   ____

Particle *ne* with direct object pronouns and reflexive pronouns

*The particle **ne** can be combined with indirect object pronouns and reflexive pronouns the same way as a direct object pronoun. Therefore*

*a) **ne** is always used after the indirect object pronoun/reflexive pronoun.*

Gianni ha comprato delle piante e **me ne** ha regalate tre.
Non posso raccontarti tutto ora, **te ne** parlo domani.
Che bei libri? **Ce ne** presti un po'?
Oggi è il mio compleanno ma i miei genitori **se ne** dimenticano sempre.

*b) indirect object pronouns of the 3rd person singular and plural, when they are combined with the particle **ne**, form the double object pronoun **gliene**.*

Se Fabio vuole un panino **gliene** porto uno io.
Signora, questo formaggio è ottimo. **Gliene** posso offrire un po'?
Ai miei genitori piacciono i libri di Camilleri, così **gliene** ho regalati due.

indirect object pronouns		particle *ne*		double object pronouns
mi				**me ne**
ti				**te ne**
gli/le	+	ne	=	**gliene**
ci				**ce ne**
vi				**ve ne**
gli				**gliene**

reflexive pronouns		particle *ne*		double object pronouns
mi				**me ne**
ti				**te ne**
si	+	ne	=	**se ne**
ci				**ce ne**
vi				**ve ne**
si				**se ne**

EXERCISES

1 Match the phrases as shown in the example.

a) I Rossi sono davvero innamorati della loro nipotina... → **3)**
b) Se quel vino ti piace così tanto, perché...
c) Come faremo a finire tutta quella cioccolata?
d) Accidenti! Non ho invitato Carla al mare...
e) Io e la mia amica non dimostriamo 20 anni, di solito...
f) Le bambine litigano sempre per i giocattoli...

1) ... così gliene abbiamo comprati due perfettamente uguali.
2) ... la maggior parte delle persone ce ne dà almeno 25.
3) ... infatti ce ne parlano ogni volta che li incontriamo.
4) ... non te ne compri una decina di bottiglie?
5) ... me ne dimentico sempre, chissà perché!
6) ... ce ne hanno regalata davvero troppa!

2 **Now write the words or phrases that are replaced by the double object pronoun in the sentences in Exercise 1, as shown in the example.**

double object pronoun	replaces.....
1) **gliene** abbiamo comprati	*glie = alle bambine;* *ne = (due) di giocattoli*
2) **ce ne** dà	
3) **ce ne** parlano	
4) **te ne** compri	
5) **me ne** dimentico	
6) **ce ne** hanno regalata	

3 **Choose the correct form.**

a) In ufficio. L'ingegner Testi ha una riunione di lavoro e chiama la segretaria.

■ Signorina, i signori vorrebbero un caffè. **Ce ne/Te ne/Se ne** porti 4 per favore.
● I caffè sono pronti tra un minuto.
■ E ci porti anche delle copie del contratto.
● Ma **te ne/Gliene/ce ne** ho già portate cinque, ingegnere. Le ho messe sulla Sua scrivania.
■ Guardi signorina che qui non **me ne/Gliene/ce ne** è nemmeno una! Controlli bene.
● *(dopo pochi minuti)* Ha ragione ingegnere, mi scusi. Le avevo lasciate nell'altra stanza e **te ne/me ne/se ne** ero dimenticata! Gliele porto subito.

b) Fra amici. Luca e Antonio parlano di Massimo.

■ Non sapevo che Massimo aveva avuto problemi di droga. Non **me ne/ve ne/gliene** aveva mai parlato.
● E **gliene/te ne/se ne** sorprendi? Non è una cosa di cui si parla volentieri.
■ È vero, ma ormai lo conosco da anni. Pensavo che... fra amici...
● Forse **te ne/gliene/se ne** vergogna. In ogni caso al posto tuo non **gliene/me ne/se ne** preoccuperei.
■ Hai ragione. Ormai sono cose passate.

Progress test
(Units 16-19)

**Have you made progress? Use this test to check.
Each exercise repeats one or more grammatical topic.
If you get more than half of the total correct: WELL DONE!
Otherwise, repeat the topics that give you most problems.**

**1 IMPERFECT.
Put the verbs into the imperfect.**

Curiosità storiche

a) La fuga d'amore

Una volta in Italia il matrimonio religioso *(essere)* ______ l'unica forma di unione possibile o quasi. La donna *(dovere)* ______ arrivare vergine al matrimonio e in alcune zone la famiglia *(seguire)* ______ e *(controllare)* ______ strettamente le figlie. In Sicilia se due giovani *(amarsi)* ______ contro la volontà delle loro famiglie e *(volere)* ______ sposarsi, qualche volta *(organizzare)* ______ la "fuitina" (= fuga). Il ragazzo e la ragazza *(fuggire)* ______ e *(rimanere)* ______ insieme per una notte. Dopo un tale scandalo, naturalmente, le nozze *(essere)* ______ indispensabili.

b) Le terme romane

Le terme *(essere)* ______ uno dei luoghi pubblici più frequentati nell'antica Roma, dove i romani *(andare)* ______ per rilassarsi e incontrarsi. Generalmente le terme *(avere)* ______ tre sale e *(funzionare)* ______ in questo modo: prima si *(rimanere)* ______ qualche tempo in una sala moderatamente riscaldata che *(chiamarsi)* ______ "tepidario", poi si *(passare)* ______ nel "calidario", che *(avere)* ______ una temperatura molto elevata, e alla fine si *(entrare)* ______ nel "frigidario", una terza sala non riscaldata, che *(avere)* ______ una grande vasca di acqua fresca.

(adapted from "La Settimana Enigmistica")

Each correct verb scores 1 point. **Total:_____/20**

**2 PRESENT PERFECT AND IMPERFECT.
Choose either the present perfect or the imperfect.**

liuto

organo

La musica in Italia nel Medioevo e nel Rinascimento

Il tipo di musica prodotta nel Medioevo era principalmente di carattere religioso come le laudi e i canti gregoriani. I canti gregoriani **sono stati/erano** canti religiosi per voci sole, senza strumenti di accompagnamento e **prendevano/hanno preso** il nome da San Gregorio Magno, che **è stato/era** papa dal 590 al 604. Nel Rinascimento invece la musica **ha cominciato/cominciava** ad essere ascoltata e prodotta nelle corti. In quel periodo la musica strumentale **aveva/ha avuto** un grande sviluppo, i nobili che **frequentavano/hanno frequentato** le corti **hanno amato/amavano** suonare l'organo, il clavicembalo e il liuto e proprio in quegli anni **nasceva/è nato** il madrigale, che **è stato/era** un componimento poetico musicale a due o più voci, accompagnate da uno strumento. Uno dei più famosi compositori di madrigali **è stato/era** Giovanni Pierluigi da Palestrina, che di solito **cantava/ha cantato** nella cappella Sistina a Roma e **componeva/ha composto** più di 100 messe e 91 madrigali.

clavicembalo

Each correct verb scores 3 points. **Total:_____/36**

3 PRESENT PERFECT AND IMPERFECT.
Complete the letter with the verbs in either the present perfect or the imperfect.

Milano, 3 aprile

Cara Sandra,
non puoi immaginare che giornata che *(io/avere)* ______ dopo che mi *(tu/lasciare)* ______ alla stazione! Come sai, *(dovere)* ______ prendere il treno delle 10.30 per Torino. *(Avere)* ______ già il biglietto, quindi *(andare)* ______ a comprare un giornale e poi *(avviarsi)* ______ verso il binario 2, da dove *(dovere)* ______ partire il treno. Il treno *(essere)* ______ già in stazione e io *(essere)* ______ pronta per salire, quando *(arrivare)* ______ un ferroviere che *(dire)* ______ a tutti che c' *(essere)* ______ dei problemi e che *(noi/dovere)* ______ cambiare treno e binario!
Quelli che erano già sopra *(scendere)* ______ e poi tutti insieme *(noi/andare)* ______ al nuovo binario, il 25, che naturalmente *(essere)* ______ lontanissimo da quello precedente! Quando alla fine *(io/arrivare)* ______ al binario, *(essere)* ______ stanchissima!! Ti ricordi quanti bagagli *(avere)* ______? Ma naturalmente non era finita qui! *(noi/Stare)* ______ tutti per salire sul nuovo treno, quando un ferroviere ci *(dire)* ______ che quel treno *(andare)* ______ a Reggio Calabria e che lui non *(sapere)* ______ assolutamente dove *(essere)* ______ il treno per Torino!
La gente *(cominciare)* ______ a innervosirsi, alcuni *(mettersi)* ______ a litigare con il ferroviere, altri *(andare)* ______ a cercare il capostazione... io invece, stanchissima, *(sedersi)* ______ e *(aspettare)* ______ notizie.
Dopo 10 minuti *(noi/sentire)* ______ una voce che *(annunciare)* ______ che il treno delle 10.30 per Torino *(stare)* ______ partendo dal binario 2! *(noi/Correre)* ______ tutti verso il binario 2 e quando ci *(arrivare)* ______ *(vedere)* ______ il treno che *(lasciare)* ______ la stazione!
Non ti puoi immaginare cosa *(succedere)* ______! Una rivoluzione! Alcuni *(essere)* ______ così arrabbiati che avrebbero potuto picchiare qualcuno! Io non *(avere)* ______ nemmeno la forza di parlare! Ma non basta: una voce *(annunciare)* ______ che il prossimo treno per Torino *(partire)* ______ dopo 3 ore!
Alla fine un gruppetto di viaggiatori *(andare)* ______ a protestare con il capostazione e solo quando *(loro/tornati)* ______ *(noi/accorgersi)* ______ che *(essere)* ______ il primo Aprile! Che stupidi eh? Se ci penso ora mi viene da ridere, ma in quel momento mi sarei messa a piangere!

Susi

Each correct verb scores 4 points. **Total:______/180**

Progress test (16–19)

4 PRESENT CONDITIONAL.

Put the verbs in the list in the correct place in the conversation and put them into the present conditional. Note: the verbs are not in the correct order.

avere **dovere** **dovere** **essere** **fare** **potere**

Antonio è appena stato dal dottore e parla con la moglie.

Moglie - "Allora, ______ sapere che ti ha detto il dottore?"

Antonio - "Ha detto che ______ rilassarmi di più, che mi ______ benissimo un bel periodo di vacanza e più vita di società. Ha detto che ______ un'ottima idea andare più spesso al bar con gli amici, uscire, andare a ballare, al ristorante, conoscere gente, divertirmi di più insomma. Ha anche detto che il capo ______ darmi qualche settimana di ferie per stress e che ______ bisogno di fare una vacanza da solo."

Moglie: - "Uhm. Non mi convince molto questo nuovo dottore."

Each correct verb scores 3 points. **Total:______/30**

5 PRESENT CONDITIONAL AND PERFECT CONDITIONAL.

Put the verbs into either the present conditional or the perfect conditional.

1. "Buongiorno. Cosa desidera?" "*(Volere)* ______ una coca cola, grazie."
2. "*(tu/Venire)* ______ a cena con me domani sera?" "Sì, molto volentieri."
3. Ieri sera *(volere)* ______ andare al cinema con Mara, ma ho dovuto studiare fino a tardi.
4. "Stamattina ci siamo alzati con un mal di testa terribile." "Non *(voi/dovere)* ______ bere così tanto ieri sera."
5. "Allora, cambi lavoro?" "Non lo so, è una scelta difficile: tu al posto mio cosa *(fare)* ______?"
6. Pensavo che mio figlio *(diventare)* ______ un giornalista o uno scrittore. Invece ha scelto di fare il medico.
7. Secondo la polizia, i rapinatori *(scappare)* ______ in motorino.
8. *(noi/Arrivare)* ______ prima, ma abbiamo sbagliato strada.

Each correct verb scores 5 points **Total:______/40**

6 DOUBLE OBJECT PRONOUNS.

Complete the conversation with the double object pronouns in the list.

gliela **glielo** **me lo** **me li** **telo** **te lo**

Lucia e Giorgio sono sposati da 15 anni.

■ Giorgio, cosa hai fatto giovedì sera?

▲ Ho avuto una riunione con dei clienti e ho lavorato fino a tardi. Non ______ ricordi?

■ Certo che ______ ricordo. Ma allora cosa è questa ricevuta del ristorante francese di giovedì scorso?

▲ Beh, i clienti avevano fame, e allora li ho portati a mangiare.

■ Così li hai portati nel ristorante più caro della città e ______ hai anche pagato?

▲ Ho solo anticipato i soldi. Sai benissimo che poi l'azienda ______ restituisce. Anzi, dammi la ricevuta, così domani ______ porto.

■ Quanti clienti erano?

▲ Tre. Perché?

■ E sono venuti tutti e tre al ristorante?

▲ Certo cara, quante volte devo dir______!

■ Allora perché la ricevuta è solo per due persone?

Each correct pronoun scores 3 points. **Total:______/18**

7 THE PARTICLES *CI* AND *NE*.
Complete the conversation with the particles *ci* and *ne*.

Il signor Celi incontra la signora Fossa.

■ Buongiorno signora Fossa, come sta Suo marito?
▲ Non molto bene.
■ È andata a trovarlo?
▲ Sì, ______ sono andata proprio oggi. Lo sa che ______ vado ogni venerdì, no?
■ Certo signora. So bene quanto è grande l'amore che ha per Suo marito. ______ parlano tutti.
▲ Sa, mi piace andare da lui. Lì ho la mia sedia, mi siedo, lo guardo e ______ parlo per un'oretta. Non sono sola, sa? ______ sono anche altre vedove come me. Ormai ______ conosco tante. Siamo diventate amiche.
■ Ma non ha paura di ammalarsi lì fuori al freddo d'inverno?
▲ No. Io e le altre vedove abbiamo sempre qualcosa di caldo da bere: del tè, del caffè... L'altro giorno la vedova del Cavalier Rossi aveva portato del cognac e ho paura che ______ abbiamo bevuto un po' troppo... Infatti quando abbiamo deciso di tornare a casa ci siamo accorte che era tardi e che il cimitero era chiuso! Siamo rimaste chiuse dentro! Per fortuna che la vedova Rossi aveva un cellulare e ha chiamato la polizia che è venuta ad aprirci.
■ Che storia incredibile! Non ______ sapevo niente. Beh, adesso devo andare. Arrivederci signora Fossa. E mi saluti Suo marito la prossima settimana!
▲ Certo! Gli parlo sempre di Lei!

Each correct answer scores 2 points. **Total:______/16**

8 DOUBLE OBJECT PRONOUNS WITH PARTICLES *CI* AND *NE*.
Choose the correct pronoun.

Sono le 3 di notte, sono stanchissimo, sono appena tornato dalla discoteca e non trovo le chiavi di casa. Mi ricordo che erano nella borsa: **ce ne/ce le/gliele** avevo messe prima di entrare in discoteca per non perderle, ma ora non ci sono più. Ah, un momento... eccole qui, le ho trovate! No, **ce n'/ce l'/ce la** è solo una, è quella del portone, quella di casa non c'è. Forse nella confusione è caduta. Come faccio? Non posso neanche chiedere aiuto al portiere: **gliele/gliene/gli ci** ho date un paio qualche tempo fa, proprio per questi casi di emergenza, ma adesso è in vacanza. Potrei bussare a qualche vicino e chiedere se posso dormire da lui; **glien'/ce l'/ce n'** è uno simpatico, un inglese che abita al terzo piano, ma non lo conosco bene e poi sono le tre di notte... no, non posso svegliarlo.
Un'altra possibilità è andare a dormire dai miei genitori, il problema è che vivono dall'altra parte della città e non so come arrivar**ci/cene/ne**. Non ho i soldi per il taxi, però potrei prender**celo/cene/ne** comunque uno e, quando arrivo a casa, chiedere ai miei di pagarlo. Uhm... Forse invece vado da Fabio, che ha la macchina, lo sveglio, gli dico che devo andare dai miei e gli chiedo se **gliene/me ne/mi ci** accompagna lui. Anzi, Fabio ha una camera per gli ospiti, potrei chiedergli se **me ne/mi ci/ce ne** lascia dormire per una notte. È un amico, no?

Each correct pronoun scores 2 points. **Total:______/16**

Progress test (16-19)

Future simple

Examples	Usage
Tra cento anni l'uomo **mangerà** solo pillole. Dicono che il fine-settimana **pioverà**. Federica **partirà** per New York alle 6.	*a) to indicate an action which happens in a future time with respect to that in which we are speaking;*
"Che ora è?" "Mah, non ho l'orologio, **saranno** più o meno le 2.00."	*b) to express a supposition;*
Che **starà** facendo Paolo in questo momento?	*c) to indicate an uncertainty;*
Sarà anche un bell'uomo, ma è stupido come una capra!	*d) to express a doubt or a disagreement.*
parlare e scrivere: La settimana prossima parl**erò** con Marta, ma prima le scriv**erò** una lettera.	*The forms of the future of verbs ending in* ***-are*** *are the same at those for verbs ending in* ***-ere.***
Domani al ristorante **cercherò** di pagare io, ma sicuramente finisce che **pagheranno** i miei amici.	*Verbs ending in* ***-care*** *and* ***-gare*** *add the letter* ***-h-*** *when they are used in the future tense.*
future: Stasera non **verrò** al cinema con voi, preferisco lavorare. *conditional:* **Verrei** volentieri al cinema con voi, ma devo lavorare.	*Usually verbs which are irregular in the future tense have the same kind of irregularity in the present conditional tense.*

The future simple is used: (a–d above)

Future simple - regular verbs

	am-are	prend-ere	apr-ire
io	am-erò	prend-erò	apr-irò
tu	am-erai	prend-erai	apr-irai
lui/lei/Lei	am-erà	prend-erà	apr-irà
noi	am-eremo	prend-eremo	apr-iremo
voi	am-erete	prend-erete	apr-irete
loro	am-eranno	prend-eranno	apr-iranno

Future simple - irregular verbs

	essere	avere
io	**sarò**	**avrò**
tu	**sarai**	**avrai**
lui/lei/Lei	**sarà**	**avrà**
noi	**saremo**	**avremo**
voi	**sarete**	**avrete**
loro	**saranno**	**avranno**

Other irregular verbs

verb	future
andare	io **andrò**
avere	io **avrò**
bere	io **berrò**
cadere	io **cadrò**
dare	io **darò**
dire	io **dirò**
dovere	io **dovrò**
fare	io **farò**
porre	io **porrò**
potere	io **potrò**
ridurre	io **ridurrò**
rimanere	io **rimarrò**
sapere	io **saprò**
stare	io **starò**
tenere	io **terrò**
vedere	io **vedrò**
venire	io **verrò**
vivere	io **vivrò**
volere	io **vorrò**

EXERCISES

1 Complete with the conjugation of the future tense.

	essere	potere	vivere	venire	fare
io	sarò	potrò	vivrò	verrò	farò
tu	sarai	potrai	vivrai	verrai	farai
lui/lei/Lei	sarà	potrà	vivrà	verrà	farà
noi	saremo	potremo	vivremo	verremo	faremo
voi	sarete	potrete	vivrete	verrete	farete
loro	saranno	potranno	vivranno	verranno	faranno

	avere	andare	volere	rimanere	stare
io	avrò	andrò	vorrò	rimarrò	starò
tu	avrai	andrai	verrai	rimarrai	starai
lui/lei/Lei	avrà	andrà	verrà	rimarrà	starà
noi	avremo	andremo	vorremmo	rimarremo	staremmo
voi	avrete	andrete	vorrete	rimarrete	starete
loro	avranno	andranno	vorranno	rimarranno	staranno

2 Choose the correct future tense form.

Le previsioni della maga

Marisa è una ricca donna in carriera di Milano. Ha un buon lavoro, una casa in centro, una al mare e viaggia molto sia per lavoro che per piacere. Un giorno va da una maga per farsi leggere le carte.

Questo è quello che le dice la maga Sibilla:

"Vedo che la tua vita non è felice ma il tuo futuro ~~**andrò**~~**/andrà** molto bene. ~~**Incontreresti**~~**/Incontrerai** un uomo che ti **vorrà/~~volerà~~** così tanto bene da non lasciarti mai. Con lui ~~**avrai**~~**/~~avranno~~** (avrai) cinque figli, vi ~~**compravate**~~**/comprerete** una bella casa in campagna e ~~**vivreste**~~**/vivrete** in pace e armonia. Tu ~~**dovrei**~~**/dovrai** smettere di lavorare per dedicarti ai bambini. Quando ~~**saranno/sarà**~~ grandi, i tuoi figli ~~**lascerà**~~**/lasceranno** la famiglia per fare la loro vita. Allora tu **avrai/~~avrà~~** tempo per te stessa e ti ~~**dedicherà**~~**/dedicherai** al giardinaggio."

Alla fine Marisa, depressa, decide di andare al bar più vicino ad ubriacarsi.

3 **Put the verbs in brackets into the future tense.**

Gli oggetti del futuro

Molte delle cose che ci circondano, nel futuro (essere) [saranno] abbastanza diverse da come sono adesso. Ricercatori e scienziati stanno già lavorando alla progettazione di prototipi impensabili al giorno d'oggi. Il normale collare per i cani, per esempio, (avere) [avrà] un microchip all'interno che (permettere) [permetterà] al padrone di controllare la posizione del cane in ogni momento attraverso il proprio telefonino. Il collare infatti (essere) [sarà] collegato ad un satellite che (trasmettere) [trasmetterà] la posizione del cane al cellulare del padrone. Chissà se (noi/potere) [potremo] usare un oggetto del genere anche per le persone. Immaginate quanto sarebbe comodo poter sempre tenere d'occhio il fidanzato o i figli! Oppure gli impiegati statali!

(adapted from "Focus")

4 **Match the phrases on the left with those on the right, as shown in the example.**

1) Chissà a che ora arriverà Marco.
2) Dove saranno le scarpe? Non le trovo.
3) Lo sai che Anna è bionda naturale?
4) Cosa starà facendo Gina?
5) Che ora è?
6) Pioverà o no, che pensi?
7) Avranno fame quando arrivano?
8) Dove è il cane?
9) Perché Aldo non viene alla festa?
10) Almeno poteva telefonare e dire che arrivava in ritardo!

a) Non avrà il tuo numero!
b) Sarà fuori in giardino a sotterrare un osso, come al solito.
c) Non ho l'orologio, ma saranno le 5.30.
d) Saranno in camera con gli stivali.
e) Arriverà tardi come al solito.
f) Dovrà lavorare, forse.
g) Sarà, ma non ci credo.
h) Starà dormendo, era così stanca.
i) Chissà. In ogni caso prepara qualcosa.
l) Non lo so. Secondo me no, ma portati l'ombrello, non si sa mai.

Future perfect *(Futuro anteriore)*

Appena **<u>sarò tornata</u>** dalle vacanze **mi metterò** a studiare seriamente. *(before: **sarò tornata** → after: **mi metterò** a studiare)*

- *Usually the **future perfect** (**futuro anteriore** in Italian) is used to express a future action which happens before another action expressed in the future simple.*

<u>Appena</u> sarò arrivato ti chiamerò.
<u>Quando</u> avremo finito di lavorare potremo riposarci.
Le fisserò un appuntamento **<u>dopo che</u> avrò parlato** con la segretaria.

- *In this case the future perfect is used almost always after the words, **appena, quando, dopo che**.*

- *The future perfect is used to:*

Giorgio **si sarà perso**. Non è ancora arrivato.
Sarà già **nato** il bambino di Simona?

b) indicate an uncertainty in the past;

Avranno anche **fatto** uno sconto, ma il posto mi è sembrato caro comunque.

a) express disagreement regarding an action which took place in the past.

Dopo che **avrò fatto** l'esame andrò in vacanza.
Appena **sarò arrivato** ti chiamerò.

- *The future perfect is formed with the **future** tense of the verbs **avere** or **essere** + the **past participle** of the verb.*

Future perfect (future simple of *avere* or *essere* + past participle)		
io	**avrò parlato**	**sarò andato/a**
tu	**avrai parlato**	**sarai andato/a**
lui/lei/Lei	**avrà parlato**	**sarà andato/a**
noi	**avremo parlato**	**saremo andati/e**
voi	**avrete parlato**	**sarete andati/e**
loro	**avranno parlato**	**saranno andati/e**

EXERCISES

1 Choose the correct verbs.

■ Ciao Sergio, come va?
● Bene Federica, sto cercando lavoro. Ho fatto un colloquio ieri e sto aspettando la risposta.
■ Quando saprai qualcosa?
● Mi hanno detto che, appena **finiranno/avranno finito** di esaminare i candidati mi **telefoneranno/avranno telefonato**.
■ Speriamo bene!
● Sì, anche perché ho appena comprato un appartamento. La prossima settimana devo firmare il contratto e, dopo che **firmerò/avrò firmato**, **dovrò/avrò dovuto** anche cominciare a pagare regolarmente il mutuo alla banca.
■ Capisco. Hai molta carne al fuoco in questi tempi, vedo.
● Sì, ma io sono ottimista. Sono sicuro che tutto **sarà andato/andrà** al meglio e, appena **riceverò/avrò ricevuto** la bella notizia **farò/avrò fatto** una grande festa!
■ Non vedo l'ora Sergio! In bocca al lupo!
● Crepi!

2 Match the phrases, as shown in the example.

1) I signori Rossi dovevano essere qui mezz'ora fa. Che strano!
2) Lo sapevo che non mi avrebbe telefonato! Succede con tutti i ragazzi che mi piacciono!
3) Guarda quanta acqua in mezzo alla strada!
4) Ho provato a telefonare a Dario ma non risponde.
5) Ieri mia figlia ha avuto mal di pancia tutto il giorno.
6) A che ora è cominciato il concerto?
7) Da quanto tempo vi conoscete?

a) Probabilmente sarà già uscito.
b) Non ti preoccupare! Vedrai che avrà dimenticato dove ha messo il tuo numero di telefono.
c) Non so. Saranno state le 8.30.
d) Uhm. Si saranno persi? Gli hai dato le indicazioni giuste?
e) Avrà piovuto tutto il giorno.
f) Ci saremo incontrati circa 8 anni fa.
g) Avrà mangiato troppi dolci al compleanno.

3 Put the verbs in the future simple or in the future perfect.

1. Quando *(noi/pagare)* [avremo pagato] tutti i debiti finalmente *(noi/potere)* [potremo] fare una bella vacanza.
2. Sonia ha deciso che non *(tagliarsi)* [si taglierò] i capelli fino a quando non *(passare)* [avrà passato] l'esame di fisica.
3. Gli *(io/parlare)* [parlerò] solo quando mi *(lui/chiedere)* [avrà ~~chieduto~~ chiesto] scusa.
4. Quando *(io/guadagnare)* [avrò guadagnato] abbastanza *(io/prendere)* [prenderò] un anno di pausa per fare un viaggio in India.
5. Fabio ha promesso che, dopo che (loro/sposarsi) [si saranno sposati] *(lui/smettere)* [smetterà] di tradire Gianna.
6. Quando *(loro/perdere)* [avranno perso] tutto, *(loro/capire)* [capiranno] quanto è stupido scommettere sui cavalli.
7. Ti *(io/dare)* [darò] un colpo di telefono non appena *(io/arrivare)* [sarò arrivato] a destinazione.
8. *(voi/Andare)* [Andrete] a giocare solo dopo che *(voi/fare)* [avrete fatto] tutti i compiti.

4 Find the reason for these people's moods. Use the list below and put the verbs into the future perfect, as shown in the example.

non fare niente tutto il giorno | **vincere al lotto** | **morirle il gatto** | **cadere dalla bicicletta** | **lavorare tutto il giorno** | **sapere che suo padre non sta bene** | **svegliarsi due minuti fa** | **litigare con la moglie**

1. Lara è triste.
morirle il gatto → le sarà morto il gatto.

5. Luisa è felicissima.
vincere al lotto → avrà ~~vinculo~~ vinto al lotto

2. Dario è arrabbiato.
litigare con la moglie → avrà litigato con la moglie

6. Serena è stanchissima.
lavorare tutto il giorno → ~~lav~~ avrà lavorato tutto il giorno

3. Gianni è spettinato.
svegliarsi due minuti fa → si sarà svegliato due minuti fa

7. Paolo è annoiato.
non fare niente tutto il giorno → non avrà fatto niente tutto il giorno

4. Valerio è preoccupato.
sapere che suo padre non sta bene → avrà saputo che ~~et~~ suo padre non sta bene

8. Barbara ha male al braccio.
cadere dalla bicicletta → avrà caduto dalla bicicletta.

Comparisons of inequality

■ *Usually **più/meno... di....** are used to compare two or more:*

a) nouns;

Calvino è **più** famoso **di** Bevilacqua.
In Italia il calcio è **più** popolare **del** rugby.
Il treno è **meno** veloce **dell'**aereo.

b) personal pronouns (io, tu, etc.).

Tu sei **più** bella **di** lei.
Io sono **meno** alto **di** te.

■ *Usually **più/meno... che...** are used to compare two or more:*

a) adjectives;

Quell'uomo è **più** largo **che** alto.

b) verbs;

Leggere è **più** interessante **che** guardare la tv.

c) adverbs;

Sarai **più** comodo là **che** qua.

d) pronouns or nouns preceded by a preposition;

Anna è **più** gentile con me **che** con te.
Tengo **più** al mio cane **che** a mia moglie.

e) quantities or numbers.

In Italia ci sono **meno** uomini **che** donne.

Comparisons of inequality		
with nouns and personal pronouns	>	**più/meno... di...**
with adjectives, verbs, adverbs, pronouns or nouns with prepositions, quantities or numbers	>	**più/meno... che...**

EXERCISES

1 Choose the correct comparative.

Curiosità e numeri

1. In Italia ci sono meno musulmani **che/~~di~~** cattolici.
2. In Italia ci sono più musulmani **che/~~di~~** buddisti.
3. Si viaggia più veloci con l'aereo **che/~~di~~** con il treno.
4. Gli italiani rimangono in famiglia più a lungo **~~che~~/de-** i nord europei.
5. In un'inchiesta recente è risultato che gli uomini italiani sono meno bugiardi **~~che~~/del-** le donne.
6. Nella stessa inchiesta è risultato che le donne del sud Italia sono più bugiarde **~~che~~/del-** le donne del nord Italia.
7. Le giovani italiane preferiscono essere considerate più cattive **che/~~di~~** buone.
8. Per molte giovani è più importante sedurre e controllare uomini potenti **che/~~di~~** essere indipendenti.

2 Complete the conversation with *di* (with or without the article) or *che.*

Un nuovo convivente

Sonia, Guglielmo e Valerio vogliono affittare una camera del loro appartamento. Hanno parlato con un ragazzo e una ragazza e ora devono scegliere tra i due.

Sonia - Ragazzi, perché non scegliamo Paolo? Mi sembra molto più simpatico [dell'] altra no? E poi ha la macchina. È sempre più comodo avere in casa qualcuno con una macchina [che] avere uno studente che gira solo con l'autobus, penso.

Valerio - Mah, non so. Anche Teresa mi sembra carina e pure simpatica. E poi ha un lavoro più stabile [di] Paolo. Probabilmente guadagna meno [di] lui ma almeno ha i soldi in banca tutti i mesi.

Sonia - Valerio, cosa credi, non sono mica cieca! Ho visto che facevi gli occhi dolci a Teresa! A me sembra una ragazza più carina [che] simpatica, e poi il famoso lavoro stabile ... cosa fa? La barista in un bar del centro? Mah! Poi è anche buddista, quella si alza alle 6.00 ogni mattina per pregare!

Guglielmo - Non cominciate a litigare come al solito ragazzi!

Valerio - Tu cosa pensi Guglielmo?

Guglielmo - Io sceglierei Paolo, almeno ha detto che gli piace il calcio. Preferisco passare la domenica a guardare sport in TV [che] dover sopportare canti buddisti ogni mattina.

Sonia - E poi Paolo è anche un bel ragazzo, il che non guasta!

Valerio - E va bene ragazzi. Avete vinto voi!

Relative and absolute superlatives

La Sicilia è **la** regione **più** grande **d'**Italia.
"Ginger e Fred" è **il** film **meno** bello **fra** quelli di Fellini.

■ *The relative superlative is formed as follows:* ***article + più/meno + di/fra.***

In estate in Sicilia fa cald**issimo**.
Le opere del Botticelli sono bell**issime**.

■ *The absolute superlative is formed by adding the suffix* ***-issimo*** *to the adjective.*

■ *The absolute superlative can also be formed:*

Questa casa è **piccola piccola**.

a) repeating the adjective;

Ieri Amelia era **tutta contenta**.

b) using ***tutto/a/i/e;***

Voglio un uomo **stra**ricco e **super**dotato!

c) using prefixes such as ***stra-***, ***super-***, ***arci-***, ***iper-***, *etc.*

Relative superlative	Absolute superlative
article + più/meno + di/fra	-issimo/a/i/e

EXERCISES

1 Match the questions with the answers and underline all the forms of the superlative, as shown in the example.

a. Hai visto "La vita è bella" di Benigni?

b. Ti è piaciuto "Il piccolo Budda" di Bertolucci?

c. Che ne pensi di "Nirvana" di Salvatores?

d. Vieni a vedere "Nuovo Cinema Paradiso" di Tornatore?

e. Vuoi vedere "8 e $\frac{1}{2}$" di Fellini con noi?

f. Che ne pensi di Nanni Moretti?

g. Ti piacciono i film di Aldo, Giovanni e Giacomo?

h. Vai mai a vedere i film dei fratelli Vanzina?

i. Ti piace Pupi Avati?

l. Ti va di vedere un film di Martone?

1. No, grazie. I film di Fellini li trovo confusissimi.
2. È un regista interessantissimo e molto particolare.
3. Certo! Quei tre comici sono divertentissimi!

5. Sì. È il film più commovente degli ultimi anni.

5. No, secondo me è il film più superficiale di Bertolucci.
6. Secondo me è il più pazzo fra i film di Salvatores, ma mi piace.
7. No, i Vanzina secondo me fanno film stupidissimi!
8. No, l'ho già visto e l'ho trovato noioso e poco realistico.
9. Sicuro che mi va, anche se talvolta trovo Martone deprimentissimo.
10. Certo! Mi piace moltissimo.

2 Complete the sentences with the expressions on the list.

famosissime | **famosissimo** | **fra i** | **i più bravi** | **il più interessante** | **le più disperate** | **più famoso** | **più importanti**

Cinema italiano

1. Federico Fellini è stato forse il [più famoso] regista del cinema italiano.
2. "Paparazzo" era il cognome di un giornalista in un [famosissimo] film di Fellini: "La dolce vita".
3. [Il più interessante] periodo del cinema italiano è stato quello del dopoguerra, dal 1945 al 1950: il periodo del neorealismo.
4. Il neorealismo rappresentava [le più disperate] condizioni dell'Italia del dopoguerra.
5. [I più bravi] attori dei film neorealisti non erano professionisti.
6. [Fra i] tanti film di Vittorio De Sica "Ladri di biciclette" è il più conosciuto.
7. Marcello Mastroianni ha lavorato nei [più importanti] film del cinema italiano.
8. Anna Magnani e Sophia Loren sono due attrici [famosissime]

Special comparatives and superlatives

The adjectives ***buono, cattivo, grande, piccolo, alto, basso,*** *have two forms of comparative and superlative:*

a) regular form

Il ristorante di via Ripetta è **più buono** di quello di via Giulia. ← *comparative*

Il ristorante di via Ripetta è **il più buono** della zona. ← *relative superlative*

Il ristorante di via Ripetta è **buonissimo**. ← *absolute superlative*

b) irregular form

Il ristorante di via Ripetta è **migliore** *(= più buono)* di quello di via Giulia. ← *comparative*

Il ristorante di via Ripetta è **il migliore** *(= il più buono)* della zona. ← *relative superlative*

Il ristorante di via Ripetta è **ottimo.** *(= buonissimo)* ← *absolute superlative*

adjective	comparative	relative superlative	absolute superlative
buono	**migliore**	**il migliore**	**ottimo**
cattivo (brutto)	**peggiore**	**il peggiore**	**pessimo**
grande	**maggiore**	**il maggiore**	**massimo**
piccolo	**minore**	**il minore**	**minimo**
alto	**superiore**	**il superiore**	**supremo**
basso	**inferiore**	**l'inferiore**	**infimo**

1 Rewrite the sentences using the irregular form of the comparative or superlative, as shown in the example.

e.g. La torta di mele è <u>più buona</u> di quella di ricotta. > *La torta di mele è migliore di quella di ricotta.*

1. Questo hotel è <u>più buono</u> di quello. > Questo hotel è migliore di quello
2. Stefano è <u>il più grande</u> dei fratelli. > Stefano è il maggiore dei fratelli
3. È un ristorante <u>buonissimo</u>! > È un ristorante ottimo
4. Quell'uomo è una <u>cattivissima</u> persona! > Quell'uomo è una pessima persona
5. Fra tutti i fratelli Amelia è <u>la più piccola</u>. > Fra tutti i fratelli Amelia è la minore
6. È <u>il più brutto</u> film di Visconti! > È il peggiore film di Visconti
7. Il mio lavoro è <u>più brutto</u> del tuo. > Il mio lavoro è peggiore del tuo
8. È davvero il vino <u>più buono</u> della zona del Chianti! > È davvero il vino migliore della zona del Chianti
9. Noi abitiamo al piano <u>più basso</u>. > Noi abitiamo al piano ~~più~~ inferiore
10. Devo salire al piano <u>più alto</u>. > Devo salire al piano superiore

2 Choose the correct comparative or superlative.

Il cane è più amato della moglie

Il pericolo per le mogli italiane non sono le segretarie **~~più ottime~~/bellissime**, ma i cani. Un italiano su tre infatti si sente più felice con il cane **~~di~~/che** con la moglie. Secondo questi italiani il cane è **la migliore/~~la buonissima~~** compagnia possibile perché è **~~fedelissimo~~/più fedele** e **~~tranquillissimo~~/più tranquillo** della moglie. Alcuni considerano il cane **~~il migliore/il più migliore~~** *il migliore* mezzo per fare conquiste d'amore. Inoltre la scelta del cane rivela la personalità del padrone. Se scegli un boxer sei un tipo **il ~~più socievole~~/socievolissimo** e molto sportivo; se preferisci il bassotto hai un carattere fermo e **più deciso/~~il più deciso~~** degli altri; se invece ti piacciono i labrador sei ambizioso e egoista. Infine se scegli un pastore tedesco non hai certo **~~più originale~~/il più originale** dei caratteri e sei un tipo tranquillo. Tu che ne pensi?

(adapted from "La Repubblica")

3 Complete the article with the expressions on the list.

~~massimo~~ **pessime** **~~il più bravo~~** **superiore** **~~inferiore~~**

Troppo bravo, fuori dal concorso

Un giovane avvocato di Foggia è stato [il più bravo] durante un concorso per un posto di capo del personale dell'azienda per la raccolta dei rifiuti. Ma alla fine di tutte le prove si è ritrovato in fondo alla graduatoria, con un punteggio [inferiore] alle sue aspettative.

L'avvocato era sicuro di avere ottenuto il [massimo] del punteggio in tutte le prove, ma è stato considerato "sovradimensionato rispetto all'incarico da ricoprire", cioè: troppo bravo! Naturalmente il giovane avvocato ha protestato perché sapeva che aveva avuto un punteggio [superiore] agli altri candidati sia alla prova scritta che a quella orale.

Ma l'azienda ha affermato invece che l'avvocato aveva fatto delle [pessime] prove psico-attitudinali, e per questo non ha passato il concorso.

(adapted from "La Repubblica")

Relative pronouns *che* and *cui*

1. **Mia sorella Silvia** arriva domani. +
2. **Mia sorella Silvia** vive a Milano =
Mia sorella Silvia, **che** vive a Milano, arriva domani.

1. **John** è inglese. +
2. Io lavoro con **John**. =
John, con **cui** lavoro, è inglese.

■ *The relative pronouns* ***che*** *and* ***cui*** *are used to join phrases which have a common element. The relative pronoun replaces that element.*

La ragazza **che** parla con lui è amica mia.
Gli italiani **che** parlano inglese sono aumentati.
Le scarpe **che** porto sono tedesche.
Il libro **che** leggi è un capolavoro!

■ *The relative pronoun* ***che*** *is invariable and is used to replace a subject or a direct object (an object without a preposition).*

Quello è l'amico **di cui** ti avevo parlato.
La ditta **a cui** dobbiamo telefonare si trova in Olanda.
Il paese **da cui** provengo è piccolissimo.
È imbarazzante parlare della situazione **in cui** mi trovo.
Come si chiama la ragazza **con cui** parlavi prima?
È davvero uno **su cui** puoi contare.
Il giornale **per cui** lavora Pia è un settimanale.
Abbiamo diverse ragioni per non venire, **tra cui** il fatto che è troppo tardi.

■ *The relative pronoun* ***cui*** *is invariable and is used to replace an indirect object (an object preceded by a preposition).*

Relative pronouns *che* and *cui*		
subject or direct object (without preposition)	>	che
always after the preposition	>	cui (di cui, a cui, con cui, su cui, per cui, tra/fra cui)

Relative pronoun *chi*

Non sopporto **chi** parla mentre mangia!
Di solito **chi** fa una vita sana vive più a lungo.

■ ***chi*** *is always singular and means: "all those who", "the people who", "the person who".*

Chi dorme non piglia pesci.
Chi va piano va sano e va lontano.

■ ***chi*** *is often used in proverbs.*

Relative pronoun *chi*		
the person / the people who	>	chi

EXERCISES

1 **Read the text. Then copy into the table all the relative pronouns which are underlined and write down what they refer to, as shown in the example.**

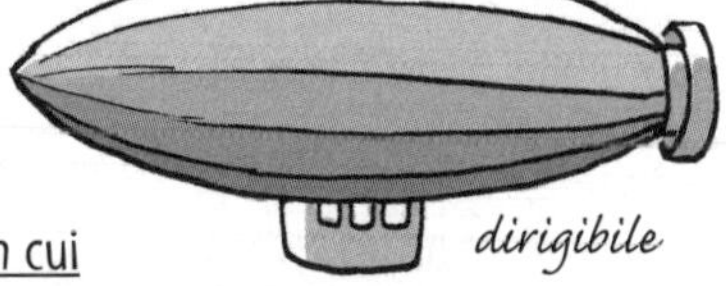

Italiani nel mondo: verso nord

Le due grandi passioni **che** muovono Umberto Nobile (1885-1978) sono l'esplorazione del Polo Nord e la costruzione di dirigibili. Nobile è amico dell'esploratore norvegese Amundsen con cui nel 1926 organizza una spedizione che deve arrivare fino al Circolo Polare Artico. Il dirigibile, con cui Nobile e un equipaggio di 14 persone partono, si chiama Norge e arriva fino in Alaska.

Nel 1928 poi Nobile costruisce il dirigibile Italia, di cui si serve per andare verso il Polo Nord. Il dirigibile però precipita durante una tempesta e non si hanno più notizie né di Nobile né dell'equipaggio. Amundsen, che non ha partecipato alla spedizione, decide di andare a cercarli con un aereo che purtroppo precipita. Nobile viene in seguito salvato da una nave russa.

relative pronoun	refers to.....
che	*Le due grandi passioni*
con cui	con Amundsen
che	la spedizione
con cui	con il dirigibile
di cui	del dirigibile Italia
che	Amundsen
che	l'aereo

2 **Choose the correct relative pronoun.**

Curiosità italiane

1. Secondo un'indagine recente gli italiani **~~con cui~~/che** telefonano alla mamma almeno una volta al giorno sono il 71%.
2. L'islamismo è, per numero, la seconda religione **che/~~in cui~~** si pratica in Italia.
3. Per gli italiani la regione **da cui/~~da che~~** provengono è più importante della loro nazione.
4. Alessandro Volta, **~~da cui~~/che** ha inventato la batteria elettrica nel 1800, ha dato il nome al volt.
5. In Italia i bambini da 3 a 5 anni **che/~~a cui~~** fanno ginnastica sono più di quelli **che/~~in cui~~** fanno altri sport.
6. I ragazzi da 15 a 17 anni **che/con cui** giocano a calcio sono più di quelli **che/~~in cui~~** fanno altri sport.
7. La regione italiana **~~che~~/in cui** si guadagna di più è la Lombardia.

3 **Match the words on the left with those on the right to form sentences, as shown in the example.**

a) La segretaria a cui	1) ha vinto il Festival di Sanremo è molto bella.
b) Il cane che	2) non ti ho dato la macchina è chiara.
c) La donna con cui	**3) ho chiesto il tuo numero di telefono non lo sapeva.**
d) Il film che	4) ti avevo parlato è morto ieri.
e) Il tavolo su cui	5) abbaiava ieri notte è stato avvelenato.
f) La ragione per cui	6) ho passato tutta la notte è straniera.
g) Il professore che	7) ho il mio conto è molto efficiente.
h) La banca in cui	8) hai messo i libri è un rococò.
i) Quell'uomo di cui	9) hanno censurato in Italia si può vedere in Francia.
l) La canzone che	10) ha scritto quel libro è molto famoso.

4 Complete Umberto Nobile's story with the relative pronouns *che, con cui, di cui*.

Le due grandi passioni [che] muovono Umberto Nobile (1885-1978) sono l'esplorazione del Polo Nord e la costruzione di dirigibili. Nobile è amico dell'esploratore norvegese Amundsen [con cui] nel 1926 organizza una spedizione [che] deve arrivare fino al Circolo Polare Artico. Il dirigibile, [con cui] Nobile e un equipaggio di 14 persone partono, si chiama Norge e arriva fino in Alaska. Nel 1928 poi Nobile costruisce il dirigibile Italia, [di cui] si serve per andare verso il Polo Nord. Il dirigibile però precipita durante una tempesta e non si hanno più notizie né di Nobile né dell'equipaggio. Amundsen, [che] non ha partecipato alla spedizione, decide di andare a cercarli con un aereo [che] purtroppo precipita. Nobile viene in seguito salvato da una nave russa.

5 Complete the sentences with relative pronouns *chi* and *che*.

1. Ci sono persone [che] leggono sempre l'oroscopo prima di uscire di casa.
2. [chi] non esce di casa senza leggere l'oroscopo non ha una vita facile.
3. Secondo me [chi] tiene cani molto aggressivi ha dei problemi di relazione con gli altri.
4. La mia vicina di casa, quella [che] ha comprato il Rotweiler, non è certo una persona simpatica.
5. Non mi fido di [chi] non mi guarda negli occhi mentre mi parla.
6. Giorgio è uno [che] non ti guarda mai negli occhi quando ti parla.
7. Quelle [che] hai conosciuto sono le figlie di mio fratello.
8. Non sopporto [chi] parla mentre mangia.

"Possessive" relative pronoun

1. **Quella ragazza** è una mia amica. +
2. Ieri hai incontrato la madre **di quella ragazza**. =
Quella ragazza, **la cui** madre hai incontrato ieri, è una mia amica.

1. **Umberto Eco** insegna a Bologna. +
2. **I suoi** romanzi sono tradotti in moltissime lingue. =
Umberto Eco, **i cui** romanzi sono tradotti in moltissime lingue, insegna a Bologna.

1. **Quell'artista** è molto famoso. +
2. Le opere **di quell'artista** si trovano al MOMA di New York. =
Quell'artista, **le cui** opere si trovano al MOMA di New York, è molto famoso.

1. **Il pittore** è morto.+
2. Siamo andati al**la sua** mostra qualche mese fa. =
Il pittore, al**la cui** mostra siamo andati qualche mese fa, è morto.

■ *To join two phrases which have a common element expressing <u>possession</u> we use:*

definite article + cui

■ *The article before the relative pronoun **cui** must always agree with the object "possessed".*

"Possessive" relative pronoun
definite article + cui
(il cui/la cui/i cui/le cui)

1 **Choose the correct relative pronoun.**

Le montagne italiane

L'Italia è montuosa per più di due terzi: il 38% è formato da montagne e il 39% da colline. Le Alpi, **le cui/la cui/cui** vetta più alta è il Monte Bianco, raggiungono 4810 metri. Questa catena montuosa, **in cui/il cui/la cui** origine risale a circa 25 milioni di anni fa, è una delle più giovani del pianeta. L'altra catena montuosa in Italia sono gli Appennini, **la cui/il cui/che** monte più alto si trova in Abruzzo e raggiunge 2912 metri. Gli Appennini sono la spina dorsale della penisola.

2 **Match the phrases with the form *definite article + cui*.**

e.g. Claudia è mia amica. La madre di Claudia fa la hostess. =

*Claudia, **la cui** madre fa la hostess, è mia amica.*

Ugo non mi ha ancora pagato. Ho fatto un lavoro per la ditta di Ugo.=

*Ugo, per **la cui** ditta ho fatto un lavoro, non mi ha ancora pagato.*

1. Mio cugino è partito oggi. Abbiamo parlato della ragazza di mio cugino prima.

   ___

2. Quel ragazzo mi piace molto. Il padre di quel ragazzo è spagnolo.

   ___

3. Anna è una mia amica di infanzia. Abbiamo incontrato i genitori di Anna poco fa.

   ___

4. Mio fratello è in vacanza. Hai dormito nel letto di mio fratello stanotte.

   ___

5. Una ditta americana ha comprato la mia azienda. Gli affari della ditta americana vanno benissimo.

   ___

6. Una ragazza mi ha proposto di sposarla. Ho fatto la corte alla madre della ragazza più di 20 anni fa.

   ___

7. Quel guru è il mio maestro. Seguo ormai da anni gli insegnamenti di quel guru.

   ___

8. Aldo è molto bravo. Hai visto il padre di Aldo alla conferenza.

   ___

9. Lo studente ha problemi in matematica. Il professore ha appena parlato con la madre dello studente.

   ___

Relative pronoun *il quale*

Ho visto Marco, **che** mi ha raccontato tutto.
Ho visto Marco, **il quale** mi ha raccontato tutto.

L'auto **con cui** sono venuto è a noleggio.
L'auto con **la quale** sono venuto è a noleggio.

- ***che*** *and* ***cui*** *can be replaced by the relative pronoun* ***il quale/la quale/i quali/le quali.***

I vicini, **con cui** avevo davvero un bel rapporto, hanno traslocato.
I vicini, con **i quali** avevo davvero un bel rapporto, hanno traslocato.

Le mie figlie, **a cui** avevo comprato una macchina, hanno avuto un incidente.
Le mie figlie, **alle quali** avevo comprato una macchina, hanno avuto un incidente.

- ***il quale*** *is not invariable and agrees with the noun to which it refers.*

Giovanni, **che** è il capo di mio marito, ha divorziato ieri. *(used more frequently)*
Giovanni, **il quale** è il capo di mio marito, ha divorziato ieri. *(not very common)*
Ho visto Anna, **che** tu conosci molto bene. *(used more frequently)*
Ho visto Anna, **la quale** tu conosci molto bene. *(not very common)*

- *The use of* ***il quale*** *instead of* ***che*** *is not very common in everyday speech.*

Relative pronoun *il quale*
definitive article + quale
(il quale/la quale/i quali/le quali)

EXERCISES

1 **Replace the highlighted relative pronouns with *il quale/la quale/i quali/le quali.***

La pasta

Anche se alcuni dicono che la pasta è stata introdotta in Italia da Marco Polo, **che** l'aveva portata dalla Cina, ci sono documenti che indicano che in Sicilia intorno al 1000 si mangiava già un tipo di pasta, simile agli spaghetti. Inoltre Roma, **in cui** ai tempi di Augusto vivevano circa un milione e mezzo di abitanti, doveva avere un modo efficace **con cui** conservare il grano e la farina nei granai. Probabilmente li distribuivano frequentemente alla popolazione **che** li conservava in modi diversi. Alcuni tostavano il grano, altri invece mescolavano farina e acqua, la facevano seccare al sole e poi la tagliavano come le nostre tagliatelle. Nel I secolo d.C. Marco Avio Apicio ha scritto uno dei primi libri di cucina **di cui** abbiamo notizia: "De re coquinaria" e ha descritto una ricetta **a cui** possiamo paragonare le lasagne di oggi. Non ci sono però altri riferimenti alla pasta in tempi romani, forse perché era un cibo plebeo e non pregiato.

(adapted from the website www.icon.it)

2 **Complete the text with the relative pronouns *che, chi, quale/quali.***

La Nutella

C'è chi vede nel nome il segreto del suo successo e ________ invece lo trova nella facilità con la ________ si mangia. C'è ________ ci legge un simbolo sessuale e ________ un richiamo per adolescenti. La Nutella comunque ha moltissimi fan. È nata nel 1946 ed è subito diventata un mito.

Nel suo bicchiere, ________ ormai è famosissimo, e nel ________ è contenuto un pezzo di storia italiana, c'è un prodotto ________ è studiato con passione in saggi e tesi di laurea. Il primo nome era Supercrema e solo nel 1964 ha preso il nome ________ le è rimasto fino ad ora. La Nutella è stata anche celebrata nel 1983 in un famoso film di Nanni Moretti: "Bianca", nel ________ si vede il protagonista ________ mangia Nutella da un barattolo gigante. Nel 1994 gli studenti ________ hanno contestato il ministro dell'istruzione sono stati chiamati "i Nutella Boys" e la Nutella è ormai protagonista delle merende dei bambini, i ________ in ogni parte del mondo, amano il suo gusto unico e inconfondibile.

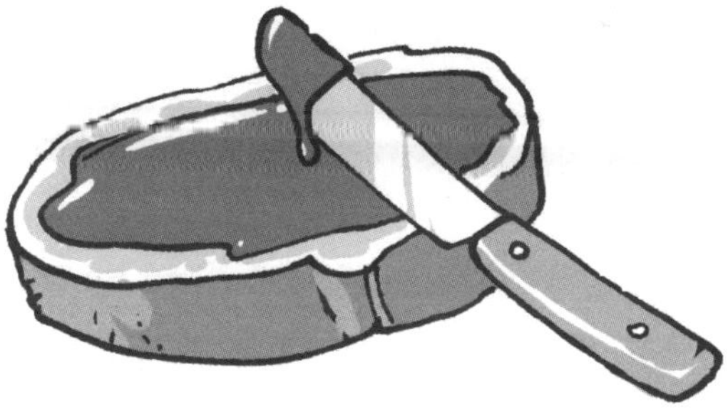

Past perfect (*Trapassato prossimo*)

I miei nonni mi raccontavano sempre di quando **erano andati** in viaggio di nozze a Roma.
(*before:* erano andati → *after:* mi raccontavano)

Ugo ha detto a Paolo che **aveva visto** sua moglie con un altro uomo. (*before:* aveva visto → *after:* ha detto)

- *The **past perfect (trapassato prossimo** in Italian) is used to express a past action that took place before another past action.*

Mario ha detto che **aveva mangiato** troppo e ha ordinato un digestivo.
Quando sono arrivato alla stazione, il treno **era** già **partito**.

- *The past perfect is formed with the imperfect of **avere** or **essere** + and the **past participle** of the verb.*

Past perfect		
imperfect of *avere* or *essere* + past participle		
io	**avevo parlato**	**ero andato/a**
tu	**avevi parlato**	**eri andato/a**
lui/lei/Lei	**aveva parlato**	**era andato/a**
noi	**avevamo parlato**	**eravamo andati/e**
voi	**avevate parlato**	**eravate andati/e**
loro	**avevano parlato**	**erano andati/e**

EXERCISES

1 **Match the questions to the answers and put the verbs into the past perfect, as shown in the example.**

a. Perché Gianni non è venuto al lavoro ieri?

b. Siete andati al cinema venerdì?

c. Perché i tuoi non rispondevano al telefono, l'altra sera?

d. Perché non hai accettato un'altra fetta di dolce? Era ottimo!

e. Come mai non hai la macchina?

f. Sei ancora qui? Ma non dovevi andare in India?

g. Dove hai dormito a Roma?

h. Non ho visto tuo fratello alla festa. Dov'era?

1. Quando sei arrivato tu *(lui/andare)* era andato già via.
2. Lo so, ma *(io/mangiare)* avevo mangiato davvero troppo!
3. L' ho venduta. *(lei/fare)* aveva fatto troppi chilometri e ormai non andava più bene.
4. **Ha detto che la sera prima a una festa *(bere)* *aveva bevuto* troppo e non stava bene.**
5. Nello stesso albergo dove *(io/stare)* ero stato l'anno scorso.
6. Mi hanno detto che non l'hanno sentito perché *(loro/andare)* erano andati a dormire.
7. No, *(noi/lavorare)* avevamo lavorato troppo e così siamo andati a casa.
8. Sì, *(io/comprato)* avevo comprato anche il biglietto, ma poi mio padre è stato male e non sono più partito.

2 **Put the verbs into the past perfect.**

I signori Fiore sono andati in vacanza e hanno lasciato la casa in mano ai figli, Rita e Dario, con molte raccomandazioni. Quando sono tornati hanno trovato che:
Rita *(dimenticarsi)* si ~~aveva~~ era dimenticato di dare l'acqua alle piante, Dario non *(tornare)* era tornato mai a casa a dormire, nessuno *(lavare)* aveva lavato i piatti o *(portare)* aveva portato fuori il cane. La casa era un disastro perché sabato sera i ragazzi *(organizzare)* avevano organizzato una cena per gli amici e *(ballare)* avevano ballato, *(giocare)* avevano giocato e *(guardare)* avevano guardato video tutta la notte e la donna delle pulizie *(rifiutarsi)* si ~~avevano~~ era rifiutata di andare a pulirla. Naturalmente, quando hanno chiesto spiegazioni, ognuno ha dato la colpa all'altro dicendo: "*(dire)* Aveva detto che ci pensava lui!".

3 Marianna's Problem Page. Choose the correct form of the verb and... do you have any advice for these poor souls?

a

Cara Marianna,

non so cosa fare. Ieri mi ha telefonato una mia amica e mi ha detto che **~~vedeva~~/aveva visto** il mio ragazzo con un'altra in discoteca. Questa mattina, quando gli ho chiesto cosa **aveva fatto/~~ha fatto~~** la sera prima lui mi ha detto che **~~rimaneva~~/era rimasto** a casa perché non si sentiva molto bene. Io non **ho avuto/~~avevo avuto~~** il coraggio di dirgli che sapevo dove **~~andava~~/era andato** perché non voglio perderlo. Che devo fare?

Amore in pena, 78

b

Cara Marianna,

mi sono sposato un mese fa. Prima di sposarmi la mia fidanzata mi **~~diceva~~/aveva detto** che io ero il primo uomo della sua vita e che non **~~stava~~/era stata** mai con un altro. Durante la luna di miele però mi sono accorto che quello che mi **~~ha raccontato~~/aveva raccontato** non poteva essere vero e, quando le **ho chiesto/~~avevo chiesto~~** spiegazioni, mi ha confermato che **aveva avuto/~~aveva~~** altri due fidanzati prima di me ma che non **~~avrà avuto~~/aveva avuto** il coraggio di dirmelo prima. Che devo fare?

Marito deluso

c

Cara Marianna,

qualche mese fa ho incontrato un ragazzo bello e dolcissimo e **~~mi ero innamorata~~/mi sono innamorata**. Quando gli ho chiesto che **~~aveva fatto~~/faceva** mi ha detto che lavorava in una discoteca. Pochi giorni fa però una mia amica mi ha detto che lo **~~vedeva~~/aveva visto** in una discoteca durante una festa per sole donne e che lui aveva fatto uno spogliarello! La mia amica mi **ha detto/~~aveva detto~~** che era stato davvero bravissimo e che molte ragazze gli **~~erano messe~~/avevano messo** soldi nello slip e **~~avranno cercato~~/avevano cercato** di baciarlo. Sono gelosissima! Che devo fare?

Otella innamorata

4 Put the verbs into the correct tense (present perfect, imperfect, past perfect).

Lunedì scorso era l'8 marzo, la festa della donna, e Paolo aveva deciso di fare una sorpresa a sua moglie Teresa. *(Volere)* [~~Ha voluto~~ Voleva] fare qualcosa di particolare, qualcosa di diverso dal solito. Prima *(pensare)* [aveva pensato] di prenotare un tavolo in un ristorantino romantico, ma poi ci aveva ripensato perché *(ricordarsi)* [si era ricordato] che ci *(loro/andare)* [erano andati] anche l'anno prima. Allora l'aveva portata a ballare nella discoteca dove si *(conoscersi)* [si erano conosciuti] anni fa, quando ancora *(loro/fare)* [facevano] l'università. Ma la discoteca, che una volta *(chiamarsi)* [si era chiamata] "Il Gatto Nero", ora si chiama "La Baracca" ed è cambiata molto. Per Paolo e Teresa però quella *(essere)* [era] ancora la "loro" discoteca e così sono entrati lo stesso. Si sono trovati in una sala buia, con musica altissima e sconosciuta e moltissimi ragazzi che, da come *(muoversi)* [si muovevano] probabilmente *(prendere)* [avevano preso] delle strane droghe. Paolo e Teresa si sono sentiti improvvisamente molto vecchi e *(uscire)* [sono usciti] per andare in una pizzeria che *(vedere)* [avevano visto] dietro l'angolo, prima di entrare in discoteca. Come passa il tempo!

TAKE YOUR NOTES

Informal imperative *(tu-noi-voi)*

Aprite la finestra, fa caldo!
Per andare a Firenze, **prendi** il treno, non la macchina.

- *The informal imperative is used to give orders or advice.*

Telefoniamo a Fabio!
Comprate quel libro. È bellissimo!
Metti a posto quel libro!
Vediamo quel film che è più interessante.
Chiudete la porta, per favore. Fa freddo.
Finisci di studiare!
Partiamo domani.
Pulite la cucina dopo che l'avete usata.

- *The imperative for the persons **tu, noi** and **voi** is usually the same as the present indicative tense verb.*

Parla più lentamente che non capisco.
Mangia la frutta che ti fa bene!
Scusa ma non posso venire con te oggi.

- *The imperative of the 2nd person singular (**tu**) of verbs ending in **-are**, however, ends in **-a**.*

Informal imperative			
	am-are	ved-ere	apr-ire
tu	am-a	ved-i	apr-i
noi	am-iamo	ved-iamo	apr-iamo
voi	am-ate	ved-ete	apr-ite

Verbs with an irregular imperative

	tu	voi
essere	**sii**	**siate**
avere	**abbi**	**abbiate**
sapere	**sappi**	**sappiate**

- *The verbs **avere**, **essere** and **sapere** have an irregular informal imperative in the 2nd person singular (tu) and in the 2nd person plural (voi).*

	tu	
andare	**va'/vai**	
dare	**da'/dai**	
fare	**fa'/fai**	
stare	**sta'/stai**	
dire	**di'**	

- *The verbs **andare, dare, fare** and **stare** have a double form for the imperative in the 2nd person singular (tu). The verb **dire** however has only one form.*

Informal imperative in the negative form

Non telefoniamo a Fabio, è antipatico.
Non comprate quel libro. È davvero brutto!
Non vediamo quel film, è noiosissimo!
Non chiudete la porta per favore. Fa caldo.
Non partiamo domani. C'è troppo traffico.
Non pulite la cucina. Lo faccio io.

■ *The informal imperative in the negative form is usually the same as the negative form of the present indicative tense.*

Non parlare così veloce che non capisco.
Non mettere a posto quel libro!
Non finire di studiare!

■ *The 2nd person singular (**tu**), on the other hand, is formed with the infinitive of the verb.*

Informal imperative in the negative form			
	am-are	ved-ere	apr-ire
tu	non am-are	non ved-ere	non apr-ire
noi	non am-iamo	non ved-iamo	non apr-iamo
voi	non am-ate	non ved-ete	non apr-ite

EXERCISES

1 This is Luca and Giulia's list. Change the whole list to the imperative form for the 1st person plural (noi) and guess what they are organising.

Cose da fare:

1. spedire gli inviti → *spediamo gli inviti*
2. prenotare il ristorante → prenotiamo il ristorante
3. fare spese → facciamo spese
4. decidere chi sono i testimoni → decidiamo chi sono i testimoni
5. scegliere il vestito → scegliamo il vestito
6. organizzare la lista di nozze → organizziamo la lista di nozze
7. andare all'agenzia di viaggi → andiamo all'agenzia di viaggi

2 Choose the appropriate advice for each problem, as shown in the example.

a. Voglio un uomo! → **3. Contatta un'agenzia per single.**
b. Ho bisogno di soldi.
c. Ho un terribile mal di testa.
d. Sono ingrassato.
e. Spendo troppo per il lotto.
f. La donna delle pulizie si è licenziata, perché la pago poco.
g. Voglio cambiare lavoro.
h. Odio il Natale!
i. Ho paura di prendere l'aereo.
l. Fumo troppo.

1. Prendi il treno.
2. Metti un annuncio sul giornale.
3. **Contatta un'agenzia per single.**
4. Passa dicembre in un paese musulmano.
5. Chiedi un prestito a una banca.
6. Prova con i cerotti anti-fumo.
7. Prendi un'aspirina.
8. Smetti di giocare.
9. Prova a offrirle di più.
10. Comincia a fare un po' di sport.

3 **Put the verbs into the informal imperative for the 2nd person plural *(voi)* and decide whether they are actions to be done or not (in which case use the negative imperative), as shown in the example.**

Come ci si comporta?

Se volete fare bella figura in Italia:

1. *(Portare)* [Portate] dei fiori in regalo alla padrona di casa.
2. *(Guardare)* [Non guardate] nel fazzoletto dopo che vi siete puliti il naso.
3. *(Portare)* [Non portate] in regalo i crisantemi! Si portano solo al cimitero!
4. *(Offrire)* [Offrite] un rametto di mimosa a una donna l'otto marzo.
5. *(Togliere)* [Non togliete] le scarpe quando entrate in casa di qualcuno. Nessuno lo fa.
6. *(Ruttare)* [Non ruttate] per dimostrare che avete apprezzato il pranzo.
7. *(Evitare)* [Evitate] di bere troppo.

4 **Now transform the sentences from the previous exercise into the imperative for the 2nd person singular *(tu)*.**

Se vuoi fare bella figura in Italia:

1. *(Portare)* [Porta] dei fiori in regalo alla padrona di casa.
2. *(Guardare)* [Non guardare] nel fazzoletto dopo che ti sei pulito il naso.
3. *(Portare)* [Non portare] in regalo i crisantemi! Si portano solo al cimitero!
4. *(Offrire)* [offri] un rametto di mimosa a una donna l'otto marzo.
5. *(Togliere)* [non togliere] le scarpe quando entri in casa di qualcuno. Nessuno lo fa.
6. *(Ruttare)* [non ruttare] per dimostrare che hai apprezzato il pranzo.
7. *(Evitare)* [evita] di bere troppo.

5 **Put the verbs into the imperative for the 2nd person singular *(tu)*.**

Benessere. Cosa si deve e cosa non si deve fare

1. *(Camminare)* [Cammina] almeno mezz'ora al giorno.
2. Non *(mangiare)* [mangiare] troppe cose fritte.
3. *(Dormire)* [dormi] almeno otto ore ogni notte.
4. Non *(fare)* [fare] un check-up ogni anno se non hai disturbi.
5. Non *(usare)* [usare] le erbe curative a caso. *(Chiedere)* [chiedi] l'aiuto di un esperto.
6. Non *(lavare)* [lavare] i denti più di due volte al giorno. Si rovina lo smalto.
7. *(Usare)* [Usa] luci diffuse quando lavori al computer.
8. *(Controllare)* [controlla] bene chi ti fa un tatuaggio. È facile prendersi infezioni.
9. *(Rilassarsi)* [ ] appena puoi.
10. *(Mangiare)*, [mangia] *(bere)* [bevi] e *(cercare)* [cerca] di essere felice.

(adapted from "Marie Claire")

6 Put the verbs into the imperative for the 2nd person singular *(tu).*

Giovanni ha lasciato il suo appartamento a Carla per un mese. Quando Carla arriva trova un messaggio di Giovanni con le varie cose da fare:

Ciao Carla e benvenuta a casa mia! Come ti ho già detto per telefono sono davvero contento di lasciarti il mio appartamento mentre sono via. Ci sono un paio di cose a cui devi fare attenzione. Prima di tutto *(ricordare)* [ricorda] sempre di chiudere bene la porta quando esci; questa zona non è molto sicura… poi, se vuoi fare un bagno, *(accendere)* [accendi] la caldaia che si trova sul terrazzino. Non è difficile: *(tenere)* [teni] premuto il pulsante rosso per qualche minuto e poi *(spingere)* [spingi] quello nero. Si accenderà subito. Conosci già il mio gatto Micio, no? Mangerebbe dalla mattina alla sera! Così per favore, non gli *(dare)* [dare] troppo da mangiare, altrimenti ingrassa come un maiale. Penso che sia tutto… Ah, no! dimenticavo la pianta. Non le *(dare)* [dare] troppa acqua, non ne vuole molta. C'è roba da mangiare in cucina... *(usare)* [usa] pure tutto quello che vuoi e... mi raccomando: non *(fare)* [fare] niente che io non farei!!

Baci. Giovanni

7 Put the verbs into the informal imperative. Take care with the irregular verbs.

Cari mamma e papà,

so che sarete molto sorpresi da questa lettera ma non *(voi/avete)* [abbiate] paura per me: vado via perché sono convinta di quello che faccio. *(voi/Sapete)* [Sapete Sappiate] che vi voglio molto bene, ma ho trovato una famiglia che per me è più importante e con cui voglio passare il resto della mia vita. Non *(voi/cercate)* [cercate] di trovarmi, e non *(voi/preoccuparsi)* [ ], la mia nuova famiglia si prenderà cura di me. Andrò a vivere in una comune fuori dall'Italia dove condividerò tutto con i miei nuovi fratelli; questo non significa che non voglio più avere niente a che fare con voi, ma ho bisogno di una dimensione spirituale che mi è mancata fino ad ora. Mamma, non *(piangere)* [piangere] troppo e non *(dare)* [dare] la colpa a papà come fai di solito, anzi, *(voi/approfittare)* [approfittate] di questa situazione per riavvicinarvi un po' di più. *(voi/Uscire)* [uscite], *(voi/vedere)* [vedete] gli amici e, se non volete raccontare quello che ho fatto, *(voi/dire)* [dite] pure quello che volete. Non *(voi/essere)* [siate] troppo arrabbiati con me.

Un bacio, Cecilia

8 Put the verbs into the informal imperative. Take care with the irregular verbs.

1. *(tu/Andare)* [Va'/Vai] a casa!
2. *(voi/Andare)* [Andate] a casa!
3. *(tu/Fare)* [fa'] la spesa.
4. *(voi/Fare)* [fate] la spesa.
5. *(tu/Stare)* [sta'] zitto!
6. *(voi/Stare)* [state] zitti!
7. *(tu/Dare)* [da'] questo libro a Paolo.
8. *(voi/Dare)* [date] questo libro a Paolo.
9. *(tu/Dire)* [di'] anche la tua opinione.
10. *(voi/Dire)* [dite] anche la vostra opinione.

Informal imperative and pronouns

- *The direct object pronouns, indirect object pronouns and double object pronouns and the particles* **ci** *and* **ne** *are always joined together, as a suffix, to the informal imperative.*

Andiamo**ci**!
Guarda**li**!
Compra**lo** subito!
Parlate**ne**!
Dite**mi**!

- *With the irregular verbs* **undare, dare, fare, stare, dire***, the pronouns and particles double the initial consonant.*

Non sei andato alla biblioteca? Va**cci** domani.
Da**mmi** una mano a cucinare per favore.
Se non lo usi, fa**nne** quello che vuoi.
Maria è molto malata, sta**lle** vicino.
Che c'è cara? Di**mmi** tutto!

- *With the pronoun* **gli** *there is no double -g-.*

Va' da tuo padre e di**gli** tutto.

- *When the informal imperative is negative we have two possibilities:*

a) *the particle or the pronoun precede the imperative.*

Non ti piace il vino? Allora non **lo** bere!
Il cinema è pieno. Non **ci** andiamo!
Quel formaggio non è fresco. Non **lo** comprate!

b) *the particle or the pronoun is joined into the imperative as a suffix.*

Non ti piace il vino? Allora non ber**lo**!
Il cinema è pieno. Non andiamo**ci**!
Quel formaggio non è fresco. Non comprate**lo**!

EXERCISES

I Put the verbs into the informal imperative *(tu)*.

Giuliano, 38 anni, deve partire per Francoforte per un convegno di lavoro. Questa è la sua conversazione con la madre.

Mamma - *(Ascoltarmi)* [ascoltami] Giuliano. *(Fare)* [fa'] come ti dico. Non *(dimenticarsi)* [dimenticarti] di portare un'aspirina.

Giuliano - No mamma.

Mamma - *(Guardare)* [Guarda] che lassù farà più freddo che qui, *(mettersi)* [mettiti] la maglia di lana se esci dall'albergo.

Giuliano - Ok mamma.

Mamma - Anzi, ora che ci penso, che esci a fare? *(Rimanere)* [rimani] in albergo no? Tanto il convegno è lì no?

Giuliano - Ma mamma ... ci sono anche altri colleghi, penso che sicuramente usciremo qualche volta.

Mamma - Quanti siete?

Giuliano - Un'ottantina, da tutta l'Italia.

Mamma - Vabbè. *(Telefonarmi)* [telefonami] appena arrivi però! Capito? Non *(farmi)* [farmi] stare in pensiero.

Giuliano -	Certo mamma.	
Mamma -	Hai preso il passaporto? Il pettine? Le scarpe di lana? La macchinetta del caffè?	
Giuliano -	Ho tutto mamma! E che ci faccio con le scarpe di lana?	
Mamma -	*(Metterle)* [mettile] no? Fa freddo lassù!	
Giuliano -	E la macchinetta del caffè?	
Mamma -	*(Starmi)* [stammi] a sentire, Giuliano: *(portarla)* [portala]. Un buon caffè la mattina è l'unica cosa che ti sveglia, lo sai.	
Giuliano -	Ma mamma! Farò colazione in albergo.	
Mamma -	Chissà che schifezze che mangiano quelli lì. Boh, *(fare)* [fa'] come vuoi! Non mi ascolti mai tu!	
Giuliano -	Ora non *(cominciare)* [cominciare] mamma. Sono in ritardo, *(farmi)* [fammi] andare!	
Mamma -	Un'ultima cosa, non *(fare)* [fare] amicizia con quelle donne di là, capito? Meglio non fidarsi di queste nordiche. Non voglio mica una straniera in famiglia!	
Giuliano -	No mamma no. Ciao mamma vado.	
Mamma -	Ciao Ninuccio! *(Darmi)* [dammi] un bacio. Ciao!	

2 **Complete the table with the imperative *(tu)* of the verbs *dare, fare, dire* and the indirect object pronouns.**

	a me	a lui	a lei	a noi	a loro
dare una mano	*dammi una mano*	dagli	dalle	dacci	dagli
fare un favore	fammi	fagli	*falle un favore*	facci	fagli
dire la verità	dimmi	digli	dille	dicci	*digli la verità*

3 **Complete the sentences with the imperative + either the pronouns or the particles *ci* and *ne*.**

e.g. Non ho tempo di accompagnarti in piscina. *(tu/andare/in piscina)* [**Vacci**] da solo.

1. Non conosci quel ristorante? *(tu/andare/in quel ristorante)* [~~vadisi~~ vacci], è buonissimo.
2. *(tu/dire/a me)* [dimmi] tutta la verità o questa volta sei davvero nei guai!
3. Ho una gran paura di quello che dirà il dottore, *(tu/stare/a me)* [stammi] vicino!
4. Non vedete che il cane ha fame? *(voi/dare/a lui)* [dagli] qualcosa da mangiare!
5. Non sai che cosa regalare a tuo padre? *(tu/fare/a lui)* [fagli] una sorpresa e *(tu/invitare/lui)* [invitalo] a cena.
6. Non hai ancora visto il nuovo film di Salvatores? *(tu/andare/a vederlo)* [vallo]. È bellissimo.
7. Lo so che dobbiamo vedere Laura, ma stasera non posso, *(noi/andiamo/da Laura)* [andiamo ci] domani.
8. Ho finito i soldi. *(tu/prestare/a me)* [prestami] un po'.
9. Anna non sa ancora che non ha passato l'esame. *(tu/dire/a lei/che non ha passato l'esame)* [digielo].

Progress test
(Units 20-24)

Have you made progress? Use this test to check.
Each exercise repeats one or more grammatical topic.
If you get more than half of the total correct: WELL DONE!
Otherwise, repeat the topics that give you most problems.

1 FUTURE SIMPLE AND FUTURE PERFECT.
Choose the correct form of the future.

L'ufficio del futuro sarà pieno di sex appeal

L'ufficio dei nostri sogni può diventare realtà e tutto questo **succederà/sarà successo** in un futuro molto vicino. Per esempio, quando **saremo/saremmo** stanchi e stressati dalla giornata di lavoro, **potrai/potremo** rilassarci e viaggiare con la fantasia. Infatti, subito dopo che **premeremo/avremo premuto** un pulsante, davanti alla nostra scrivania **apparirà/sarà apparso** il luogo del mondo in cui ci piacerebbe essere.
Non è un'utopia ma è l'ufficio immaginato dal giapponese Naoto Fuasawa, invitato insieme ad altri cinque famosi designer internazionali a progettare l'ambiente di lavoro nell'era delle tecnologie. I loro progetti **saranno/saranno stati** visibili il mese prossimo al Museo d'Arte moderna di New York nella mostra "Workspheres", curata da Paola Antonelli.
L'olandese Hella Jongerius, per esempio, ha deciso di rendere più facile l'uso del computer. Nella sua opera "My soft office" l'ufficio **diventerà/diventarà** più personale: il computer **sarà/sarà stato** nel letto, lo **potremo/avremo potuto** usare appena ci **sveglieremo/saremo svegliati**, guardando lo schermo che si trova nel cuscino.
Il designer Hai Ng ha invece pensato di rendere il software più divertente. Secondo il suo progetto, lo schermo del computer **segnalerà/avrà segnalato** l'arrivo delle e-mail con l'immagine di alcune gocce d'acqua. Se entro un certo tempo non le **leggeremo/avremo lette**, allora **vedremo/avremo visto** una tempesta di pioggia apparire sul nostro desktop.
Dentro l'ufficio moderno, e soprattutto del futuro, ci **sarà/sarà stata** quindi una tempesta di sensazioni. L'idea di "Workspheres" è insomma quella di ristabilire un dialogo tra le persona e le cose e di ridimensionare la tecnologia con uno spazio umano e casalingo.

(adapted from "La Repubblica online")

Each correct verb scores 2 points. **Total:_____/14**

2 FUTURE, FUTURE PERFECT AND PERFECT CONDITIONAL.
Choose the correct form of the verb.

■ Fabio hai visto Piero?
▲ No, perché? Non è in casa?
■ No. Ma dove **andrà/sarà andato**! Mi ha detto che **sarebbe venuto/verrà** verso le 5.00 e sono quasi le 6.00!
▲ Ma perché? Che cosa dovete fare di tanto urgente?
■ Abbiamo prenotato il campo da tennis per le 6.30. Dobbiamo allenarci. Sabato prossimo **parteciperemo/avremo partecipato** a un torneo importante.
▲ **Sarebbe/Sarà** già al campo, allora. Perché non gli telefoni sul cellulare?
■ Hai ragione. Lo **farò/avrò fatto** subito.

Each correct verb scores 2 points. **Total:_____/10**

3 COMPARATIVES AND SUPERLATIVES.
Choose the correct form of the comparatives and superlatives.

Aprile dolce dormire

Una volta si diceva che la primavera era la stagione **migliore/maggiore** per l'amore, ma ora, quando comincia a fare un po' più caldo, gli italiani, più **che/di** innamorarsi, vanno in crisi. Il mensile Riza Psicosomatica infatti ha fatto un'inchiesta su quasi 1000 italiani adulti e ha scoperto che gli italiani d'inverno si sentono meno esauriti **che/di** in primavera, e questo tipo di esaurimento sembra colpire 1 italiano su 10. Le donne si sentono più stanche e stressate **che gli/degli** uomini e danno la colpa più ai problemi familiari e agli aumenti dei prezzi **che alla/della** salute. Gli uomini, invece, si stressano un po' meno **che le/delle** donne e, quando lo fanno, danno quasi sempre la colpa alla partner, o agli insuccessi della squadra di calcio. Insomma, la stagione primaverile non è più **la più dolce/una più dolce** stagione dell'anno, ma solo **la più stressante/una più stressante**. Le persone più **esaurite/esauritissime** di tutte sono poi quelle fra i 25 e i 35 anni, mentre le più **calmissime/calme** sono quelle che hanno un'età **superiore/più superiore** ai 60 anni. Quali sono le soluzioni? Sicuramente i **migliori/più migliori** rimedi sono quelli del buon senso: passare più tempo all'aria aperta e prendere più vitamine.

((adapted from "La Repubblica")

Each correct answer scores 2 points. **Total:______/24**

4 THE RELATIVE PRONOUNS *CHE* AND *CUI*.
Complete the text with the relative pronouns from the list.

che **che** **che** **che** **chi** **a cui** **di cui** **in cui** **in cui** **in cui**

La scuola italiana

Il numero dei bambini stranieri nelle scuole italiane è in continuo aumento, questo può creare dei problemi in classi ______ i bambini parlano lingue diverse e non si capiscono fra loro. In alcune province italiane, ______ ci sono comunità molto estese di immigrati, si ha una situazione paradossale: ______ ha problemi di inserimento non è il bambino immigrato, ma quello italiano, perché nelle classi la maggioranza dei bambini è straniera. Naturalmente le situazioni di inserimento di bambini stranieri nelle classi italiane sono molto diverse: i bambini più piccoli, per esempio, ______ sono più aperti alle nuove realtà e hanno meno difficoltà con una nuova lingua, si inseriscono molto più facilmente. Mentre i ragazzi un po' più grandi, ______ spesso hanno vissuto esperienze molto difficili nei loro paesi, difficilmente legano con i compagni italiani. Una delle idee proposte dal Ministero degli Esteri, ______ dovrebbe servire a facilitare i contatti con i bambini stranieri, introduce dei minicorsi di lingue straniere, ______ i bambini italiani possono imparare alcune parole delle lingue dei bambini immigrati ______ sono nella loro classe e arrivare a capire un po' meglio la loro realtà. Un altro progetto, ______ si è molto parlato ultimamente, prevede l'introduzione nelle scuole di una nuova figura professionale, il mediatore culturale, ______ l'insegnante potrebbe rivolgersi per la soluzione di tutti i problemi legati all'integrazione.

Each correct pronoun scores 2 points. **Total: ______/20**

5 PRESENT PERFECT, IMPERFECT, PAST PERFECT.

Put the verbs in the correct tense: present perfect, imperfect or past perfect.

1. Ieri sono andato da Anna ma non l' *(trovare)* [ ] in casa perché *(uscire)* [ ].
2. Siamo andati al ristorante con Anna e Marco, ma loro *(mangiare)* [ ] solo un dolce perché *(cenare)* [ ] già a casa.
3. Ieri sera Paolo e Ignazio sono andati al cinema, Laura *(rimanere)* [ ] a casa perché *(vedere)* [ ] già quel film.
4. Leo non ha risposto al telefono perché *(dormire)* [ ].
5. Teresa mi ha visto ma non mi *(salutare)* [ ].
6. Prima di ieri non *(vedere)* [ ] mai così tanta neve!
7. Ieri non sono andato al lavoro perché non *(stare)* [ ] bene la notte prima.

Each correct verb scores 3 points. **Total:________/30**

6 INFORMAL IMPERATIVE

Put the verbs into the informal imperative *(tu)* with or without pronouns.

Le 10 regole contro lo stress

Ecco 10 regole d'oro che ti aiutano a combattere lo stress.

1. *(Affrontare)* [ ] la realtà. Se sei stressato perché non trovi lavoro, non *(nascondersi)* [ ] dietro una scusa e *(cercare)* [ ] di capire perché non assumono te.
2. Se la causa dello stress è il lavoro troppo difficile, allora *(chiedersi)* [ ] se sei davvero preparato per quel posto.
3. *(Imparare)* [ ] a delegare e *(semplificarsi)* [ ] la vita.
4. Certe volte è importante saper dire "no". *(Dirlo)* [ ] più spesso.
5. Se il tuo corpo ti chiede attenzione, *(dedicargli)* [ ] più tempo e *(fare)* [ ] un po' di attività fisica ogni giorno.
6. *(Parlare)* [ ] dei tuoi problemi con un amico o un'amica.
7. Se hai delle cose noiose da fare, *(farle)* [ ] subito.
8. Non *(avere)* [ ] sensi di colpa.
9. *(Scegliere)* [ ] solo quello che vuoi veramente.
10. *(Imparare)* [ ] a pensare positivo.

(adapted from the website www.margherita.net)

Each correct verb scores 3 points. **Total: ________/42**

TAKE YOUR NOTES

Forms of the present subjunctive

■ *The present subjunctive is formed from the present indicative.*

Sembra che loro **partano** domani.
Dicono che lui **perda** facilmente la pazienza.
È possibile che domani **ci vediamo**.

■ *The 1st, 2nd and 3rd persons singular of the present subjunctive have the same ending.*

Si dice che io parl**i** bene il tedesco.
Credo che lei parl**i** bene il tedesco.
Mi pare che tu parl**i** bene il tedesco.

■ *The verbs which are irregular in the present indicative nearly always have the same type of irregularity in the present subjunctive. For example:*

capisco > ***capisca***
faccio > ***faccia***
vado > ***vada***

Sebbene non **capisca** molto di arte, mi piace andare nei musei.
Mi pare che oggi **faccia** più freddo.
Mio padre vuole che **vada** a casa presto.

■ *The verbs ending in **-care** and **-gare** add an **-h-** before the subjunctive ending.*

Voglio che tu **paghi** il conto!
Pretendono che **cerchiamo** un altra casa.

Present subjunctive - regular verbs			
	am-**are**	ved-**ere**	apr-**ire**
io	am-**i**	ved-**a**	apr-**a**
tu	am-**i**	ved-**a**	apr-**a**
lui/lei/Lei	am-**i**	ved-**a**	apr-**a**
noi	am-**iamo**	ved-**iamo**	apr-**iamo**
voi	am-**iate**	ved-**iate**	apr-**iate**
loro	am-**ino**	ved-**ano**	apr-**ano**

Present subjective - irregular verbs					
	essere	**avere**	**dare**	**stare**	**andare**
io	**sia**	**abbia**	**dia**	**stia**	**vada**
tu	**sia**	**abbia**	**dia**	**stia**	**vada**
lui/lei/Lei	**sia**	**abbia**	**dia**	**stia**	**vada**
noi	**siamo**	**abbiamo**	**diamo**	**stiamo**	**andiamo**
voi	**siate**	**abbiate**	**diate**	**stiate**	**andiate**
loro	**siano**	**abbiano**	**diano**	**stiano**	**vadano**
	venire	**volere**	**potere**	**dovere**	**sapere**
io	**venga**	**voglia**	**possa**	**debba/deva**	**sappia**
tu	**venga**	**voglia**	**possa**	**debba/deva**	**sappia**
lui/lei/Lei	**venga**	**voglia**	**possa**	**debba/deva**	**sappia**
noi	**veniamo**	**vogliamo**	**possiamo**	**dobbiamo**	**sappiamo**
voi	**veniate**	**vogliate**	**possiate**	**dobbiate**	**sappiate**
loro	**vengano**	**vogliano**	**possano**	**debbano/devano**	**sappiano**

Forms of the past subjunctive

Pare che Susi **sia** già **partita**.
Spero che tu **ti sia divertito**.

- *The past subjunctive is formed with the* ***present subjunctive*** *of* ***avere*** *and* ***essere*** *and the* ***past participle*** *of the verb.*

Past subjunctive (present subjunctive of *avere* or *essere* + past participle)		
io	**abbia parlato**	**sia andato/a**
tu	**abbia parlato**	**sia andato/a**
lui/lei/Lei	**abbia parlato**	**sia andato/a**
noi	**abbiamo parlato**	**siamo andati/e**
voi	**abbiate parlato**	**siate andati/e**
loro	**abbiano parlato**	**siano andati/e**

EXERCISES

1 Complete the conjugation of the present subjunctive.

a. regular verbs

	parlare	scrivere	partire	capire
io	parli	scriva	parta	capisca
tu	parli	scriva	parta	capisca
lui/lei/Lei	parli	scriva	parta	capisca
noi	parliamo	scriviamo	partiamo	capiamo ~~capisciamo~~
voi	parliate	scriviate	partiate	capiate
loro	parlino	scrivano	partano	capiscano

b. irregular verbs

	essere	stare	pagare	fare	rimanere	andare
io	sia	stia	paghi	faccia	rimanga	vada
tu	sia	stia	paghi	faccia	rimanga	vada
lui/lei/Lei	sia	stia	paghi	faccia	rimanga	vada
noi	siamo	stiamo	paghiamo	facciamo	rimaniamo	andiamo
voi	siate	stiate	paghiate	facciate	rimaniate	andiate
loro	siano	stiano	paghino	faccino	rimangano	vadano

2 Chose the correct form of the present subjunctive.

Giulia, una studentessa di biologia, racconta a Roberta quello che le è successo ieri.

- Ieri, mentre aspettavo l'autobus, mi si è avvicinato un uomo molto ben vestito e mi ha detto: "Scusi, Lei è una modella?"
- Ma dai! E tu cosa hai risposto?
- Gli ho detto di no, naturalmente e lui ha aggiunto: "Non è possibile che Lei **~~siate~~/sia** una studentessa! È troppo bella! Penso proprio che Lei **~~devi~~/deva** iniziare la carriera di modella!"
- Che bello! Spero che un giorno **succeda/~~succede~~** anche a me!
- Io invece non mi sono fidata e ho risposto: "Mi dispiace, ma non credo proprio che questo tipo di carriera **vada/~~vado~~** bene per me. In questo momento mi sembra che **~~sii~~/sia** più importante che io **~~finisce~~/finisca** l'università". Poi mi sono preparata per prendere l'autobus, che stava arrivando.
- E lui cosa ha detto?
- Mi ha guardata un po' sorpreso e ha detto: "Ho capito. Lei non sa davvero cosa si è persa. Crede forse che io **fermi/~~ferma~~** tutte le ragazze che vedo? Io sono un professionista! Lavoro anche per *Playboy*!" Poi se ne è andato, offeso.
- *Playboy*? Allora ho capito bene a che tipo di modella pensava!

3 Put the verbs into the present subjunctive.

Paola e Serena parlano del nuovo lavoro di Serena.

■ Sai Serena, non credo che tu *(fare)* [faccia] bene ad accettare quel lavoro.

● Perché? Mi pare che *(essere)* [sia] un ottimo lavoro. Sono sicura che mi troverò bene.

■ Dicono che il direttore non *(essere)* [sia] una persona molto corretta e che *(cercare)* [cerchi] di sfruttare i dipendenti il più possibile senza dargli respiro.

● Mah, vedremo. Forse hai ragione, ma prima di giudicare voglio provare. Se il capo pensa che io *(essere)* [sia] una persona senza carattere, dovrà cambiare idea.

■ Sai che ho degli amici al sindacato. Se hai dei problemi, prima che tu *(decidere)* [decida] di fare qualcosa, voglio che tu *(parlare)* [parli] con me e con un rappresentante del sindacato. D'accordo?

● Ok Paola. Grazie del consiglio.

4 Complete the sentences with the verbs in the past subjunctive, as shown in the example.

1. "Che ne pensi del film?" "Credo che sia il film più bello che io *(vedere)* [abbia] mai [visto]!"
2. "Dove è andato lo zio?" "Penso che *(partire)* [sia] [partito]."
3. "Perché non inviti anche Anna stasera?" "Perché, sebbene *(tornare)* [sia] [tornata] in Italia, non penso che sia in città."
4. "Hai portato da bere?" "No, credo che ci *(pensare)* [~~abbiamo~~ abbiano] [pensato] Claudio e Andrea."
5. "Hai visto quanta neve c'è?" "Sì, sembra che *(nevicare)* [~~ha~~ abbia] [nevicato] tutta la notte."
6. "Povero Tiziano! Hai sentito che gli è successo?" "Sì, mi dispiace che Lucia lo *(lasciare)* [abbia] [lasciato]."
7. "Chi ha spento il gas?" "Pare che l' *(spegnere)* [abbia] [~~spegnato~~ spento] Sergio."
8. "Gianna e Pino sono una bella coppia." "Sì, sono contento che *(sposarsi)* [si siano] [sposati]."

Sequence of the present and past subjunctive

main clause	dependent clause
Immagino che ... / Immaginerò che ... / Immagina che ...	**lui parta/partirà domani.**
	lui parta/stia partendo in questo momento.
	lui sia partito ieri.

After a main clause with a verb in the present indicative tense, in the future or in the imperative we use:

a) the present subjunctive or the future indicative if we wish to express a later action;

b) the present subjunctive or the present continuous subjunctive if we wish to express a simultaneous action;

c) the past subjunctive to express a prior action.

EXERCISES

1 Complete this letter to an Italian newspaper with the verbs from the list.

abbia | **abbia deciso** | **abbia ereditato** | **faccia** | **possa** | **si allontani** | **si sia innamorata** | **si trasferisca** | **vada**

Genitori e figli

Sembra che mia figlia ______ di un ragazzo che non vale niente. A me e mio marito pare che lui ______ poca voglia di lavorare e non ______ nessun progetto serio di vita.
Inoltre, sembra che qualche tempo fa questo ragazzo ______ alcuni milioni dalla nonna e che ______ di mettere su casa. Nostra figlia naturalmente lo ha aiutato ad arredare e a preparare l'appartamento e io mi aspetto che quanto prima ci ______ anche lei.
Ecco il punto: mio marito non vuole che nostra figlia ______ a vivere con lui e per questo adesso in casa ci sono continue discussioni. Mio marito è un tipo molto autoritario, crede che nostra figlia ______ cambiare idea con le minacce, ma io invece temo che in questo modo lei ______ sempre di più da noi. Che posso fare?

2 Put the verbs into the subjunctive (present or past) and complete Sergio's story.

Pare che...

1. Pare che Sergio *(volere)* ______ lasciare la città al più presto.
2. Sembra che ieri *(tornare)* ______ prima da un viaggio di lavoro.
3. Si dice che, quando è entrato in casa, *(trovare)* ______ la moglie con un altro uomo.
4. Così sembra che Sergio *(prendere)* ______ a pugni quell'uomo e lo *(buttare)* ______ fuori di casa a calci.
5. Dicono che l'uomo che era con la moglie di Sergio *(essere)* ______ il figlio di uno dei boss mafiosi della zona: Don Vito.
6. Pare che a Don Vito non *(piacere)* ______ la reazione di Sergio.
7. Ora si teme che Don Vito *(potere)* ______ pagare un killer per uccidere Sergio.

3 Put the verbs into the present or past subjunctive.

Dallo psicanalista, Tommaso parla dei suoi problemi con le donne.

"Caro dottore, mi domando continuamente come e perché *(succedere)* ______ quello che è successo. Non capisco proprio. Io l'ho amata, ho fatto tutto per lei. Quella con mia moglie Laura è stata la relazione più importante che io *(avere)* ______ mai ______!

Anche più importante di Angela, che è la donna più bella che io *(conoscere)* ______ mai ______. E più di Teresa, che è una donna importante, in carriera e molto intelligente.

Non capisco perché mia moglie mi *(lasciare)* ______. Forse non le piace la mia abitudine di raccontare agli amici le avventure che ho durante il matrimonio. Ma fra noi uomini queste cose si fanno, no? Per un uomo è importante che gli amici lo *(considerare)* ______ un uomo di successo, nel lavoro e con le donne!

O forse non mi ha mai perdonato il fatto che io la *(tradire)* ______ con la sua migliore amica. Ma è successo solo una volta! O due? Non ricordo esattamente, ma non è importante e comunque non capisco proprio chi glielo *(dire)* ______!

Che dice dottore, che devo fare? Pensa che *(essere)* ______ una buona idea se le telefono e le dico che la amo? Forse potrei comprarle un bel mazzo di fiori, o potrei portarla in vacanza a Parigi. Sì, sì. Farò proprio così, dottore.

È meglio però che *(sbrigarsi)* ______, anche perché ho invitato dei partner di affari a cena per la fine del mese e mi fa piacere che loro *(vedere)* ______ com'è bella mia moglie, voglio che *(ammirare)* ______ un uomo che ha una donna che si dedica solo alla casa e a lui e che è anche un'ottima cuoca.

La chiamo subito al cellulare, allora. Spero solo che mi *(rispondere)* ______ e mi *(ascoltare)* ______."

25 Subjunctive

Forms of the imperfect subjunctive

Credevo che lei **parlasse** bene il tedesco.
Pensavo che tu non **bevessi** il vino.
Nostro padre non voleva che noi **dormissimo** troppo.

- *Normally the imperfect subjunctive is formed from the imperfect indicative.*

Carlo pensava che io part**issi** alle 4.
Carlo pensava che tu part**issi** alle 4.

- *The 1st and the 2nd persons singular of the imperfect subjunctive have the same ending.*

Imperfect subjunctive - regular verbs			
	am-are	**ved-ere**	**apr-ire**
io	**am-assi**	**ved-essi**	**apr-issi**
tu	**am-assi**	**ved-essi**	**apr-issi**
lui/lei/Lei	**am-asse**	**ved-esse**	**apr-isse**
noi	**am-assimo**	**ved-essimo**	**apr-issimo**
voi	**am-aste**	**ved-este**	**apr-iste**
loro	**am-assero**	**ved-essero**	**apr-issero**

Imperfect subjunctive - irregular verbs			
	essere	**dare**	**stare**
io	**fossi**	**dessi**	**stessi**
tu	**fossi**	**dessi**	**stessi**
lui/lei/Lei	**fosse**	**desse**	**stesse**
noi	**fossimo**	**dessimo**	**stessimo**
voi	**foste**	**deste**	**steste**
loro	**fossero**	**dessero**	**stessero**

Forms of the past perfect subjunctive

Nonostante **avesse piovuto** molto, il terreno era asciutto.
Speravo che tu **ti fossi divertito**.
Pareva che Susi **fosse** già **partita**.

- *The past perfect subjunctive is formed with the* ***imperfect subjunctive*** *of* ***avere*** *or* ***essere*** *plus the* ***past participle*** *of the verb.*

Past perfect subjunctive (past perfect subjunctive of *avere* or *essere* + past participle)		
io	**avessi parlato**	**fossi andato/a**
tu	**avessi parlato**	**fossi andato/a**
lui/lei/Lei	**avesse parlato**	**fosse andato/a**
noi	**avessimo parlato**	**fossimo andati/e**
voi	**aveste parlato**	**foste andati/e**
loro	**avessero parlato**	**fossero andati/e**

EXERCISES

1 Complete the conjugation of the imperfect subjunctive.

	parlare	scrivere	partire	capire	essere	stare	dare
io							
tu			*partissi*			*stessi*	
lui/lei/Lei		*scrivesse*		*capisse*			
noi					*fossimo*		
voi	*parlaste*						*deste*
loro							

2 Choose the correct form of the imperfect subjunctive.

Roberta racconta cosa le ha detto Giulia.

"Giulia mi ha detto che ieri, mentre aspettava l'autobus, le si è avvicinato un uomo molto ben vestito che le ha chiesto se lei **fossi/fosse** una modella. Lei naturalmente ha risposto di no, ma l'uomo ha insistito e le ha detto che non poteva credere che una ragazza bella come lei **si accontentaste/si accontentasse** di fare la studentessa e che lui pensava proprio che **dovesse/dovessi** iniziare la carriera di modella. Giulia gli ha risposto che non credeva che quel tipo di carriera **andasse/andrebbe** bene per lei e che le sembrava più importante finire l'università. L'uomo allora l'ha guardata sorpreso e le ha detto che non si aspettava proprio che lei non lo **prendessi/prendesse** sul serio e **decideste/decidesse** di perdere un'occasione del genere. Poi le ha detto che lui lavorava per *Playboy* e se ne è andato offeso. Giulia allora ha capito che tipo di foto si aspettava che lei **facessi/facesse** ed è stata contenta di non averlo ascoltato."

3 Put the verbs into the imperfect subjunctive.

I sogni di Lietta

Vorrei tanto che lui *(essere)* ______ gentile e generoso, che mi *(trattare)* ______ bene e mi *(comprare)* ______ il mio piatto preferito: ossi misti con salsa! Mi piacerebbe che mi *(portare)* ______ al parco in centro, perché lì ho molti amici e mi diverto di più che a quello nella piazza dietro casa. Vorrei che mi *(lavare)* ______ solo quando ne sento il bisogno e che mi *(fare)* ______ le coccole ogni volta che glielo chiedo. Magari mi *(comprare)* ______ anche un gatto con cui litigare e da rincorrere per la casa! Purtroppo non lo farà mai, però non posso lamentarmi perché almeno mi fa stare in casa con lui e qualche volta mi fa anche salire sul letto.

Lietta

4 **Complete the sentences with the verbs from the list.**

aveste avuto | **avessimo bevuto** | **avessi chiamato** | **avessi fatto** | **avesse nevicato** | **avessero vinto** | **fosse stato** | **fosse partito** | **fossi andato**

1. Non sapevo che tu mi ________ in ufficio, la mia segretaria non me l'ha detto.
2. Pensavo che Claudio ________ già ________, per questo non l'ho invitato alla festa.
3. Nonostante ________ un po' troppo, ci sentivamo benissimo.
4. Malgrado ________ tutta la notte, non faceva molto freddo.
5. Non ho pagato l'affitto perché credevo che lo ________ tu!
6. Non li avevo mai visti così contenti, sembrava che ________ la lotteria.
7. Si diceva che da giovane ________ un uomo molto ricco e importante, ma lui non amava parlare del suo passato.
8. Credevamo che tu ________ già ________ a letto, per questo parlavamo così piano.
9. Siccome non arrivavate, temevamo che ________ un incidente.

Sequence of the imperfect subjunctive and the past perfect subjunctive

main clause	*dependent clause*
Ho immaginato che... Immaginavo che... Avevo immaginato che... Immaginai che... Immaginerei che... Avrei immaginato che ...	→ **lui partisse/sarebbe partito più tardi.** → **lui partisse quel giorno.** → **lui fosse partito il giorno prima.**
Immagino che...	→ **lui ieri sera fosse stanco.** *(sensation)* → **tu da bambino andassi spesso al mare.** *(habit)* → **domenica facesse molto freddo in montagna.** *(description of weather)*

Following a main clause with a verb in the past tense or in the conditional tense we use:

a) the imperfect subjunctive or the perfect conditional to express a later action;

b) the imperfect subjunctive to express a simultaneous action;

c) the past perfect subjunctive to express a prior action.

d) Sometimes we can use the imperfect subjunctive even after a main clause in the present indicative tense, to express a action which is typical of the imperfect indicative (sensation, habit, description of weather, etc).

1 Choose the correct form of the verbs.

1. Non credevo che nel nord Italia di solito **facesse/avesse fatto** così freddo.
2. Mia madre voleva che **facessi/avessi fatto** l'infermiera, invece sono diventata un'ingegnere nucleare.
3. Sarebbe stato meglio che **venissi/fossi venuto** anche tu ieri sera; c'era bisogno di qualcuno che parlasse l'inglese.
4. Mi piacerebbe che mio figlio **studiasse/avesse studiato** il latino quando andrà a scuola.
5. Quando finalmente sembrava che Piero e Angela **potessero/avessero potuto** andare in vacanza, lui si è ammalato.
6. Quando l'abbiamo vista piangere, abbiamo pensato che il marito la **lasciasse/avesse lasciata**.
7. Immaginavamo che Aldo **fosse arrivato/sarebbe arrivato** col treno, per questo siamo andati alla stazione ad aspettarlo.
8. Voglio che tu **dica/dicessi** tutta la verità.
9. Vorrei che tu **dicessi/abbia detto** tutta la verità.
10. Si diceva che dieci anni prima quell'uomo **uccidesse/avesse ucciso** la moglie per gelosia.

2 Put the verbs in brackets into the imperfect subjunctive or the past perfect subjunctive.

Anna racconta ad un'amica i problemi che ha avuto l'altro giorno.

"Senti un po' che mi è successo! Sono davvero sfortunata! L'altro giorno sono uscita per andare al lavoro, avevo una riunione importante e ho preso il mio computer portatile per usarlo per la mia presentazione. Mio figlio lo aveva usato la sera prima e io credevo che lo *(rimettere)* ______ a posto come lo aveva trovato, quindi non ho controllato prima di uscire. Quando sono arrivata in ufficio mi sono accorta che mancavano proprio i cavi di cui avevo bisogno per la presentazione! Naturalmente il capoufficio, che si aspettava che io *(avere)* ______ tutto sotto controllo, non ha reagito molto bene ma mi ha dato due ore per tornare a casa a prendere i cavi e mi ha detto che voleva che *(essere)* ______ di ritorno per mezzogiorno, perché avrebbe cercato di spostare la riunione. Sono corsa a casa, ma una volta entrata in giardino mi sono accorta che avevo dimenticato le chiavi in casa! Ho suonato il campanello, infatti pensavo che la colf *(essere)* ______ ancora in casa e che *(venire)* ______ ad aprirmi la porta. Invece se ne era già andata. Allora ho sperato che la colf *(lasciare)* ______ aperta la finestra dello stanzino sul retro. Qualche volta la lascia aperta per cambiare aria. Ho avuto fortuna! Con molta difficoltà, visto che avevo un tailleur da lavoro e le scarpe alte, sono riuscita ad entrare dalla finestra, sono scesa sulla lavatrice e mi sono trovata finalmente nello stanzino! Che fortuna! Ma quando sono andata ad aprire la porta sono rimasta bloccata! Non mi aspettavo che *(essere)* ______ chiusa! Sicuramente la colf l'aveva chiusa perché non *(entrare)* ______ estranei in casa! E io ero bloccata dentro! E non ce la facevo a uscire di nuovo dalla finestra! Mi sono dovuta sedere davanti alla lavatrice ad aspettare che *(rientrare)* ______ qualcuno. Quando mio marito finalmente è tornato dal lavoro e mi ha sentito battere alla porta dello stanzino, si è preoccupato perché pensava che qualcuno *(entrare)* ______ in casa! Poi mi ha aperto e ha riso per una settimana, pensando a quello che era successo. Il mio capo, invece, il giorno dopo, ha riso molto meno..."

Use of the subjunctive

■ *Normally the subjunctive is used in* ***dependent*** *clauses. In particular it is used following verbs or expressions which indicate:*

a) opinions or situations of which one is not completely certain. For example, with verbs or expressions such as ***pensare, credere, non essere sicuro, si dice, è possibile, è probabile,*** *etc.*

Penso che Anna **sia** malata.
Credo che tu **parli** troppo.
Non sono sicura che Carlo **sia partito**.
Si dice che Paola **sia** incinta.
Dicono che si **mangi** bene là.
È possibile che Aldo **sia** a casa.

b) wishes or moods. For example, with verbs or expressions such as ***sperare, essere contento, essere felice,*** *etc.*

Spero che il treno **arrivi** in tempo.
Sono contento che non **piova**.

c) preferences. For example, with verbs and expressions such as ***volere, preferire, bisogna, è meglio, è preferibile,*** *etc.*

Voglio che tu **venga** con me.
Preferisco che loro non **mangino** qui.
Bisogna che loro **telefonino** in tempo.
È meglio che tu non **entri**.

■ *The subjunctive is also used after some particular words:*

a) ***sebbene, nonostante, senza che, prima che, a patto che, a condizione che, a meno che, qualunque;***

Sebbene piovesse sono andata lo stesso al concerto.
Nonostante lui non **mi piaccia** molto, penso che andrò alla sua festa.
Ho capito la situazione **senza che** tu mi **dicessi** niente.
Voglio telefonargli **prima che esca** di casa.
Ti presto la gonna **a patto che** tu me la **renda** il prima possibile.
Domani dovrei partire, **a meno che** non **succeda** qualcosa di grave.
Qualunque cosa **faccia**, io do ragione a lui.

b) ***affinché*** *and* ***perché*** *with the meaning of "for the purposes of", "in order to";*

Le ho comprato un biglietto aereo **affinché se ne vada**.
Gli ho dato quel libro **perché lo leggesse**.

■ *When the subject of the dependent clause is the same as the subject of the main clause, the* ***infinitive*** *is used, not the subjunctive.*

Piero crede che lui (Piero) parli molto bene l'inglese. *(incorrect)*
Piero crede **di parlare** molto bene l'inglese. *(correct)*
(io) **Vorrei** che (io) rimanessi ancora un po'. *(incorrect)*
Vorrei **rimanere** ancora un po'. *(correct)*

■ *Sometimes the subjunctive is found also in* ***main clauses.*** *In these cases it can have two meanings:*

a) ***to express a doubt*** *and it takes an interrogative form;*

Strano che Lucia non sia venuta! Che **stia** male?
Guarda com'è ingrassata Anna! Che **sia** incinta?

b) ***to express a wish.***

Ah! Se **avessi** ancora 20 anni!
Magari **potessi** fare un mese di ferie!

ESERCIZI

1 Choose the correct verb.

Italiani al volante

Molti stranieri hanno un'impressione piuttosto negativa dei guidatori italiani. La maggior parte pensa che gli italiani **sono/siano/fossero** troppo spericolati e che non **rispettano/rispettino/rispettassero** le norme del traffico. Queste persone di solito hanno paura a guidare in Italia e **preferiscono/avevano preferito/preferiscano** prendere i mezzi pubblici o i taxi.
Gli italiani ridono di queste paure e assicurano che, nonostante il traffico italiano **sembra/sembri/sembrasse** caotico e pericoloso, ci sono pochissimi incidenti perché tutti **hanno/abbiano/abbiano avuto** dei riflessi prontissimi e **sono/siano/siano stati** ottimi guidatori. Uno studio del Gruppo Zurigo insieme all'Università Statale di Milano rivela invece che i giovani **guidano/guidino/guidassero** male, anche se credono **che siano/che fossero/di essere** dei supereroi. Infatti sembra che i ragazzi italiani **conoscono/conoscano/conoscessero** il codice della strada ma non lo **rispettano/rispettino/abbiano rispettato**. Non è raro che gli automobilisti **hanno/abbiano/avessero** una buona conoscenza delle leggi ma **decidono/decidano/decidere** di non osservarle, seguendo un regolamento "fai da te".
Dall'analisi delle risposte al questionario dato dal Gruppo Zurigo si vede che il 96% degli intervistati pensa che la sicurezza stradale **dipende/dipenda/fosse dipesa** dalle proprie condizioni psicofisiche. Quasi tutti dichiarano che è indispensabile, prima di salire in auto, **stanno/stiano/stare** bene e **sono/siano/essere** lucidi. Ma non lo fanno sempre. Solo il 2% pensa **che sia/che sia stato/di essere** un guidatore "rigoroso e attento" mentre il 48% si giudica "flessibile e alterno". In particolare gli uomini si ritengono molto competenti e i giovani tra i 18 e i 25 anni **hanno/hanno avuto/abbiano** troppa fiducia in sé. Dal questionario inoltre risulta che i guidatori migliori **sono/siano/siano state** le persone dai 41 ai 60 anni e che le donne **sono/siano/siano state** più attente degli uomini.

(adapted from "Famiglia Cristiana")

2 Complete the sentences with the words on the list, as shown in the example.

ho creduto | **voglio** | **è meglio che** | **prima che** | **vorrei** | **sono contenta che**
sebbene | **mi dispiace** | **è giusto** | **si dice** | **a condizione che**

1. Signorina, [*voglio*] che mi dia la lista degli appuntamenti del giorno.
2. [ ] piovesse già da due ore, abbiamo deciso di fare una passeggiata nel parco.
3. Ho deciso che accetterò quel lavoro, [ ] mi diano la possibilità di avere un orario flessibile.
4. Se vuoi prendere quel treno [ ] tu vada subito a fare il biglietto, è già tardi.
5. Oddio che figuraccia! Ho incontrato Luca con la sua donna e [ ] che fosse sua madre!
6. Scusa il ritardo, il traffico era davvero tremendo oggi! [ ] che tu mi abbia dovuto aspettare qui al freddo!
7. Gli hanno dato l'ergastolo e se lo è davvero meritato. [ ] che paghi per quello che ha fatto!
8. [ ] che Babbo Natale mi portasse una bicicletta rosso fiammante!
9. Hai sentito dell'ingegner Pilluzzi? [ ] che sia scappato con la segretaria!
10. [ ] Piero abbia avuto quel lavoro. Era certamente il candidato più qualificato.
11. Forse dovresti telefonare a tua madre [ ] si preoccupi troppo!

3 **Choose the sentences which are grammatically correct. The letters relevant to the sentences will give you the name of the South American country which has the most Italian immigrants.**

1. Ultimamente gli italiani che vivono all'estero abbiano chiesto il diritto di essere rappresentati politicamente in Italia. **B**
2. Tra la fine dell'800 e i primi del '900 gli italiani andavano specialmente in America. **A**
3. Gli italiani in Uruguay dicono che siano anche loro campanilisti. **A**
4. Pare che molte comunità italiane all'estero richiedano scuole e dipartimenti universitari per studiare la lingua e la storia italiana. **R**
5. Sebbene vivano all'estero da molti anni i veneti in Uruguay pubblicano un giornale nel loro dialetto. **G**
6. La comunità italiana in Nuova Zelanda è la più piccola che ci sia: 1.600 persone. **E**
7. Alcuni argentini di origine italiana desiderano che loro vadano a vivere in Italia. **S**
8. Prima di lasciare l'Italia molti vivevano nelle campagne del meridione o nell'Italia nord-orientale. **N**
9. In Irlanda ci sono moltissimi italiani che vengono dal Lazio e vendono pesce e patate fritte. **T**
10. Sembra che molti italiani di terza generazione in America parlano il dialetto di origine dei loro bisnonni. **V**
11. La comunità italiana in Slovenia è ancora molto unita e parla correntemente italiano. **I**
12. Gli italiani che vivono in Slovenia vogliono che i loro diritti di minoranza linguistica siano riconosciuti. **N**
13. Sebbene siano negli Stati Uniti da molti anni, gli americani di origine italiana hanno mantenuto molte tradizioni italiane, culinarie, culturali e religiose. **A**

4 **Now correct the sentences in Exercise 3 which are wrong.**

1. Ultimamente gli italiani che vivono all'estero abbiano chiesto il diritto di essere rappresentati politicamente in Italia.

   ____

3. Gli italiani in Uruguay dicono che siano anche loro campanilisti.

   ____

7. Alcuni argentini di origine italiana desiderano che loro vadano a vivere in Italia.

   ____

10. Sembra che molti italiani di terza generazione in America parlano il dialetto di origine dei loro bisnonni.

   ____

5 **Put the verbs into the indicative or the subjunctive mode.**

Questa è la cronaca dal Festival di Venezia della giornalista tv Fabia Filmini.

"Buongiorno cari lettori, sono a Venezia, per il Festival del Cinema, una manifestazione conosciuta in tutto il mondo e frequentata dagli attori e dai registi più famosi. Nonostante nei giorni scorsi il tempo non *(essere)* ________ molto buono, Venezia è bella come sempre, e noi giornalisti *(essere)* ________ tutti qui ad aspettare l'arrivo di Gigì, la più amata attrice del momento! In un primo tempo si pensava che la diva *(arrivare)* ________ ieri mattina, invece così non è stato. Si dice che all'ultimo momento *(perdere)* ________ l'aereo. Qualcuno invece pensa che questo *(essere)* ________ solo un modo per far crescere l'attesa nel pubblico.
Ieri intanto *(arrivare)* ________ il regista Fellonis, che domani *(presentare)* ________ al festival un film molto magico e molto artistico, come sempre. Pare che gli attori non *(capire)* ________ niente del film nemmeno quando lo *(vedere)* ________. Ma tutti pensano che Fellonis *(essere)* ________ uno dei più grandi registi degli ultimi anni e che i suoi film *(essere)* ________ delle opere d'arte. Intanto si dice che l'attore australiano Robin Cree *(stare)* ________ per sposare l'attrice Meg Ford che *(lavorare)* ________ con lui nell'ultimo film che *(fare)* ________ insieme. Ieri però Cree *(arrivare)* ________ a Venezia con una donna meravigliosa, che tutti pensano *(essere)* ________ troppo bella per essere solo la sua assistente personale. Povera Meg!
Da Venezia è tutto. Un saluto da Fabia Filmini."

Polite imperative (addressing people formally)

Vuole la farmacia più vicina? **Guardi, vada** sempre dritto, **attraversi** la piazza e vedrà la farmacia a sinistra.
Scusi, **non fumi** qui per favore. È vietato.

- *The forms of the polite imperative are the same as the present subjunctive.*

Signori, **parlino** più piano, per favore. *(Loro)*
Signori, **parlate** più piano, per favore. *(Voi)*

- *In order to express the formal imperative plural we can use the 3rd person plural of the subjunctive (**Loro**). This form is not, however, very common. More popular is the 2nd person plural of the informal imperative (**Voi**).*

Signora, quell'acqua non è buona, non **__la__ beva**!
Prego signore, **__si__ accomodi**.

- *In the polite imperative the pronouns always precede the verbs.*

Polite imperative			
	am-**are**	ved-**ere**	apr-**ire**
Lei	am-**i**	ved-**a**	apr-**a**
Loro	am-**ino**	ved-**ano**	apr-**ano**

EXERCISES

1 Match the phrases, as shown in the example.

a. Ho una gran fame!
b. Ho bisogno di soldi.
c. Ho un terribile mal di testa.
d. Sono ingrassato.
e. Perdo sempre quando gioco a carte.
f. Ho perso il cane.
g. Lavoro troppo.
h. Odio il Natale!
i. Ho paura di prendere l'aereo.
l. Fumo troppo.

1. Prenda il treno.
2. Metta un annuncio sul giornale.
3. **Mangi un panino.**
4. Passi dicembre in un paese musulmano.
5. Chieda un prestito a una banca.
6. Provi con i cerotti anti-fumo.
7. Prenda un'aspirina.
8. Smetta di giocare.
9. Si prenda una vacanza.
10. Cominci a fare un po' di sport.

2 Put the verbs into the polite imperative tense *(Lei)*.

Dal parrucchiere

■ Buongiorno signora, mi *(dire)* [dica].
● Vorrei cambiare stile, questo colore e questo taglio non mi piacciono più.
■ Mi *(seguire)* [segua], ci penso io. *(Venire)* [venga], *(sedersi)* [ ] qui. Ecco. Allora vediamo un po'.
● Mi piacerebbero più corti e magari anche più chiari, che ne pensa?
■ *(Guardare)* [guardi] questo taglio qui, corto e giovanile, che ne dice?
● Uhm... forse è troppo corto, non credo che mi starebbe bene.
■ Allora magari una media lunghezza... Per il colore *(guardare)* [guardi] questo biondo qui.
● No. Troppo biondo.
■ *(Farsi)* [ ] consigliare da me signora. Questa tonalità di colore le starebbe benissimo.
● Mah non lo so... e perché non rossi?
■ Va bene. Le piace questo rosso? Lo *(provare)* [provi], non è niente male.
● No, no. Ci ho ripensato. Questo rosso proprio no. Forse è meglio tenere il colore che ho.
■ Come vuole signora. E la lunghezza?
● Li voglio sicuramente tagliare. Così sono troppo lunghi.
■ Li tagliamo fino alle orecchie?
● No, troppo corti.
■ Alle spalle?
● No, sempre troppo corti... forse è meglio lasciarli come sono... mi stanno bene no? Mi *(dire)* [dica] che ne pensa.
■ Signora, *(fare)* [faccia] come vuole. Forse è meglio se a Lei ci pensa Alessandro. Alessandro!! Vieni qui a lavare i capelli alla signora!!

3 Rewrite the sentences, using the formal address (polite imperative), as shown in the example.

e.g. Smettila di mangiare dolci, ti fanno male! > [Smetti]
1. Non andare troppo veloce! Avrai un incidente. > [Non vada troppo veloce! Avrà un incidente]
2. Ascoltate con attenzione quello che dirà il relatore. > [Ascolti con attenzione quello che dirà il relatore]
3. Dove hai messo le chiavi? Dimmelo subito che ho fretta. > [Dove ha messo le chiavi?]
4. Mettiti quel vestito rosso, ti sta benissimo. > [Metta quel vestito rosso, le sta benissimo]
5. Non fate rumore, gli ospiti dell'albergo stanno dormendo. > [Non faccia rumore, gli ospiti dell'albergo stanno dormendo]
6. Metti un po' più di sale nella pasta. È insipida. > [metta un po' più di sale nella pasta. È insipida]
7. Chiudi la porta, per favore. > [Chiuda la porta, per favore]
8. Sedetevi qui. > [ ]
9. Aspettate, torno subito. > [Aspetti, torno subito]
10. Non telefonare all'estero a quest'ora. Costa troppo. > [Non telefoni all'estero a quest'ora. Costa troppo]

4 Put the verbs into the polite imperative form.

Aprile. Stefano Fini va a parlare con il proprietario di un ristorante per un posto di cameriere nei mesi estivi.

Proprietario - Buongiorno Signor Fini, *(entrare)* [entri] pure, *(accomodarsi)* [ ]. Finisco questa telefonata e sono subito da Lei.

Stefano - Grazie. *(Fare)* [faccia] con comodo.

Proprietario - Dunque. Lei vorrebbe lavorare nel mio ristorante per quest'estate... ha già esperienza come cameriere?

Stefano - *(Guardare)* [Guardi]. Io faccio il cameriere ogni estate, per guadagnare qualcosa per le vacanze. Ho lavorato in molti ristoranti della zona.

Proprietario - Vedo, vedo. Bene… *(Sentire)* [senta], noi abbiamo bisogno di una persona pulita, puntuale, naturalmente precisa e gentile, che lavori almeno 5 giorni alla settimana e sia pronta a fare straordinari.

Stefano - Questo non è un problema. Se vuole posso anche venire sei giorni alla settimana.

Proprietario - No, non importa. Non voglio che il personale sia troppo stanco. Anzi non *(preoccuparsi)* [ ], se ha bisogno di qualche ora libera, o di una mezza giornata, me lo *(dire)* [dica] pure, non ci saranno problemi! Per quanto riguarda la paga, noi paghiamo a fine mese e naturalmente *(tenersi)* [ ] pure tutte le mance che riesce a ottenere.

Stefano - Grazie. Mi pare che così vada benissimo. *(Preparare)* [Prepari] pure il contratto.

Proprietario - Benissimo. Sono sicuro che lavoreremo bene insieme.

5 Read the next episode of Stefano's story and decide whether to put the verbs into the informal imperative or the polite imperative.

Tre mesi dopo, luglio, in piena stagione.

Proprietario - Stefano! Dove sei? *(Venire)* [vieni] subito qui! Perché non sei venuto ad aiutare il cuoco domenica sera?

Stefano - Mah, signor Giovanni, Lei aveva detto che dovevo lavorare solo 5 giorni alla settimana, e mi ha fatto lavorare anche sabato!

Proprietario - E allora? Se c'è bisogno, c'è bisogno. *(Smettere)* [smetti] di lamentarti e *(darsi)* [ ] da fare, invece! Sai benissimo che qui c'è sempre bisogno e il povero cuoco non può fare tutto da solo!

Stefano - Ma io sono assunto come cameriere, non come aiuto cuoco. Non posso lavorare in cucina. Anzi, mi *(portare)* [porti] il contratto, che non l'ho ancora firmato!

Proprietario - *(Sentire)* [senti] caro mio, ti ho già detto che il contratto non ce l'ho. L'ho dato al commercialista*, che è in vacanza e non torna prima della fine di agosto. Che devo fare? *(Aspettare)* [aspetta]!

Stefano - E lo stipendio del mese di giugno? Anche quello ce l'ha il commercialista?

Proprietario - Non *(fare)* [fare] lo spiritoso adesso! Fino a quando il commercialista non mi porta la copia del contratto, non posso darti niente.

Stefano - Mi *(dire)* [dica] signor Giovanni. Di cosa devo vivere, di aria?

Proprietario - Questo tuo atteggiamento non mi piace per niente. Se la situazione non ti va bene, *(andare)* [va'] via e non *(farsi)* [ ] più vedere!

* ***commercialista***: *accountant.*

TAKE YOUR NOTES

If clauses

Se fossi ricca **farei** il giro del mondo.

- *Sentences which begin with* **se** *(hypothetical sentences) can describe situations which are more or less possible.*
- *Hypothetical sentences with the subjunctive are mainly formed in three ways:*

Se tu **studiassi** di più non **avresti** tutti questi problemi con gli insegnanti.
Se non **piovesse andrei** a fare una passeggiata.
Se tu volessi potresti diventare una cantante famosa.

a) ***se + imperfect subjunctive + present conditional.*** *In this case they normally indicate a situation which is not very probable, but yet possible;*

Se non **avessi lavorato** tutta la notte avrei sicuramente **sentito** la sveglia.
Se fosse partita prima **sarebbe arrivata** in tempo alla riunione.
Se avessi preso un'aspirina per il mal di testa, questa notte **avresti dormito** meglio.

b) ***se + past perfect subjunctive + perfect conditional.*** *In this case they normally indicate situations which could not be fulfilled in the past.*

Se non **avessi bevuto** tutto quel vino ieri ora non **avrei** questo tremendo mal di testa.
Se avessi messo la crema protettiva non **saresti** rossa come un peperone ora!

c) ***se + past perfect subjunctive + present conditional.*** *In this case they indicate past situations whose consequences still exist in the present.*

If clauses	
hypotheses which are not very probable, but possible	**se + imperfect subjunctive + present conditional**
impossible hypotheses	**se + past perfect subjunctive + perfect conditional**
impossible hypotheses with consequences in the present	**se + past perfect subjunctive + present conditional**

1 Match the two phrases, as shown in the example.

a) Se non fossi sicuro che sei una persona fidata ora... → **10)**

b) Se Lucia mangiasse più sano...

c) Se avessi saputo che odi l'aglio...

d) Se non ti volessimo con noi...

e) Se non sopportassi il sangue...

f) Se Paolo avesse amministrato meglio i suoi soldi, adesso...

g) Se mi avessero detto che avrei sposato Gianni...

h) Se Carlo non si fidasse di me...

i) Signorina, se volesse cambiare lavoro...

l) Se avessi giocato quei numeri al lotto, ora...

1) ...dovrebbe parlarne a me, sicuramente abbiamo qualcosa per Lei.

2) ...non farei l'infermiere.

3) ...li avrei presi tutti per dei pazzi.

4) ...non mi lascerebbe le chiavi di casa sua.

5) ...non lo avrei usato per cucinare.

6) ...non avrebbe tutti quei problemi di salute.

7) ...non avrebbe problemi economici.

8) ...saresti ricco

9) ...non ti avremmo invitato a casa nostra per il fine settimana.

10) ...non ti racconterei tutti i fatti miei.

2 Put the verbs in the correct form of the *if* clause.

Un lavoro duro per Babbo Natale

Se Babbo Natale *(esistere)* ______ veramente e se *(dovere)* ______ portare in una notte i regali a tutti i bambini del mondo, come *(organizzarsi)* ______? Un fisico ha fatto questi calcoli.

1. Se Babbo Natale *(portare)* ______ veramente i regali ai bambini nella notte del 24 dicembre *(dovere)* ______ visitare 378 milioni di bambini.
2. Se Babbo Natale *(fare)* ______ il giro delle case di tutti i bimbi del pianeta *(percorrere)* ______ 140 milioni di chilometri.
3. Se Babbo Natale *(dovere)* ______ organizzare il trasporto di 50.000 tonnellate di regali, *(dovere)* ______ usare 330.000 renne.
4. Se *(noi/volere)* ______ misurare il tempo che Babbo Natale ha per visitare ogni casa *(noi/scoprire)* ______ che ha solo un millesimo di secondo a disposizione.

(adapted from "Newton)

3 **Conjugate the verbs in the imperfect subjunctive or in the present conditional and choose your answer. Then add up your score and read your results.**

Test - Sei coraggioso o no?

1. Se *(tu/vedere)* [   ] qualcuno che è in pericolo, tu...
   a. *(andare)* [   ] in cerca di aiuto.
   b. lo *(aiutare)* [   ] subito.
   c. *(fare finta)* [   ] di niente.

2. Se qualcuno *(cercare)* [   ] di derubarti, tu...
   a. *(gridare)* [   ] "aiuto".
   b. non *(reagire)* [   ].
   c. *(parlare)* [   ] con il ladro per convincerlo a lasciarti andare.

3. Se ti *(loro/offrire)* [   ] dei soldi per rischiare la vita, tu...
   a. *(lasciare)* [   ] perdere.
   b. *(accettare)* [   ] senza pensarci due volte.
   c. *(chiedere)* [   ] consiglio a qualcuno che lo ha già fatto.

4. Se qualcuno ti *(fare)* [   ] telefonate durante la notte, tu...
   a. *(avvertire)* [   ] la polizia.
   b. *(offendere)* [   ] la persona al telefono.
   c. *(cercare)* [   ] di parlare con lui.

5. Se un alieno ti *(offrire)* [   ] un viaggio con lui, tu...
   a. *(avere)* [   ] molta paura.
   b. *(rimanere)* [   ] senza parole.
   c. *(partire)* [   ] subito.

Risultati

Da 5 a 8 punti - Hai paura di tutto. Hai paura a provare cose nuove e non ti piacciono le nuove avventure. Vivi ancora con la mamma?

Da 9 a 12 punti - Sei razionale. Prima di agire pensi e non rischi facilmente. Probabilmente avrai meno problemi di altri nella vita, ma... che noia!

Da 13 a 15 punti - Attenzione!! Troppo coraggioso! Può essere pericoloso. Un po' di coraggio va bene, ma troppo...

Punteggio

	a	b	c
1	2 punti	3 punti	1 punto
2	2 punti	1 punto	3 punti
3	1 punto	3 punti	1 punto
4	1 punto	3 punti	2 punti
5	1 punto	2 punti	3 punti

4 Rewrite the following hypothetical sentences, as shown in the example.

e.g. Se Dario studiasse di più non avrebbe difficoltà con l'esame > *Se Dario avesse studiato di più non avrebbe avuto difficoltà con l'esame.*

1. Se avessimo più soldi andremmo in vacanza alle Maldive.
   ____
2. Se qualcuno mi insegnasse a sciare verrei anche io in montagna con voi.
   ____
3. Se Luca bevesse di meno non starebbe così male.
   ____
4. Se fossi bionda e stupida sicuramente avrei meno problemi con gli uomini.
   ____
5. Se Lauro andasse a trovare suo nonno più spesso probabilmente avrebbe una parte dell'eredità.
   ____
6. Se giocassi al Lotto con più costanza forse vincerei qualcosa.
   ____
7. Se non andaste sempre in vacanza nello stesso posto forse conoscereste più gente nuova.
   ____
8. Se prendessi il treno delle 8 arriveresti in tempo.
   ____

5 Complete this *if* clauses with the verbs from the list, as shown in the example.

avesse studiato | **avesse tradita** | **avessi visto** | **cantasse** | **fosse** | **fossi andato** | **si iscrivesse** | **parlassi** | **fossimo** | **riuscissi** | **avrebbe lasciato** | **avrei salutato** | **farebbe** | **sarebbero** | **sarebbe** | **starei** | **perderebbe** | **potremmo** | **avrebbe passato** | **troveresti**

e.g. Veronica è ingrassata troppo e non si sente bene. Se *si iscrivesse* a una buona palestra sicuramente *perderebbe* diversi chili.

1. Non ce la faccio più! Francesco canta dalla mattina alla sera! Se non ______ così male ______ anche piacevole ascoltarlo, invece è un incubo!
2. Se ______ a prenderti una giornata libera al lavoro, domani (noi) ______ andare a fare un po' di spese per la casa.
3. Se Dario non l' ______, sua moglie non l' ______.
4. Se (tu) ______ l'inglese ______ più facilmente un lavoro.
5. Manuela è molto bella. D'altra parte se non ______ così bella non ______ la modella!
6. Se Antonio ______ con più costanza ______ l'esame.
7. Se (noi) ______ tutti più buoni nel mondo non ci ______ guerre.
8. Se non ______ a sciare, ora non ______ all'ospedale con la gamba rotta!
9. Credimi, se ieri sera ti ______ certamente ______, lo sai che ho dei problemi con la vista!

6 Read about what happened to me and then change the underlined sentences into *if* clauses, as shown in the example.

Che giornata!

Che giornata davvero strana! Non sono superstiziosa altrimenti andrei a controllare l'oroscopo di oggi.
Questa mattina è cominciata subito male, la sveglia si era rotta quindi mi sono svegliata tardi. Poiché avevo paura di arrivare tardi in ufficio, ho saltato la colazione e ho deciso invece di fermarmi a prendere un cornetto in un bar e di mangiarlo in macchina. Quando sono arrivata al bar non c'era parcheggio perciò ho messo la macchina in seconda fila, tanto dovevo stare solo 2 minuti... Però proprio mentre io ero dentro al bar un vigile è passato di lì e ha visto la mia macchina. Che sfortuna! Per di più la cassa del bar non funzionava quindi la fila era molto più lenta del solito. Per fortuna però ho visto che il vigile stava facendo la multa! Sono corsa fuori per fermarlo ma sono scivolata e mi sono slogata una caviglia. Un dolore tremendo! Stavo quasi per mettermi a piangere dalla rabbia e dal dolore quando ho alzato gli occhi e ho visto... l'uomo più bello della mia vita! Il vigile! È stato un gentiluomo, mi ha aiutata ad alzarmi, mi ha portata fino alla mia macchina, non ha detto niente del parcheggio e si è messo al posto di guida per portarmi al Pronto Soccorso. Io ero così confusa che non sapevo cosa dire. L'ho ringraziato e ho cercato di vedere se portava la fede*... mi è sembrato di no. Le cose sembravano mettersi al meglio. Teodoro (il nome del mio vigile) mi ha lasciata al Pronto Soccorso, mi ha aspettato per un'ora mentre i medici mi visitavano e quando sono uscita mi ha accompagnato a casa. E indovinate un po'? Domani mi ha invitata a cena fuori! Lo vedo qui scritto sulla mia agenda altrimenti non ci crederei!

***fede**: *wedding ring.*

e.g. la sveglia si era rotta, quindi mi sono svegliata tardi
se/la sveglia/non/rompersi/non/svegliarsi/tardi
se la sveglia non si fosse rotta, non mi sarei svegliata tardi

1. avevo paura di arrivare tardi in ufficio, ho saltato la colazione
se/non/avere paura/di arrivare tardi in ufficio/non/saltare/la colazione
____

2. non c'era parcheggio perciò ho messo la macchina in seconda fila
se/ci/essere/parcheggio/non/mettere/la macchina in seconda fila
____

3. un vigile è passato di lì e ha visto la mia macchina
se/il vigile/non/passare/di lì/non/vedere/la mia macchina
____

4. Sono corsa fuori per fermarlo ma sono scivolata e mi sono slogata una caviglia
se/non/correre/fuori per fermarlo/non/scivolare/e/non/slogarsi/la caviglia
____

5. Io ero così confusa che non sapevo cosa dire
se/io/non/essere/così confusa/sapere/cosa dire
____

6. Lo vedo qui scritto sulla mia agenda altrimenti non ci crederei!
se/non/lo/vedere/scritto sulla mia agenda/non/ci/credere
____

TAKE YOUR NOTES

Passive voice

■ *The passive voice can be expressed in four different ways:*

Il bilancio dell'azienda **è presentato** ai finanziatori ogni anno.	*a) verb* ***essere + past participle;***
Il bilancio dell'azienda **viene presentato** ai finanziatori ogni anno.	*b) verb* ***venire + past participle;***
Ogni anno **si presenta** ai finanziatori il bilancio dell'azienda.	*c)* ***si*** *+ verb in the* ***3rd person singular/plural;***
Ogni anno **va presentato** ai finanziatori il bilancio dell'azienda.	*d)* ***andare + past participle.***

Passive voice with the verb *essere*

active voice: Ogni anno molti turisti **visitano** Venezia.
passive voice: Ogni anno Venezia **è visitata** da molti turisti.

■ *To form the passive voice you can use the* ***verb essere + past participle.***

present tense
active voice: Molti **<u>considerano</u>** la carne poco salutare.
passive voice: La carne **<u>è</u> considerata** da molti poco salutare.

present perfect
active voice: Botticelli **<u>ha dipinto</u>** la Primavera.
passive voice: La Primavera **<u>è stata</u> dipinta** da Botticelli.

imperfect
active voice: A quei tempi molti **<u>seguivano</u>** quel programma in tv.
passive voice: A quei tempi quel programma in tv **<u>era</u> seguito da** molti.

■ *The form* ***essere + past participle*** *can be used <u>with all verb tenses</u>. The verb* ***essere*** *is conjugated in the same tense as the verb in the active phrase.*

active voice: Ogni anno **molti turisti** visitano Venezia.
passive voice: Ogni anno Venezia è visitata **<u>da</u> molti turisti**.

■ *In passive voice sentences with* ***essere*** *it is possible also to insert the person or the thing which does the action (the agent). The* ***agent*** *is preceded by the preposition* ***da.***

Passive voice with the verb *essere*
verb **essere** (all tenses) + **past participle** (+ **da**)

EXERCISES

1 **Help Mario and Vincenza to organise their wedding. Read the list of things to do and write on the note book what has already been done, using the passive voice, as shown in the example. The things already done have been crossed off.**

~~prenotare la chiesa~~
~~prenotare il ristorante~~
organizzare la musica per la festa
~~ordinare i fiori~~
~~spedire gli inviti~~
~~non dimenticare gli zii d'America~~
~~preparare le bomboniere*~~
comprare i confetti**
~~scegliere le fedi~~
~~decidere la musica per la chiesa~~
scegliere il viaggio
comprare delle valigie nuove
fare spese per il viaggio di nozze
~~comprare il vestito~~
trovare qualcosa di vecchio***

**bomboniere*: small presents given from the newly-wed couple to the wedding guests.
***confetti*: almond filled sweets given by the newly-wed couple with the "bomboniere".
****trovare qualcosa di vecchio*: an old tradition whereby the spouse should wear something old on her wedding day.

2 **Transform the sentences from the passive voice to the active voice, as shown in the example.**

e.g. Quel libro è stato letto da milioni di persone. → *Milioni di persone hanno letto quel libro.*

1. Il Presidente è stato ascoltato in TV da tutta la nazione.
____
2. Molte case sono state distrutte dal terremoto.
____
3. Il nuovo anno accademico è stato inaugurato dal Rettore.
____
4. Il bilancio del 1996 fu approvato dal consiglio di amministrazione.
____
5. Probabilmente in futuro le TV non saranno usate più da nessuno.
____
6. In quel periodo Anna era turbata da molti pensieri.
____
7. Torino è attraversata dal Po.
____
8. La città fu circondata dall'esercito nemico.
____
9. La notizia è stata confermata da fonti autorevoli.
____

3 **Change the sentences underlined in the text from the active voice to the passive voice.**

La Sardegna

La Sardegna ha sempre avuto una storia e uno sviluppo particolari. L'isola è lontana 180 chilometri dall'Italia e questa è una delle ragioni per cui i sardi hanno vissuto per molti secoli in condizioni di isolamento. Dopo che i Romani hanno invaso la Sardegna, infatti, sono arrivate diverse altre popolazioni sull'isola, ma le nuove invasioni non hanno mai influenzato profondamente la vita e la cultura sarda. Un esempio è il fatto che oggi molti sardi parlano ancora la lingua sarda, molto più vicina al latino di quella italiana.
Nel passato, pur vivendo su un'isola, i sardi hanno vissuto di allevamento, agricoltura o del lavoro delle miniere, ora invece le entrate del turismo mantengono gran parte della popolazione, specialmente lungo la costa. Inoltre lo Stato italiano ha favorito la costruzione di industrie petrolchimiche, chimiche e metallurgiche, diversificando l'occupazione.

active voice	passive voice
1. Dopo che i Romani hanno invaso la Sardegna	
2. le nuove invasioni non hanno mai influenzato profondamente la vita e cultura sarda	
3. molti sardi parlano ancora la lingua sarda	
4. le entrate del turismo mantengono gran parte della popolazione	
5. lo Stato italiano ha favorito la costruzione di industrie petrolchimiche, chimiche e metallurgiche	

Passive voice with the verb *venire*

active voice: Ogni anno molti turisti **visitano** Venezia.
passive voice: Ogni anno Venezia **viene visitata** da molti turisti.

- *To make the passive voice one can use the verb* ***venire + the past participle.***

active voice: Nel 1869 l'Italia **invase** l'Eritrea.
passive voice: L'Eritrea **venne invasa** dall'Italia nel 1869.

- *The verb* ***venire*** *is conjugated in the same tense as the verb in the active voice.*

present tense
active voice: Molti **considerano** la carne poco salutare.
passive voice: La carne **viene considerata** da molti poco salutare.

present perfect
active voice: Marta ha lasciato Franco.
passive voice (venire): Franco ~~è venuto lasciato~~ da Marta. *(incorrect!)*
passive voice (essere): Franco è stato lasciato da Marta. *(correct)*

- *The passive voice form* ***venire + past participle*** *can only be used with simple tenses (e. g. the present, imperfect , historical past, future tense, etc.), and not with compound tenses (e .g. present perfect, past perfect, future perfect, etc).*

active voice: Ogni anno **molti turisti** visitano Venezia.
passive voice: Ogni anno Venezia viene visitata **da molti turisti**.

- *In passive voice sentences with* ***venire*** *it is possible also to insert the person or the thing which performs the action (the agent). The* ***agent*** *is preceded by the preposition* ***da.***

Passive voice with the verb *venire*
verb **venire** (only simple tenses) + **past participle** (+ **da**)

EXERCISES

1 **Put the verbs in the present passive voice with the verb *venire* and guess which regions of Italy we are talking about.**

a) Questa regione *(considerare)* ________ da tutti il cuore verde d'Italia ed è l'unica regione dell'Italia centrale che non *(bagnare)* ________ dal mare. Durante l'estate dalle città della zona *(organizzare)* ________ molti festival importanti, tra cui quello del Jazz e il Festival dei due mondi di Spoleto.
Sai che regione è?

b) Questa regione *(chiamare)* ________ la punta dello stivale d'Italia. È ricca di montagne selvagge e *(visitare)* ________ ogni estate da molti turisti in cerca di un mare pulito e di una natura incontaminata. Qui *(coltivare)* ________ ottimi agrumi, olive e frutta tropicale.
Sai che regione è?

c) Questa regione è conosciuta per una famosa fabbrica di auto ma non si possono dimenticare i suoi vini, che *(bere)* ________ in tutto il mondo. Lo spumante, per esempio, *(produrre)* ________ proprio qui, nella provincia di Asti. E cosa dire del riso? In questa regione *(coltivare)* ________ la quantità maggiore del riso italiano, importante per i nostri famosi risotti.
Sai che regione è?

2 **Where possible, replace the passive voice form *essere + past participle* with the passive voice form *venire + past participle*.**

e.g. Questo vino è prodotto in Veneto. → *Questo vino* ***viene prodotto*** *in Veneto.*
Questo vino è stato prodotto in Veneto. → XXXXXXXXXXXXXXXX
(**è stato** = compound tense)

1. Prima di partire Schumacher ha controllato se le gomme **erano state cambiate**.
2. La festa di domani **è organizzata** dal comitato di quartiere.
3. Per il suo compleanno Anna ha voluto che il dolce **fosse preparato** da sua madre.
4. Da bambini, quando giocavamo, i grandi **erano mandati** via.
5. Solo dopo che il riscaldamento **sarà stato riparato** potrò finalmente dormire in casa mia.
6. Il pranzo **è stato preparato** da Francesca, Piero ha portato il vino.
7. Intorno all'anno 1000 l'Italia **fu invasa** dai barbari.
8. In futuro il computer **sarà usato** da tutti.
9. L'AIDS **è considerata** da molti la più grave malattia del secolo.
10. In Val d'Aosta il francese **è parlato** da tutti.

Passive *si*

In Italia il venerdì **si mangia** il pesce. *(= la gente mangia il pesce)*
In Italia **si mangiano** gli spaghetti. *(= la gente mangia gli spaghetti)*

■ *To form the passive you can use* ***si + the verb in the 3rd person singular*** *or* ***plural.***
In this case the phrase has a general meaning (people, everybody, all...).

Il biglietto dell'autobus **si compra** dal tabaccaio. *(il biglietto: singular)*
A Roma il giovedì **si mangiano gli gnocchi**. *(gli gnocchi: plural)*

■ *When the passive subject is singular, the verb is conjugated in the* ***3rd person singular.*** *When the passive subject is plural, the verb is conjugated in the* ***3rd person plural.***

Cinquanta anni fa **si usavano** poco le macchine.
Ancora non **si è fatto** tutto il possibile per eliminare le differenze tra Paesi ricchi e Paesi poveri.

■ *The passive form* ***si + verb*** *can be used with all verb tenses.*

Quando **si sarà capito** che le guerre non risolvono i problemi, il mondo sarà migliore.

■ *In compound tenses the auxiliary* ***essere*** *is always used.*

active voice: Marta bacia Franco.
passive voice (si): Marta ~~si bacia da Franco~~. *(incorrect!)*
passive voice (essere): Franco è baciato da Marta. *(correct)*

■ *With this form of passive voice the agent (the person or the thing which performs the action) is not expressed.*

Passive voice with the *passive si*
si + 3rd person singular or plural of the verb (all tenses) (no direct agent)

EXERCISES

1 Choose the correct passive voice form.

La musica popolare

Spesso quando **si nomina/si nominano** la musica italiana molti pensano all'opera o a canzoni come "O sole mio" o "Funiculì Funiculà". Queste canzoni però, anche se **si considera/si considerano** italiane, rispecchiano una realtà tipicamente napoletana e sono spesso cantate nel dialetto di Napoli. In Italia **si trova/si trovano** invece moltissimi altri tipi di musica popolare: ogni regione ha creato una sua musica e in ogni zona **si canta/si cantano** e **si balla/si ballano** melodie tipiche di quei luoghi e di quelle tradizioni. Al Nord **si trova/si trovano** delle tonalità che ricordano la musica celtica e al Sud **si può/si possono** ascoltare ritmi molto simili a quelli arabi e turchi, o, qualche volta, a quelli degli zingari slavi. Insomma, la musica popolare in Italia non **si può/si possono** definire del tutto "italiana", è più una musica locale, regionale e folcloristica, segnata da varie influenze nel corso dei secoli.

2 Where possible, replace the passive voice form *essere + past participle* or *venire + past participle* with the passive form *si + verb.*

e.g. Questo vino **viene prodotto** in Veneto. → *Questo vino* ***si produce*** *in Veneto.*
Questo vino **viene prodotto** dai frati del convento. → XXXXXXXXXXXXX
(the agent is expressed = **da**)

1. Internet viene usata da un numero sempre maggiore di persone.
2. Internet sarà usata sempre di più in futuro.
3. Per fare questo film sono state utilizzate tecniche digitali.
4. Il viaggio viene offerto dalla ditta sponsor.
5. Per produrre questi cosmetici non sono stati fatti esperimenti su animali.
6. Per fare un buon tiramisù viene usato il mascarpone.
7. L'Italia fu occupata dai tedeschi.
8. Di solito ai compleanni viene cantato "Tanti auguri a te".
9. Prima di Natale vengono spesi sempre troppi soldi.
10. Le olive sono conservate sott'olio.

Passive voice with the verb *andare*

Questo libro **va letto**.

■ *To form the passive voice you can use the verb* ***andare + past participle.***

Questo libro **va letto**. *(= questo libro deve essere letto)*
A che ora **vanno svegliati** i ragazzi? *(= a che ora devono essere svegliati i ragazzi?)*

■ *This passive voice form has a particular meaning of* ***duty*** *or* ***necessity***.

present tense
Questo libro **va letto**.
present conditional
Questo libro **andrebbe letto** in tutte le scuole.
present perfect
Questo libro ~~**è andato letto**~~. *(incorrect!)*

■ *This type of passive can be used only with simple tenses (e. g. present, imperfect, future simple, present conditional, etc).*

active voice: **Tutti** dovrebbero leggere questo libro.
passive voice: Questo libro andrebbe letto **da tutti**.

■ *In a passive voice sentence with* ***andare*** *it is possible to insert the person or the thing which performs the action (the agent). The* ***agent*** *is preceded by the preposition* ***da***.

Passive voice with the verb *andare* *(having the meaning of duty or necessity)*
verb **andare** (only simple tenses) + **past participle** (+ **da**)

EXERCISES

1 Put the verbs in the passive voice form *andare + past participle.*

Cose da ricordare quando si prende il treno

1. *(Comprare)* ______ il biglietto in anticipo, visto che la fila può essere molto lunga e lenta.
2. *(Prenotare)* ______ il posto perché si rischia di fare il viaggio in piedi.
3. *(Comprare)* ______ panini e bibite, perché qualche volta può essere difficile raggiungere la carrozza ristorante, se il treno è pieno.
4. *(Portare)* ______ qualcosa da leggere o da fare durante il viaggio, a meno che non si voglia rischiare di parlare dei problemi di salute della signora seduta di fronte.
5. *(Timbrare)* ______ sempre il biglietto prima di salire sul treno, altrimenti si prende una multa.
6. *(Tenere)* ______ sotto controllo i bagagli.
7. *(Prendere)* ______ tutto con filosofia, perché potrebbe succedere di tutto

2 These are the indications that a consultant has left for Mr Borsi, the engineer, after having inspected the conditions in his company. Rewrite the sentences using the passive voice form *andare + past participle,* as shown in the example.

1. Si deve assumere un'altra segretaria. *Va assunta un'altra segretaria.*
2. Si devono mettere in ordine le cartelle dei clienti.
3. Tutti i clienti devono essere contattati per spiegare i cambiamenti nell'azienda.
4. Si dovrebbero comprare dei nuovi computer.
5. Devono essere aggiornati i file degli ordini.
6. Si dovrebbe fare un corso di inglese agli impiegati dell'azienda.

3 *Andare or venire?* Complete the sentences with the correct verb.

1. Il gelato ______ mangiato in fretta altrimenti si scioglie.
2. Di solito in Italia i biglietti dell'autobus ______ comprati prima di salire, altrimenti il controllore può farvi una multa.
3. In molti ristoranti adesso ______ proposti dei menu vegetariani.
4. Per andare a Capri ______ preso il traghetto.
5. Piero a scuola ______ chiamato "secchione" perché sa sempre tutto.
6. Quel film ______ visto! È bellissimo!
7. Per andare in motorino ______ portato obbligatoriamente il casco.
8. I miei figli ______ portati a scuola ogni mattina dalla baby sitter.
9. Molti dicono che il caffè ______ preso senza zucchero, altrimenti non si gusta il profumo.
10. C'è chi dice che ormai tutto il mondo ______ controllato dai computer.

■ Progress test
(Units 25-28)

Have you made progress? Use this test to check.
Each exercise repeats one or more grammatical topic.
If you get more than half of the total correct: WELL DONE!
Otherwise, repeat the topics that give you most problems.

Progress test (25-28)

I SUBJUNCTIVE FORMS.
Put the highlighted words into the plural or the singular, as shown in the examples.

singular	↔	plural
a. Penso che **tu sia** troppo **impaziente**.	*tu → voi*	a. *Penso che <u>voi siate</u> troppo <u>impazienti</u>.*
b. *Credevano che <u>io fossi straniera</u>.*	*io ← noi*	b. Credevano che **noi fossimo straniere**.
c. Le donne si aspettano che il conto al ristorante lo **paghi l'uomo**.	*uomo → uomini*	c.
d.	*lui ← loro*	d. Benché **fossero** in ritardo **hanno preso** il treno lo stesso.
e. Devi telefonargli prima che **lui esca** di casa.	*lui → loro*	e.
f.	*io ← noi*	f. La lettera non è ancora arrivata, nonostante l'**abbiamo spedita** una settimana fa.
g. Spero che **tu stia** bene.	*tu → voi*	g.
h.	*tu ← voi*	h. Si diceva che **voi aveste** problemi economici.
i. Siamo contenti che **venga l'amico** di Franca.	*amico → amici*	i.
l.	*bambino ← bambini*	l. È preferibile che **i bambini** non **bevano** troppe bevande gasate.
m.	*studente ← studenti*	m. Pretendo che **gli studenti studino** almeno quattro ore al giorno!
n. Vengo al mare a patto che **tu** mi **porti** a casa in macchina.	*tu → voi*	n.
o. Se ne è andato senza che **io sapessi** niente.	*io → noi*	o.
p.	*tu ← voi*	p. Pensavo che **foste partiti** già due giorni fa.

Each correct sentence scores 2 points. **Total:______/24**

2 SEQUENCE OF THE SUBJUNCTIVE.
Choose the correct tense of the subjunctive.

1. Sta per piovere. Quando esci, è meglio che tu **abbia portato/porti/portassi** l'ombrello.
2. Mi dispiace davvero che tu non **sia venuto/venga/fossi venuto** al ristorante con noi, ieri sera.
3. Mi sarebbe piaciuto molto che tu **sia venuto/venga/fossi venuto** al ristorante con noi, ieri sera.
4. Mia madre voleva che io mi **sposi/sposassi/sia sposata** con Claudio, invece l'ho lasciato due mesi fa.
5. Non penso che Lei **possa/abbia potuto/fosse potuto** entrare signore. È riservato ai soci del club.
6. Desidero che la carne **fosse/sia/fosse stata** ben cotta.
7. Il mio capo vuole che io **avessi scritto/scrivessi/scriva** tutte le lettere in 3 copie.
8. Mi piacerebbe che i miei figli **studino/abbiano studiato/studiassero** di più.
9. Dicono che Ignazio **si sia tagliato/si tagli/si tagliasse** la barba qualche giorno fa.
10. Credevo che **siate partiti/partiate/foste partiti** in macchina, non in treno.
11. Speravo che **Anna venga/sia venuta/venisse** al cinema con noi, invece mi ha telefonato e ha detto che aveva un impegno.
12. Ho così paura che l'Italia **perdesse/perda/avesse perso** la partita che preferisco non guardarla.
13. Avevo così paura che l'Italia **perdesse/perda/abbia perso** la partita che ho preferito non guardarla.

Each correct verb scores 2 points. **Total:______/26**

3 USE OF THE SUBJUNCTIVE.
Conjugate the verbs in either subjunctive or indicative tenses, as appropriate.

1. Marco mi ha detto che sabato scorso *(conoscere)* __________ una bellissima ragazza in discoteca.
2. Si dice che sabato scorso Marco *(conoscere)* __________ una bellissima ragazza in discoteca.
3. Devo telefonare a Cinzia, prima che *(lei/partire)* __________.
4. Per cena voglio fare del pesce, a meno che tu non *(preferisce)* __________ la carne.
5. "Cos'ha Antonio?" "Credo che non *(stare)* __________ bene, probabilmente ha un po' di febbre."
6. "Cos'ha Piero?" "Non *(stare)* __________ bene, ha mal di testa."
7. Speravamo tutti che la notizia della sua morte non *(essere)* __________ vera.
8. Sebbene *(noi/essere)* __________ molto stanchi, non siamo andati a dormire presto ieri sera.
9. Ieri sera *(noi/essere)* __________ molto stanchi, ma non siamo andati a dormire presto.
10. Solo quando ho visto il cartello, ho capito che *(sbagliare)* __________ strada.

Each correct verb scores 2 points. **Total:______/40**

Progress test (25–28)

4 POLITE IMPERATIVE.
Put the verbs into the polite imperative.

1. *(dentista a paziente)*: *(Aprire)* ______ la bocca, signora.
2. *(a teatro)*: Pssss! *(Stare)* ______ zitto per favore e *(chiudere)* ______ quel telefonino!
3. *(segretaria al telefono)*: Mi dispiace, signor Magli. L'ingegner Rossi non c'è. *(Telefonare)* ______ nel pomeriggio.
4. *(bambino al gelataio)*: *(Darmi)* ______ un gelato con crema e cioccolato, per favore.
5. *(manager a segretaria)*: Signorina, *(dirmi)* ______ gli appuntamenti della giornata.
6. *(vigile ad automobilista)*: *(Farmi)* ______ vedere la patente.
7. *(automobilista a vigile)*: Per favore, non *(farmi)* ______ la multa!
8. *(ragazza a uomo per strada)*: *(Smetterla)* ______ di seguirmi o chiamo un carabiniere!
9. *(uomo al cameriere)*: *(Portarmi)* ______ un'insalata mista ma non *(metterci)* ______ i pomodori, per favore.
10. *(cameriere a marito e moglie)*: Prego, signori: *(accomodarsi)* ______ qui.

Each correct verb scores 2 points. **Total: ______/24**

5 *IF* CLAUSES.
Put the verbs into the conditional or the subjunctive and complete the hypothetical sentences.

1. Se domani Giovanni *(venire)* ______ in macchina, *(noi/potere)* ______ andare con lui.
2. Se dieci anni fa non *(io/sposarsi)* ______ non avrei mai saputo quanto costa divorziare!
3. Se uscissimo subito, forse *(noi/riuscire)* ______ a prendere il treno.
4. Se nel 1945 gli Stati Uniti non *(avere)* ______ la bomba atomica, forse la guerra non *(finire)* ______ subito.
5. Mi *(dispiace)* ______ molto se domani non *(tu/venire)* ______ alla mia festa, quindi cerca di non prendere altri impegni.
6. Se l'anno scorso il Milan *(giocare)* ______ meglio, non *(perdere)* ______ il campionato.
7. Se questa mattina Paola non *(arrabbiarsi)* ______ così tanto, ora non *(avere)* ______ mal di stomaco.
8. Se voi *(fermarsi)* ______ allo stop, non avreste fatto l'incidente.
9. Ah, come *(essere)* ______ bello se *(io/avere)* ______ vent'anni di meno!

Each correct verb scores 2 points. **Total: ______/30**

6 PASSIVE VOICE.
Change the active voice sentences into the passive voice, using the verbal form indicated for each sentence.

active voice: Il capoufficio rimprovera l'impiegato.

passive voice: (essere + past participle + da) → 1. ____________________

passive voice: (venire + past participle + da) → 2. ____________________

active voice: Secondo i giornali, un testimone avrebbe visto l'assassino.

passive voice: (essere + past participle + da) → 3. ____________________

active voice: Nel 218 a.C. Annibale passò le Alpi.

passive voice: (essere + past participle + da) → 4. ____________________

passive voice: (venire + past participle + da) → 5. ____________________

active voice: Il tenore Ugoletti ha cantato l'aria.

passive voice: (essere + past participle + da) → 6. ____________________

active voice: Trenta anni fa la gente passava meno tempo davanti alla tv.

passivo: (si + verb) → 7. ____________________

active voice: D'estate molta gente mangia i gelati.

passive voice: (si + verb) → 8. ____________________

Prima di prendere il sole è necessario mettere la crema protettiva.

passive voice: (andare + past participle) → 9. ____________________

Bisogna pagare le tasse.

passive voice: (andare + past participle) → 10. ____________________

Each correct sentence scores 3 points **Total: _____/30**

Historical past *(Passato remoto)*

Nel 1946 gli italiani **votarono** per la Repubblica.
Appena laureato Roberto **andò** a vivere a Milano.

- *The* ***historical past*** *(****passato remoto*** *in Italian) is used to express an action which happened in the distant past, which has no relationship to the present.*

Cristoforo Colombo **scoprì** l'America nel 1492.

- *The historical past is therefore very often used to talk about historical facts.*

Quell'uomo ci **pregò** di aiutarlo, ma noi non **potemmo** fare niente per lui.
Quell'uomo ci **ha pregato** di aiutarlo, ma noi non **abbiamo potuto** fare niente per lui.

- *In colloquial Italian in many regions of Italy the historical past is not much used. The present perfect is much more common.*

Io **dissi** tutta la verità.
Tu **dicesti** tutta la verità
Lui **disse** tutta la verità.
Noi **dicemmo** tutta la verità
Voi **diceste** tutta la verità.
Loro **dissero** tutta la verità.

- *Many verbs are irregular in the historical past as they have a different stem for the* ***1st*** *and* ***3rd persons singular*** *and for the* ***3rd person plural.***

Io scrissi una lettera d'amore a Luca.
Italo Calvino scrisse molti racconti.
I miei genitori scrissero una lettera al professore.

- *Normally in the irregular historical past the 1st person singular ends in* ***-i****, the 3rd person singular ends in* ***-e*** *and the 3rd person plural in* ***-ero.***

Otello cred**é**/cred**ette** alle parole di Iago e uccise Desdemona.
I genitori di Piero non cred**erono**/cred**ettero** alle sue parole.

- *The verbs endings in* ***-ere*** *have two forms in the historical past.*

Historical past - regular verbs

	am-are	cred-ere	apr-ire
io	am-ai	cred-ei/-etti	apr-ii
tu	am-asti	cred-esti	apr-isti
lui/lei/Lei	am-ò	cred-é/-ette	apr-ì
noi	am-ammo	cred-emmo	apr-immo
voi	am-aste	cred-este	apr-iste
loro	am-arono	cred-erono/-ettero	apr-irono

Historical past - irregular verbs

	essere	avere
io	**fui**	**ebbi**
tu	**fosti**	**avesti**
lui/lei/Lei	**fu**	**ebbe**
noi	**fummo**	**avemmo**
voi	**foste**	**aveste**
loro	**furono**	**ebbero**

Other verbs irregular in the historical past

verb	historical past
accorgersi	**mi accorsi**, ti accorgesti, **si accorse**, ci accorgemmo, vi accorgeste, **si accorsero**
attendere	**attesi**, attendesti, **attese**, attendemmo, attendeste, **attesero**
bere	**bevvi**, bevesti, **bevve**, bevemmo, beveste, **bevvero**
cadere	**caddi**, cadesti, **cadde**, cademmo, cadeste, **caddero**
chiedere	**chiesi**, chiedesti, **chiese**, chiedemmo, chiedeste, **chiesero**
chiudere	**chiusi**, chiudesti, **chiuse**, chiudemmo, chiudeste, **chiusero**
conoscere	**conobbi**, conoscesti, **conobbe**, conoscemmo, conosceste, **conobbero**
correre	**corsi**, corresti, **corse**, corremmo, correste, **corsero**
dare	**diedi/detti**, desti, **diede/dette**, demmo, deste, **diedero/dettero**
decidere	**decisi**, decidesti, **decise**, decidemmo, decideste, **decisero**
dire	**dissi**, dicesti, **disse**, dicemmo, diceste, **dissero**
fare	**feci**, facesti, **fece**, facemmo, faceste, **fecero**
leggere	**lessi**, leggesti, **lesse**, leggemmo, leggeste, **lessero**
mettere	**misi**, mettesti, **mise**, mettemmo, metteste, **misero**
muovere	**mossi**, muovesti, **mosse**, muovemmo, muoveste, **mossero**
nascere	**nacqui**, nascesti, **nacque**, nascemmo, nasceste, **nacquero**
parere	**parvi**, paresti, **parve**, paremmo, pareste, **parvero**
perdere	**persi**, perdesti, **perse**, perdemmo, perdesti, **persero**
piacere	**piacqui**, piacesti, **piacque**, piacemmo, piaceste, **piacquero**
prendere	**presi**, prendesti, **prese**, prendemmo, prendeste, **presero**
rimanere	**rimasi**, rimanesti, **rimase**, rimanemmo, rimaneste, **rimasero**
rispondere	**risposi**, rispondesti, **rispose**, rispondemmo, rispondeste, **risposero**
rompere	**ruppi**, rompesti, **ruppe**, rompemmo, rompeste, **ruppero**
sapere	**seppi**, sapesti, **seppe**, sapemmo, sapeste, **seppero**
scendere	**scesi**, scendesti, **scese**, scendemmo, scendeste, **scesero**
scegliere	**scelsi**, scegliesti, **scelse**, scegliemmo, sceglieste, **scelsero**
scrivere	**scrissi**, scrivesti, **scrisse**, scrivemmo, scriveste, **scrissero**
spegnere	**spensi**, spegnesti, **spense**, spegnemmo, spegneste, **spensero**
stare	**stetti**, stesti, **stette**, stemmo, steste, **stettero**
tradurre	**tradussi**, traducesti, **tradusse**, traducemmo, traduceste, **tradussero**
tenere	**tenni**, tenesti, **tenne**, tenemmo, teneste, **tennero**
vedere	**vidi**, vedesti, **vide**, vedemmo, vedeste, **videro**
venire	**venni**, venisti, **venne**, venimmo, veniste, **vennero**

EXERCISES

1 Complete the conjugations of the historical past.

a. regular verbs

	parlare	potere	partire	andare
io	parlai	*potei*	partii	andai
tu	*parlasti*	potesti	partisti	andasti
lui/lei/Lei	parlò	poté	partì	*andò*
noi	parlammo	potemmo	*partimmo*	andammo
voi	parlaste	poteste	partiste	andaste
loro	parlarono	poterono	partirono	andarono

b. irregular verbs

	essere	scrivere	prendere	chiedere
io	fui	scrissi	presi	*chiesi*
tu	*fosti*	scivesti	prendesti	chiedesti
lui/lei/Lei	fu	scrisse	*prese*	chiese
noi	fummo	scrivemmo	prendemmo	chiedemmo
voi	foste	scriveste	prendeste	chiedeste
loro	furono	*scrissero*	presero	chiesero

2 Find in the text all the verbs in the historical past and write them in the table with the infinitive, as shown in the example.

La fanciulla del susino

In una grande città, in una casa circondata da un grande giardino, viveva una bella fanciulla. Il giardino in primavera era sempre coperto di mille fiori colorati e la fanciulla li amava tutti, ma amava in modo particolare i fiori bianchi e rossi di un albero di susine che cresceva proprio vicino alla finestra della sua stanza.

Ogni anno, quando i fiori dell'albero cadevano, lei li raccoglieva per sentirne il profumo. Improvvisamente, però, la fanciulla **si ammalò** gravemente e poco dopo morì.

Il padre e la madre fecero per lei una tomba ai piedi del susino e ogni primavera ne raccoglievano i fiori e li mettevano sulla sua tomba, come aveva fatto lei una volta. Dopo un anno, un giorno di primavera, videro un piccolo serpente sotto il susino. Quando i fiori cominciarono a cadere il serpente li prese uno ad uno con la bocca e li raccolse tutti insieme sopra la tomba.

"Deve essere nostra figlia", pensarono i genitori della ragazza e chiamarono subito un vecchio molto saggio, che sapeva tutto della vita e della morte. Il vecchio pregò a lungo sotto il susino fino a quando il serpente cambiò la sua pelle. Allora il vecchio disse: "Questo è un segno di vita, significa che la fanciulla ha cambiato la sua natura umana in quella di albero. Fra cento e cento anni questa fanciulla rinascerà".

Con questa speranza, i genitori continuarono a raccogliere i fiori del susino per tutta la loro vita, dopo molti anni però anche loro morirono. Se la fanciulla sia rinata o no, nessuno lo sa.

(a folk tale from the north of Italy - adapted from "Fiabe di fiori italiani")

historical past		infinitive	
si ammalò	disse	*ammalarsi*	dire
fecero	continuarono	fare	continuare
videro	morirono	vedere	morire
cominciarono		cominciare	
prese		prendere	
pensarono		pensare	
cambiò		cambiare	

3 **Complete the text with the verbs on the list and guess which civilisation we are talking about.**

cominciarono **diedero** **diventarono** **ebbero** **entrarono** **estesero** **fondarono** **fu** **si spostarono**

I Greci, con la loro civiltà avanzata, nei secoli VIII e VII a.C. [cominciarono] ad avere problemi di sovrappopolazione nelle città più grandi e per questo [si spostarono] verso le coste dell'Italia meridionale e della Sicilia, dove [ebbero] molte colonie. Ai nuovi abitanti di queste zone i greci [diedero] il nome di *italioti*. Dopo qualche anno queste colonie [diventarono] grandi e ricche ed [fondarono] un ruolo politico e culturale di primo piano. Ancora oggi possiamo vedere i bellissimi templi e le rovine di queste città in Calabria e, specialmente, in Sicilia. Più tardi i Romani [entrarono] in contatto con gli *italioti* e, dopo guerre e accordi, [estesero] il loro potere anche nell'Italia meridionale. [Fu] la fine di questa civiltà, che viene chiamata:

a. Rinascimento ☐ **b. Magna Grecia** ☑ **c. Civiltà etrusca** ☐

4 **Put the verbs into the historical past.**

L'Italia e la monarchia

Dopo l'unificazione del 1861, l'Italia *(venire)* [venne] proclamata "Regno d'Italia" da Vittorio Emanuele II, che era già Re di Sardegna dal 1849 e che *(diventare)* [diventò] il primo Re della penisola. Dopo la sua morte, *(prendere)* [prese] la guida del Regno il figlio Umberto I e dopo di lui il nipote Vittorio Emanuele III.
(Essere) [Fu] proprio durante il regno di Vittorio Emanuele III che il movimento fascista *(prendere)* [prese] forza, senza una seria opposizione da parte del re. Quando il fascismo *(arrivare)* [arrivò] al potere e *(trasformarsi)* [si trasformò] in una dittatura, il re *(continuare)* [continuò] a rappresentare l'Italia, fino a quando, dopo la fine della II guerra mondiale, *(fuggire)* [fuggì] con il suo governo nell'Italia meridionale. In seguito i partiti democratici lo *(costringere)* [costrinsero] a ritirarsi a vita privata. Il re allora *(lasciare)* [lasciò] il Regno al figlio e *(ritirarsi)* [si ritirò] in esilio in Egitto. Il principe Umberto II quindi *(rimanere)* [rimase] Luogotenente del Regno fino al 1946, quando in un referendum gli italiani *(votare)* [votarono] per la repubblica. Il principe *(dovere)* [dovè] abbandonare il paese e andare in esilio.

5 **Do you know the name of the Italian royal family?**
The initial letters of the correct verbs in the historical past will give you its name.

1. spegnere → spensi **S**
2. muovere → movetti **M**
3. piacere → piacetti **P**
4. andare → andai **A**
5. vivere → vissi **V**
6. bere → bevei **B**
7. ordinare → ordinai **O**
8. amare → ametti **A**
9. vedere → vedei **V**
10. iniziare → iniziai **I**
11. attendere → attesi **A**

The name is _ _ _ _ _ _

6 **Now write the correct forms of the verbs which were wrong in Exercise 5.**

2. muovere → ___________
3. piacere → ___________
6. bere → ___________
8. amare → ___________
9. vedere → ___________

7 **Imperfect, present perfect of historical past? Choose the correct tense.**

1. Quando **ero/sono stato/fui** piccolo, andavo spesso al mare.
2. La II guerra mondiale **scoppiava/è scoppiata/scoppiò** nel 1939, quando la Germania invase la Polonia.
3. Gesù Cristo morì quando **aveva/ha avuto/ebbe** 33 anni.
4. I miei genitori si sono conosciuti nel 1963 e un anno dopo **si sposavano/si sono sposati/si sposarono**.
5. C'era volta un re che aveva una figlia bellissima. Un giorno, all'improvviso, la figlia del re **moriva/è morta/morì**.
6. Negli anni '50 Domenico Modugno **vinceva/ha vinto/vinse** il Festival di Sanremo con la canzone "Volare".
7. Ieri sera il Presidente della Repubblica **faceva/ha fatto/fece** un discorso importante in tv.
8. Giulio non è venuto perché **era/è stato/fu** stanco.
9. All'inizio del '900, furono molti gli italiani che **sono emigrati/emigravano/emigrarono** in America in cerca di lavoro.
10. In Italia il fenomeno del terrorismo **si sviluppava/si è sviluppato/si sviluppò** soprattutto negli anni '70, all'epoca in cui le Brigate Rosse uccisero il politico Aldo Moro.

8 **Rewrite the text replacing the present perfect with the historical past, as shown in the example.**

Qualche mese fa mia sorella **si è sposata** con un ricco americano. Si sono conosciuti in un locale di Roma dove lei faceva la cameriera. Appena Fred (l'americano) l'ha vista, l'ha voluta conoscere e l'ha invitata al suo tavolo. I due hanno fatto amicizia, hanno continuato a frequentarsi per tutto il tempo in cui Fred è rimasto a Roma e, dopo la sua partenza, sono cominciate le telefonate, le lettere e i viaggi intercontinentali. Fred ha pagato tutti i suoi viaggi, le ha fatto regali meravigliosi, insomma... come poteva lei dirgli di no quando lui le ha chiesto di sposarlo? I due sono poi andati a vivere in un enorme ranch in Texas, dove lei ha imparato ad andare a cavallo e ha cominciato a vestirsi come una vera e propria cow-girl. Questo si chiama: trovare l'America!

*Nel 1900 la mia bisnonna **si sposò** con un ricco americano ...*

TAKE YOUR NOTES

Past anterior *(Trapassato remoto)*

Quando Carla **se ne fu andata**, Paolo **telefonò** alla madre.
*(before: **se ne fu andata** → after: **telefonò**)*
Andai via solo dopo che lui mi **ebbe salutato**.
*(before: **ebbe salutato** → after: **andai via**)*

- *The **past anterior** (**trapassato remoto** in Italian) describes an action which happened before another action which is expressed in the historical past.*

- *The past anterior is used only when:*

Appena **fu arrivata** a casa **telefonò** al fidanzato.

a) the main clause is in the historical past;

Dopo che ebbe mangiato, andò a dormire.
Appena ebbe mangiato, andò a dormire.
Quando ebbe mangiato, andò a dormire.

*b) the past anterior is introduced by an adverb of time such as **dopo che**, **appena**, **quando**.*

Dopo che lo **ebbero visto** decisero di invitarlo alla festa.
Appena **fu partita** suo marito andò al bar a festeggiare.

- *The past anterior is formed with the **historical past** of the verbs **avere** or **essere** + the **past participle** of the verb.*

Past anterior (historical past of *avere* or *essere* + past participle)		
io	**ebbi parlato**	**fui andato/a**
tu	**avesti parlato**	**fosti andato/a**
lui/lei/Lei	**ebbe parlato**	**fu andato/a**
noi	**avemmo parlato**	**fummo andati/e**
voi	**aveste parlato**	**foste andati/e**
loro	**ebbero parlato**	**furono andati/e**

EXERCISES

1 Historical past or past anterior? Put the verbs into the correct form.

Pelle d'asino

C'era una volta un re vedovo che aveva una bellissima figlia che si chiamava Isabella. Purtroppo il re *(innamorarsi)* [si innamorò] della figlia e *(decidere)* [decise] di sposarla. Ne *(parlare)* [ ] con i suoi consiglieri ma, anche dopo che tutti gli *(rispondere)* [ ] che era una pazzia, lui *(continuare)* [ ] con i suoi progetti. Intanto Isabella, disperata, piangeva tutto il giorno, in una stanza isolata del castello. Un giorno, subito dopo che *(finire)* [ ] di mangiare, *(vedere)* [ ] una fata, che era arrivata per aiutarla. La fata le *(consigliare)* [ ] di accettare il matrimonio ma di chiedere al padre una condizione: che le facesse fare un vestito con tutti i fiori e gli alberi del parco. La ragazza *(essere)* [ ] così contenta di aver trovato una soluzione che, appena la fata *(andarsene)* [ ], chiese il vestito al padre. Ma, dopo pochi mesi, il vestito fu pronto. Allora la fata *(avere)* [ ] un'altra idea e *(dire)* [ ] a Isabella di chiedere un vestito fatto col cielo, la luna e le stelle. Ma, dopo alcuni mesi, anche quel vestito fu pronto. Isabella era disperata. Non sapeva più che cosa fare, *(chiedere)* [ ] di nuovo aiuto alla fata, che questa volta le consigliò di chiedere al padre di uccidere l'asino magico che aveva nella stalla. L'asino faceva monete d'oro e sicuramente il padre non lo avrebbe voluto perdere. Ma nemmeno questo *(fermare)* [ ] il re, che, appena *(uccidere)* [ ] l'asino, ne prese la pelle e la *(portare)* [ ] alla figlia. L'unica soluzione rimasta era quella di fuggire. Così la ragazza *(lasciare)* [ ] il castello coperta dalla pelle dell'asino...

La storia naturalmente non finisce qui... Isabella riuscì a fuggire dal padre? Tu che pensi? Prova a finire tu la storia.

(a folk tale from Garfagnana, a county in Tuscany)

Sequence of tenses in the indicative (I)

- *In Italian the tense of the dependent clause is subordinate to the tense which we use in the main clause.*

- *After a main clause with a verb in the present, or in a past tense near the present, in the present conditional, in the imperative or in the future we use:*

a) present, future or conditional to express a later action;

b) present or present continuous to express a simultaneous action;

c) present perfect, imperfect or historical past to express a previous action.

main clause	***dependent clause***
Dico che... Ho detto ora che... Direi che... Di' (tu) che... Dica (Lei) che... Dirò che...	Aldo parte domani. Aldo partirà domani. Aldo vorrebbe partire domani.
	Aldo parte oggi. Aldo sta partendo.
	Aldo è partito ieri. Aldo voleva partire. Aldo partì per la guerra nel 1915.

EXERCISES

I Choose the correct verb.

1. So che Marco **sta venendo/venne/era venuto** qui adesso.
2. Ho saputo ora che ieri sera Marco **verrà/veniva/è venuto** qui.
3. Ho saputo ora che tra poco **sta venendo/è venuto/verrà** Marco.
4. Mi ricordo che l'anno scorso **volevi/vorresti/vorrai** cambiare lavoro. Ci sei riuscito?
5. Allora, raccontateci che cosa **fate/avete fatto/fareste** sabato scorso con quelle due ragazze.
6. Signore, mi dica a che ora **vuole/ha voluto/vorrà** partire: c'è un aereo oggi pomeriggio alle 16.00 e uno domani mattina alle 8.00.
7. Siamo sicuri che Claudia **arriva/arrivava/era arrivata** domani mattina.
8. Ho letto adesso sul giornale che ieri **ci fu/c'è stato/ci sarà stato** uno sciopero dei treni.
9. Ho letto adesso sul giornale che oggi **ci sarà stato/c'era stato/c'è** uno sciopero dei treni.
10. Quando vedrò Antonio, gli dirò che martedì scorso **era/sarà/fu** il mio compleanno.
11. Quando vedrò Antonio, gli dirò che domenica prossima **volevo/vorrei/avrò voluto** andare al mare.
12. Fabio dice che in questo periodo Sara **scriveva/sta scrivendo/aveva scritto** un nuovo libro.
13. Fabio dice che molti anni fa Sara **scriverebbe/ha scritto/scrive** un libro per bambini.
14. Fabio dice che tra qualche mese Sara **cominciava/comincerà/ha cominciato** a scrivere un nuovo libro.
15. Mia nonna dice che mio nonno **s'innamorava/s'innamorerebbe/s'innamorò** di lei al primo incontro.
16. Mia nonna dice che ancora oggi mio nonno **fece/ha fatto/farebbe** follie per lei.
17. Luca dice che poco fa **vede/vedrebbe/ha visto** Cristina con il suo nuovo fidanzato.
18. Mia madre mi scrive che mio padre non **è stato/sta/starà** bene ma adesso va un po' meglio.
19. Mia madre mi scrive che a Natale lei e mio padre **andavano/andranno/andarono** in vacanza in Egitto, io invece ancora non ho deciso cosa fare.
20. Ti ripeto che in questo momento non **ho/ho avuto/avrò** tempo di ascoltare i tuoi discorsi.

Sequence of tenses in the indicative (2)

■ *Following a main clause with a verb in the past indicative (ie: present perfect, imperfect, historical past or past perfect) or in the perfect conditional we use:*

a) imperfect or perfect conditional to express a later action;

b) imperfect to express a simultaneous action;

c) past perfect, imperfect, historical past or past anterior to express a previous action.

main clause		***dependent clause***
Ho detto che... Dicevo che... Dissi che... Avevo detto che... Avrei detto che...	↗	Aldo partiva dopo. Aldo sarebbe partito dopo.
	→	Aldo partiva quel giorno.
	↘	Aldo era partito il giorno prima. Aldo voleva partire il giorno prima. Aldo partì per la guerra. dopo che Aldo fu partito sua moglie trovò un altro uomo.

EXERCISES

1 Choose the correct verb.

1. Durante i primi anni di matrimonio, prima di addormentarsi, Gianni e Rita si raccontavano sempre cosa **hanno fatto/farebbero/avevano fatto** durante la giornata. Ora Gianni si addormenta subito e Rita legge una rivista.
2. Quando Luca conobbe Ornella, **era/era stato/sarebbe stato** così felice che **fu girato/girava/aveva girato** sempre con un sorriso idiota in faccia, mentre ora è così contento solo quando guarda la partita di calcio.
3. Cinque anni fa Pia disse a Luca che **si sposarono/si sarebbero sposati/si erano sposati** subito dopo la sua laurea. Pia però si è laureata due anni fa e Luca sta ancora aspettando.
4. Quando Ennio incontrò Maria, le disse che **aveva divorziato/divorziava/avrebbe divorziato** l'anno prima perché sua moglie non lo capiva, ma ora ha lasciato Maria ed è tornato dalla moglie.
5. Non ho detto a Fabio che **avevo visto/ebbi visto/vidi** sua moglie con un altro.
6. Mia nonna mi raccontava sempre che, subito dopo il matrimonio, mio nonno **partì/fu partito/sarà partito** per l'America in cerca di lavoro.
7. Cecilia aveva raccontato a tutti che alla festa di capodanno **ha conosciuto/aveva conosciuto/conosceva** un ragazzo bellissimo.
8. Antonio disse che in quel momento non **aveva avuto/aveva/ha avuto** relazioni con nessuna donna.
9. Antonio disse che quando era giovane **aveva avuto/ha avuto/avrebbe** molte donne.
10. La mattina del 27 aprile, Giuseppe si ricordò che quel giorno **era/è stato/era stato** il compleanno di sua moglie e così le comprò un mazzo di fiori.
11. La mattina del 28 aprile, Giuseppe si ricordò che il giorno prima **sarebbe stato/è stato/era stato** il compleanno di sua moglie e così le comprò subito un mazzo di fiori per scusarsi.
12. Quando prestammo i soldi a Dario, ancora non sapevamo che l'anno dopo **si sposerà/si è sposato/si sarebbe sposato** con una donna ricchissima.
13. Quando prestammo i soldi a Dario, ancora non sapevamo che l'anno prima **si è sposato/si era sposato/si sarebbe sposato** con una donna ricchissima.
14. Quando Marco e Valeria si sposarono, tutti dissero che **erano/furono/erano stati** una coppia perfetta, invece lui la lasciò dopo due mesi.
15. Il giorno del loro matrimonio, nessuno poteva immaginare che Marco **aveva lasciato/avrebbe lasciato/lasciò** Valeria dopo due mesi.
16. Carlo mi ha detto che **si sarà innamorato/si innamorava/si innamorò** sempre di donne bellissime e irraggiungibili.

Indefinite adjectives

- *The indefinites are used to indicate unspecified things or persons.*
- *Some indefinites only have an adjective function, they are **invariable** and are used only in the **singular form***

a) ***qualche;***

Qualche volta mi piace andare a ballare.

b) ***qualunque/qualsiasi** (they mean the same);*

Qualunque/Qualsiasi marca di vino tu abbia comprato, a me va bene.

c) ***ogni** (has the same meaning as **tutti/tutte**).*

Ogni volta che guido mi arrabbio.

Indefinite pronouns

- *Some indefinites only function as pronouns and are used only in the singular form:*

a) ***qualcosa** (invariable);*

Devo comprare **qualcosa** da mangiare.

b) ***chiunque** (invariable always followed by the subjunctive)*

Chiunque venga alla festa deve portare giacca e cravatta.

c) ***qualcuno**, **uno**, **ognuno** (they have a masculine form as well as a feminine one);*

Qualcuno/a è entrato in casa mia.
Ho incontrato **uno/a** che lavora alla posta.
Ognuno/a deve fare quello che ritiene giusto.

d) ***niente/nulla** (they have the same meaning; they are invariable; after the verb they require the negation; before the verb they don't).*

Non c'è **niente/nulla** da mangiare.
Dopo quello che è successo, **niente/nulla** sarà più come prima.

Indefinite adjectives/pronouns/adverbs

- *Some indefinites can have several functions: that of adjective, pronoun, and adverb (when they are adjectives or pronouns they are almost always variable, when they are adverbs they are always invariable):*

a) ***alcuno** (adjective or pronoun; variable; when it precedes the noun it behaves like the indefinite article);*

adj.: Non abbiamo **alcun** dubbio su Franco.
pron.: Le persone interessate erano solo **alcune**.

b) ***certo** (adjective or pronoun; variable; in the singular it is preceded by the indefinite article, in the plural however it does not take the article);*

adj.: Ieri ho conosciuto una **certa** Simonetta.
pron.: C'erano molti ragazzi, **certi** italiani e **certi** stranieri.

c) ***quale** (adjective or pronoun; variable);*

adj.: **Quale** attore preferisci?
pron.: Non so **quale** è la macchina di Piero.

d) ***altro** (adjective or pronoun; variable);*

adj.: Signora, vuole un'**altra** sedia?
pron.: Alcune mie amiche sono sposate, **altre** no.

adj.: Eravamo **pochi** amici.
pron.: Eravamo **pochi**.
adv.: Oggi ho lavorato **poco**.

e) ***poco*** *(adjective, pronoun or adverb, when it is an adjective or pronoun it is variable; when it is an adverb it is invariable);*

adj.: C'erano **molte/parecchie/tante** persone allo stadio.
pron.: Allo stadio eravamo **molti/parecchi/tanti**.
adv.: Oggi ho lavorato **molto/parecchio/tanto**.

f) ***molto/parecchio/tanto*** *(they have the same meaning; adjectives, pronouns or adverbs; when they are adjectives or pronouns they are variable, when they are adverbs they are invariable);*

adj.: Nella pasta c'è **troppo** sale.
pron.: Siamo **troppi**, non c'è posto per tutti.
*adv.:*Oggi ho mangiato **troppo**.

g) ***troppo*** *(adjective, pronoun or adverb; when it is an adjective or pronoun it is variable; when it is an adverb it is invariable);*

adj.: **Ciascun** ragazzo si è organizzato come preferiva.
pron.: Ho parlato con **ciascuno**.

h) ***ciascuno*** *(adjective or pronoun; it has only the singular form; like* ***alcuno****, when it precedes the noun it behaves like the indefinite article);*

adj.: Ho letto **tutto** il giornale.
pron.: Ho pagato per **tutti**.

i) ***tutto*** *(adjective or pronoun; variable; when it is an adjective it is followed by the definite article);*

adj.: Non c'è **nessun** problema.
pron.: Ieri non è venuto **nessuno**.
pron.: Qui **nessuno** vuole lavorare.

l) ***nessuno*** *(adjective or pronoun; has only the singular form; like* ***alcuno****, when it precedes the noun it follows the forms of the indefinite article; like* ***niente/nulla*** *after the verb it requires the negation, but before the verb it does not).*

EXERCISES

1 Singular or plural? Complete the indefinites and the other words in the text with the correct endings.

Le prime cinque mosse della seduzione: alcuni consigli per tutt_ quell_ che si sentono poco sicuri di sé.

Prima mossa: ci sono molt_ cos_ a cui pensare quando si vuole sedurre qualcuno, ma in qualsias_ situazion_ la prima cosa da fare è scegliere bene la persona che ci interessa.
Seconda mossa: si deve fare attenzione a come si stabilisce il primo contatto. Alcun_ sono troppo dirett_, altr_ sono troppo timid_. Si deve sorridere o guardare negli occhi, con simpatia e interesse. Se non c'è nessun_ rispost_, significa che non c'è nient_ da fare e che il nostro tentativo è fallito; altrimenti andiamo avanti con la seduzione.
Terza mossa: dopo alcun_ sguard_, quando siamo sicuri che quell_ cert_ person_ non ci rifiuta, possiamo cercare di scambiare qualch_ parol_. Non si deve mai parlare tropp_ o poc_, si deve essere gentili, interessati ed educati.
Quarta mossa: se si è in un luogo pubblico si può offrire qualcos_ da bere e passare a conversare di argomenti più personali. A questo punto è una buona idea provare a guardare l'altro/l'altra negli occhi a lungo. Se lui o lei hanno le pupille grandi, significa che sono interessati.
Quinta mossa: adesso inizia la parte più interessante, ma... dobbiamo proprio dirvi tutt_?

2 **Underline all the indefinites in the text in Exercise 1 (adjectives, pronouns and adverbs) and put them in the correct place in the table, as shown in the example.**

Indefinites		
adjectives	pronouns	adverbs
alcuni consigli		

3 **As usual, the bus is almost 20 minutes late. This is what the people waiting at the bus stop and the bus driver are thinking. Put the indefinites in the correct place and complete the text.**

tutti **qualche** **altro** **ogni** **troppo**

1) *Ragazzo* - Uffa! Proprio oggi doveva succedere! _______ volta che ho un appuntamento con la mia ragazza c'è _______ problema e io arrivo sempre in ritardo. La settimana scorsa si è rotto il motorino, ieri c'era _______ traffico e oggi l'autobus ritarda! Le avevo comprato dei cioccolatini per regalo ma si stanno sciogliendo! Che faccio? Li butto o li mangio _______ io? Se continua così lei si troverà un _______!

niente **tutti** **certi** **niente** **nessuno**

2) *Signora* - Sempre la stessa storia. Il comune dice che _______ i cittadini devono usare i mezzi pubblici e poi il servizio è questo. Forse c'è uno sciopero, ma _______ me l'ha detto, ho anche comprato il giornale e non c'era scritto _______. Sicuramente l'autista si è presentato tardi al lavoro, _______ autisti non hanno proprio voglia di fare _______! Forse è meglio se chiamo un taxi.

qualsiasi **ogni** **altro** **nessuno** **troppo**

3) *Ragazza* - Che bello! L'autobus è in ritardo! Ottima scusa per perdere l'appuntamento. Se arrivo _______ tardi sicuramente il dentista farà passare un _______ paziente e non potrà vedermi. Che sollievo! Odio andare dal dentista! _______ volta che entro in quell'ambulatorio e vedo le facce dei pazienti che escono mi viene voglia di fuggire. Sono sicura che a _______ piace andare dal dentista e io farei _______ cosa per evitarlo! Speriamo che l'autobus tardi ancora un po'!

nessuno **qualcuno** **tutti** **altro** **ogni**

4) *Autista* - Un _______ giorno di traffico caotico. Sono già in ritardo di quasi mezz'ora e sicuramente a _______ fermata ci sarà _______ che si lamenta con me. Non c'è mai _______ che cerca di mettersi nei miei panni. Sono _______ bravi a criticare ma li vorrei vedere io al posto mio! Non vedo l'ora di andarmene in pensione!

4 **Lella and Maria are twin sisters but have very different characters. Lella is an optimist and always in a good mood. Maria on the other hand is a pessimist and always irritable. Read Lella's diary and then complete Maria's diary, with the opposites of the indefinites which Lella has used.**

Diario di Lella

Ieri è stata una giornata divertentissima! Prima io e Maria siamo andate in centro a fare spese e abbiamo trovato **tante** cose davvero carine. Peccato che non avevo abbastanza soldi per comprarmi **tutto** quello che mi piaceva. Poi siamo andate alla festa di compleanno della nostra amica Sonia. Suo fratello aveva invitato alcuni amici suoi e ho conosciuto **molti** ragazzi nuovi, tutti simpatici! Ho mangiato **molta** torta, perché era buonissima (adoro la panna!!!) e poi ho ballato **tutte** le canzoni che ha messo il ragazzo di Sonia, che fa il d.j. Sono sicura che, come me, si sono divertiti **tutti**, a parte forse Maria...

Diario di Maria

Ieri è stata una giornata noiosissima! Prima io e Lella siamo andate in centro a fare spese e abbiamo trovato ______ cose davvero carine. In ogni caso non avevo soldi per comprarmi ______! Poi siamo andate alla festa di compleanno della nostra amica Sonia. Suo fratello aveva invitato alcuni amici suoi ma ho conosciuto ______ ragazzi nuovi, e tutti antipatici! Di torta ne ho mangiata ______ perché era orribile (odio la panna!!!) e non ho ballato ______ delle canzoni che ha messo il ragazzo di Sonia, che fa il d.j. Sono sicura che, come me, non si è divertito ______, a parte forse Lella...

Present and past gerund

■ *The present gerund, the past gerund, the past infinitive and the past participle are invariable verbal forms (or verb forms not related to time) which are used in the dependent clauses.*

■ *The present gerund is formed from the infinitive of the verb. The endings are:*

-are > -ando
-ere > -endo
-ire > -endo

*ascolt**are**:* Mi rilasso ascolt**ando** la radio.
*legg**ere**:* Legg**endo** ho imparato molte cose.
*dorm**ire**:* Di solito passo la domenica dorm**endo**.

■ *The past gerund is formed with the **present gerund** of **avere** or **essere** + the **past participle** of the verb.*

Avendo incontrato Piero l'ho invitato a bere un caffè.
Essendo arrivato tardi non ho trovato nessuno.

■ *The gerund can have five principal meanings:*

*a) **simultaneousness** = the two actions happen at the same time;*

Mentre andavo dal panettiere ho incontrato Claudio.
→ **Andando** dal panettiere ho incontrato Claudio.

*b) **manner** = describes in which manner something is or the manner in which it occurs;*

Abbiamo passato la serata a ridere e a scherzare.
→ Abbiamo passato la serata **ridendo** e **scherzando**.

*c) **cause** = describes the reason why something happens;*

Poiché non aveva il biglietto con sé Aldo ha pagato la multa sul treno. → Non **avendo** il biglietto con sé Aldo ha pagato la multa sul treno.

*d) **hypothesis** = expresses a hypothesis;*

Se/Quando si mangia troppo si ingrassa.
→ **Mangiando** troppo si ingrassa.

*e) **concession** = replaces a phrase introduced by **anche se** (in this case the gerund is preceded by **pur**).*

Anche se sono stanco, vengo con voi al cinema.
→ **Pur essendo** stanco, vengo con voi al cinema.

■ *The **present gerund** is used when the action in the dependent clause (the clause with the gerund) happens at the same time (simultaneousness) as the other action in the main clause.*

present gerund (= simultaneousness): Studio **ascoltando** la radio.

■ *The **past gerund** is used when the action in the dependent clause takes place before (anteriority) with respect to the main clause.*

past gerund (= anteriority): **Avendo bevuto** molti caffè *(before)*, sono molto nervoso *(now).*

■ *All the pronouns (direct object, indirect object and double object pronouns) and the particles (ci, ne) are used after the gerund.*

Vedi quei libri? Se **me li** porti mi farai un gran favore.
→ Vedi quei libri? Portando**meli** mi farai un gran favore.

Gerund	
present	past
-are > -ando -ere > -endo -ire > -endo	present gerund of **avere** or **essere** + past participle of the verb

EXERCISES

1 Rewrite the sentences using the present gerund, as shown in the example.

e.g. Il bambino cade mentre gioca a pallone. → *Il bambino cade **giocando** a pallone.*

1. Piero mangia mentre guarda la televisione.

4. Gli studenti seguono la lezione mentre prendono appunti.

2. I nonni dormono mentre ascoltano la radio.

5. Paolo parla con un amico mentre va a scuola.

3. Sandra fa la doccia mentre canta.

6. Il professore cammina mentre legge un libro.

2 **Answer the questions choosing the answers from the list and putting them in the present gerund.**

e.g. Come hai passato l'esame? → ***Studiando*** *duro per due mesi.*

1. Come hai fatto a perdere così tanto peso?
2. Come avete imparato a cantare così bene?
3. Come avete potuto comprare questa casa?
4. Rita e Ada parlano inglese perfettamente. Come hanno fatto?
5. In che modo hai scoperto che tuo marito ti tradiva?
6. Come hai fatto a conquistare Sabrina?

chiedere un prestito alla banca | **passare le vacanze in Gran Bretagna** | **farlo seguire da un investigatore privato** | **studiare duro per due mesi** | **fare una dieta rigorosa** | **seguire un corso di canto lirico** | **scriverle molte lettere d'amore**

3 **Rewrite the sentences using the present or past gerund, as shown in the example.**

e.g. Poiché era molto contento Luca ha pagato da bere a tutti. → ***Essendo*** *molto contento Luca ha pagato da bere a tutti.*

1. Poiché lavoriamo vicino casa, ci mettiamo solo 10 minuti per andare in ufficio.
2. Poiché ho lavorato tutto il giorno oggi sono troppo stanco per uscire.
3. Poiché parla molto bene l'inglese, ad Amelia non sarà difficile trovare un lavoro.
4. Poiché abbiamo una casa grande dobbiamo trovare una donna per le pulizie.
5. Ho bisogno di fare una doccia perché ho giocato a pallone.
6. Ora non avete più voce perché avete cantato tutto il giorno.
7. Poiché erano molto nervosi i Rossi hanno deciso di fare una passeggiata.
8. Devo risparmiare perché il mese scorso ho speso troppo.
9. Poiché sono a dieta e non la posso mangiare, ho dato tutta la cioccolata a Paolo.

4 **Federica's mother has decided to give her daughter some advice.**
Rewrite the sentences using the present gerund, as shown in the example.

Madre - Federica, guarda che...

e.g. se continui a mangiare così poco ti sentirai male; → ***continuando*** *a mangiare così poco ti sentirai male.*

1. se studi un po' di più finirai prima l'università;
2. se non esci mai la sera non troverai mai un ragazzo;
3. se non ti vesti bene nessuno ti guarderà;
4. se fai troppo sport diventerai troppo muscolosa;
5. se ascolti me avrai successo.

5 **Rewrite the sentences using the form *pur + past* or *present gerund*, as shown in the example.**

e.g. Anche se è il mio compleanno, non ho voglia di festeggiare. → ***Pur essendo*** *il mio compleanno, non ho voglia di festeggiare.*

1. Anche se sei stanco, devi venire a cena da me.
2. Anche se ho pochi soldi, voglio comprare un regalo a mia moglie.
3. Anche se ho fame, non posso mangiare perché sono a dieta.
4. Quella ragazza non è il mio tipo, anche se è molto bella.
5. Anche se ho fatto due settimane di vacanza, non ho voglia di lavorare.
6. Anche se si sono lasciati, Rita e Marco continuano a vedersi.

6 **Rewrite all the highlighted phrases using the present or past gerund.**

Mentre uscivo di casa ho incontrato un mio vecchio conoscente: Gualtiero Ignazi. Mi è sembrato davvero giù, infatti, mi ha salutato quasi **come se piangesse**. Gli ho chiesto novità e lui, **mentre mi guardava** in modo molto serio, mi ha raccontato che, **poiché era andato** in pensione da poco, aveva molto tempo libero a disposizione. Così aveva deciso di uscire più spesso con gli amici. **Visto che è** vedovo, e **poiché è** anche un bravo ballerino, era andato molte volte a ballare. Lì aveva conosciuto una bella signora che aveva trovato davvero affascinante. Ma, **poiché** la signora **era** sposata, e, **poiché** il marito **era** molto geloso, Gualtiero aveva dovuto usare tutta la sua fantasia per incontrarsi con lei. "**Se continuo** così - mi ha detto - finirò all'ospedale".

Past infinitive

Dopo **aver visto** la tv, sono andato a dormire. Dopo **essere tornato** a casa, ho preparato la cena.	*The past infinitive is formed with the **present infinitive** of **avere** or **essere** + **the past participle***
Dopo **aver comprato** il biglietto *(earlier action)* ho preso l'autobus *(later action).*	*The past infinitive is used when the action in the dependent clause (the clause with the past infinitive) happens before (anteriority) with respect to the action in the main clause.*
	The past infinitive is used principally with sentences with the following significances:
Dopo che avrò studiato andrò in farmacia. → Dopo **aver studiato**, andrò in farmacia.	*a) **time** (in this case it is preceded by **dopo**);*
Ho ringraziato Paolo perché è venuto alla mia festa. → Ho ringraziato Paolo **per essere venuto** alla mia festa.	*b) **cause** (in this case it is preceded by **per**);*
Sono andato a vivere in America dopo che **mi** sono laureato. → Sono andato a vivere in America dopo esser**mi** laureato.	*All the pronouns (direct object, indirect object and double object pronouns) and the particles (ci, ne) are used after the infinitive as a suffix.*
Per **aver perso** il treno, sono arrivato tardi all'appuntamento.	*In the past infinitive, the infinitive of **avere** becomes **aver**.*

Past infinitive
present infinitive of **avere** (= **aver**) or **essere** + **past participle**

EXERCISES

1 Rewrite the sentences using the form *dopo + past infinitive*, as shown in the example.

e.g. Dopo che abbiamo visto il film siamo andati in un bar. → ***Dopo aver visto*** *il film siamo andati in un bar.*

1. Siete tornati a casa dopo che siete usciti da casa mia?
2. Andai dal dentista dopo che avevo passato tutta la notte sveglio per colpa del mal di denti.
3. Ieri sono andata al ristorante e, dopo che ho mangiato, sono tornata al lavoro.
4. Cosa hai fatto ieri dopo che hai finito la lezione?
5. Ieri ho riportato i libri a Gianni. Dopo che l'ho salutato sono andata a fare la spesa.

2 Rewrite the sentences using the form *per + past infinitive*, as shown in the example.

e.g. Mi sono sentita male perché ho bevuto troppo. → *Mi sono sentita male* ***per aver bevuto*** *troppo.*

1. Maria si è scusata con Luigi, perché è arrivata in ritardo.
2. Marco ha preso un brutto voto a scuola perché non aveva studiato.
3. Paola ha preso una multa perché non aveva pagato il biglietto dell'autobus.
4. Maria si è bagnata tutta, perché è uscita senza ombrello.
5. Ho ringraziato Paolo perché mi ha accompagnato a casa.

Past participle

■ *The past participle is formed from the infinitive of the verb. The endings are:* ***-are > -ato***
-ere > -uto
-ire > -ito

entrare: Entr**ato** in casa, ho acceso la luce.
vendere: Vend**uto** l'appartamento in città, sono andato a vivere in campagna.
finire: Fin**ito** il film, siamo usciti dal cinema.

■ *The past participle is used most of all in compound tenses (present perfect, past perfect, etc.)*

Ieri ho **incontrato** Paolo.
Quando sei **arrivato** io ero già **uscito**.

■ *The past participle is also used when the action in the dependent clause (the phrase with the past participle) happens before (anteriority) with respect to the action in the main clause.*

Comprato il biglietto *(earlier action)* ho preso l'autobus *(later action)*.

■ *The principal meaning of the past participle is a **time meaning;** and it can replace phrases containing a past infinitive.*

Dopo che avevo fatto la spesa sono tornata a casa per cucinare. → **Fatta** la spesa sono tornata a casa per cucinare.
Dopo aver finito la canzone il cantante fece una pausa.
→ **Finita** la canzone, il cantante fece una pausa.

■ *The past participle follows a particular rule:*

a) for transitive verbs (with a direct object) the final vowel agrees with the object of the verb;

Dopo che ho visto **le condizioni** del contratto ho deciso di non accettare il lavoro. → Vist**e** **le condizioni** del contratto, ho deciso di non accettare il lavoro.

b) for intransitive verbs (without a direct object) the final vowel agrees with the subject of the verb.

Dopo che siamo uscit**i** dal cinema siamo andati tutti in pizzeria. → Uscit**i** dal cinema siamo andati tutti in pizzeria.

■ *All the pronouns (direct object, indirect object, and double object pronouns) and the particles (ci, ne) go after the past participle as a suffix.*

Dopo che **le** ho detto quello che pensavo, l'ho lasciata.
→ Detto**le** quello che pensavo, l'ho lasciata.

Past participle

-are > -ato
-ere > -uto
-ire > -ito

1 Rewrite the sentences, using the past participle, as shown in the example.

e.g. Dopo che abbiamo pagato il conto, siamo usciti dal ristorante. → *Pagato il conto, siamo usciti dal ristorante.*

1. Dopo che hanno ascoltato il telegiornale, Mara e Paola hanno spento la tv.
2. Dopo essere arrivati a Roma, abbiamo cercato un albergo.
3. Dopo che ho accompagnato Ugo, sono andato a casa.
4. Dopo aver finito l'esercizio, lo studente ha chiuso il libro.
5. Dopo che è partito Aldo, sono rimasta sola.

2 Complete the past participle with the correct vowel *(-o, -a, -i, -e)*.

1. Vist_ il film, Aldo e Marco sono andati a bere una birra.
2. Il signor Rossi, vist_ le condizioni della casa, ha deciso di non comprarla.
3. Tornat_ a casa, Lidia ha preparato la cena.
4. Romeo, cantat_ la serenata, ha aspettato che Giulia si affacciasse alla finestra.
5. Studiat_ tutte le varie possibilità, Anna si è iscritta all'università di Camerino.
6. Partit_ con l'aereo, i miei genitori sono tornati in treno.
7. Affittat_ i due appartamenti in centro, la signora Bini è andata a vivere in periferia.
8. Ascoltat_ le previsioni del tempo, Franca ha deciso di andare al mare.

Indirect speech with main clause in the present tense

direct speech	***indirect speech***	
Paolo dice: "Sono stanco."	Paolo **dice che** è stanco.	*To say something to someone we can use **direct speech** (by speaking directly) or **indirect speech** (by telling someone what another person has said to us).*
		*When we change from direct speech to indirect speech some parts of the speech can change. If the main clause which introduces the indirect speech is in the **present** (or in the recent past):*
Piero dice: "**Rimango** a casa".	Piero dice che **(lui) rimane** a casa.	*a) the person of the verb can change;*
Gino e Pia dicono: "**Noi ci amiamo** molto".	Gino e Pia dicono che **loro si** amano molto.	*b) the pronouns can change;*
Anna dice: "Sono ancora **qui**."	Anna dice che è ancora **lì**.	*c) the adverbs of place can change;*
Simona dice: "**Mia** madre sta male".	Simona dice che **sua** madre sta male.	*d) the possessive adjectives and pronouns can change;*
Il professore dice: "**Studiate** il primo capitolo per domani".	Il professore dice **di studiare** il primo capitolo per domani.	*e) the imperative is changed to the form: **di + infinitive**.*

	direct speech	indirect speech (with main clause in the present tense)
person	1st person singular *(io)*	3rd person singular *(lui/lei)*
	1st person plural *(noi)*	3rd person plural *(loro)*
subject pronoun	*io*	*lui/lei*
	noi	*loro*
direct object pronouns	*mi*	*lo/la*
	ci	*li/le*
indirect object pronouns	*mi*	*gli/le*
	ci	*gli*
reflexive pronouns	*mi*	*si*
	ci	*si*
adverbs of place	*qui/qua*	*lì/là*
possessives	*mio/mia/miei/mie*	*suo/sua/suoi/sue*
	nostro/nostra/nostri/nostre	*loro*
verb	imperative	*di* + infinitive

EXERCISES

1 Spare time. These young people are talking about how they spend their free time. Match their statements on the left to the indirect speech sentences on the right, as shown in the example.

direct speech	indirect speech
a) Silvia: "Gioco spesso con il mio cane."	1) Dice che si allena tre volte alla settimana.
b) Lori e Piero: "Andiamo in piscina ogni venerdì."	2) Dicono che gli piace andare in discoteca con gli amici
c) Paolo: "Quando ho tempo vado al cinema con la mia ragazza."	3) Dice che rimane spesso lì in casa a giocare con il computer.
d) Luca: "Rimango spesso qui in casa a giocare con il computer."	4) Dice che quando ha tempo va al cinema con la sua ragazza.
e) Franca e Monica: "Ci piace andare in discoteca con gli amici."	5) Dicono che vanno in piscina ogni venerdì.
f) Dario: "Mi alleno tre volte alla settimana."	**6) Dice che gioca spesso con il suo cane.**

2 a) Read the postcard that Enza sent her husband.

Ciao Paolo,
qui va tutto bene, sono arrivata e ho subito cominciato il corso di yoga. La camera in cui dormo è molto carina e Roberta, la donna con cui divido la camera, è davvero simpatica! Il maestro di yoga mi ha insegnato le tecniche di base e mi sento già molto più rilassata. Vorrei stare di più ma purtroppo non posso, comunque ho deciso di iscrivermi a un altro corso di yoga non appena torno in città. Da' un bacio ai bambini da parte mia e digli che ci rivedremo presto.
Un abbraccio
Enza

Paolo Tresca
Piazza Savona, 15
05110 Viterbo

b) Now complete Paolo's account of the postcard to his children, changing the underlined words in Enza's postcard.

Ragazzi,
la mamma ha scritto una cartolina dove dice che ______ va tutto bene, ______ arrivata e ______ cominciato subito il corso di yoga. Scrive che la camera in cui ______ è molto carina e che Roberta, la donna con cui ______ la camera, è davvero simpatica. Dice che il maestro di yoga ______ ha insegnato le tecniche di base e che lei ______ ______ già molto più rilassata. ______ stare di più ma purtoppo non ______, comunque ______ deciso di iscriver______ a un altro corso di yoga non appena ______ qui in città. Mi scrive di darvi un bacio da parte ______ e di dirvi che vi rivedrete presto.

3 Macrovaldo tells his story. Rewrite it in the 3rd person.

Le disavventure di Marcovaldo

"Un giorno, nella mia città, ho visto dei funghi nel prato vicino alla fermata dove prendo il tram ogni mattina e ho deciso di aspettare che crescessero per coglierne un po' per la mia famiglia. Nei giorni seguenti ho osservato i funghi e ho aspettato. Naturalmente non ho detto niente a nessuno, perché non volevo dividere i funghi con altre persone. I miei bambini non li avevano mai assaggiati e volevo coglierli tutti solo per loro. Alla fine, una domenica mattina, dopo una notte di pioggia, sono andato con tutta la famiglia a cogliere i funghi. Purtroppo ho avuto una brutta sorpresa perché Amadigi, lo spazzino che normalmente lavora in quella zona, aveva avuto la mia stessa idea ed aveva già cominciato a cogliere dei funghi per sé! Ero così arrabbiato che per vendetta ho fatto vedere i funghi a tutti quelli che passavano e gli ho detto di servirsi. Eravamo tantissimi! Abbiamo passato tutta la domenica a cogliere funghi in compagnia e siamo tornati tutti a casa con i cestini pieni. Quella sera, naturalmente, molte famiglie hanno cenato con i funghi. E poco dopo, durante la notte, ci siamo rivisti tutti all'ospedale. Stavamo tutti malissimo! I dottori hanno detto che era per colpa dei funghi. Ma non capisco perché si sono arrabbiati tutti con me!" *(adapted from I. Calvino "Marcovaldo")*

Marcovaldo racconta che un giorno, nella sua città, ha visto dei funghi nel prato vicino alla fermata dove...

____

____

____

____

____

____

____

4 On the radio: a journalist is describing a conversation between two politicians of opposing parties. Change the underlined parts into direct speech (use *tu*).

"Buongiorno a tutti i radioascoltatori! Oggi sono presente a una discussione fra due politici molto famosi: Bruno Mattone, rappresentante della destra, e Sandro Linetti, rappresentante della sinistra.

Bruno Mattone comincia dicendo che <u>è molto contento di avere l'opportunità di discutere con il suo vecchio amico Linetti che conosce da tanti anni</u>, e Sandro Linetti risponde che <u>anche lui considera Mattone un caro amico, anche se ha idee opposte alle sue</u>.

Mattone dice che <u>per il suo partito la cosa più importante è sempre stata, ed è ancora, il benessere della nazione</u>; e che <u>il loro programma si basa principalmente sullo sviluppo economico</u>. Linetti lo interrompe dicendo che <u>anche il suo partito si interessa al benessere della nazione e</u> che <u>anche loro vogliono uno sviluppo economico, ma anche il mantenimento dei diritti dei lavoratori</u>. E aggiunge che <u>è sicuro che anche il suo stimato collega è d'accordo</u>.

Mattone risponde che <u>è certamente d'accordo ma</u> che <u>gli sembra più importante pensare all'economia e a creare posti di lavoro, quindi i lavoratori devono essere preparati a perdere qualcosa per dare la possibilità all'economia di crescere</u>.

Linetti risponde che <u>non è affatto d'accordo</u> e dice a Mattone che <u>lui e il suo partito* parlano come servi dei padroni</u>. A questo punto Mattone si innervosisce un po' e dice a Linetti che <u>è un vecchio comunista retrogrado</u>, gli dice anche che <u>gli italiani non ne possono più di seguire la sinistra perché sicuramente nelle prossime elezioni vincerà il suo partito**, come dicono tutti i giornali</u>. Linetti, si arrabbia, si alza e urla che <u>i giornali italiani sono tutti servi dello stesso padrone e dello stesso partito</u>, anche Mattone ora si alza e urla a Linetti <u>di sedersi</u>, poi lo spinge sulla poltrona. Linetti urla a Mattone che <u>è un fascista</u> e gli da' un pugno...

**lui e il suo partito: Mattone e il partito di Mattone.*

***il suo partito: il partito di Mattone.*

Bruno Mattone - ***Sono molto contento di avere l'opportunità di discutere con il mio vecchio amico Linetti che...***

Sandro Linetti - ____________

Bruno Mattone - ____________

Sandro Linetti - ____________

Bruno Mattone - ____________

Sandro Linetti - ____________

Bruno Mattone - ____________

Sandro Linetti - ____________

Bruno Mattone - ____________

Sandro Linetti - ____________

Indirect speech with main clause in the past tense

*When the indirect speech is introduced by a main clause in the **past tense**, the tense and some expressions of time can change as well:*

direct speech	indirect speech	
Aldo ha detto: "**Rimango** a casa".	Aldo ha detto che **rimaneva** a casa.	*a) the present tense changes to the imperfect tense;*
Leo ha detto: "**Sono rimasto** a casa".	Leo ha detto che **era rimasto** a casa.	*b) the present perf. changes to the past perf.*
Sandro disse: "**Stavo** male".	Sandro disse che **stava** male.	*c) the imperfect remains unchanged;*
Dario diceva sempre: "**Amai** molto Lucia!"	Dario diceva sempre che **aveva amato** molto Lucia.	*d) the historical past changes into a past perfect;*
Luca disse: "Sapevo che Rita **era venuta**."	Luca disse che sapeva che Rita **era venuta**.	*e) the past perfect remains unchanged;*
Lei disse: "**Cambierò** lavoro!"	Lei disse che **avrebbe cambiato** lavoro.	*f) the future simple changes into a perfect conditional (future in the past);*
Gli avevamo detto: "**Vorremmo** dormire!"	Gli avevamo detto che **avremmo voluto** dormire.	*g) the present conditional changes into a perfect conditional;*
Dissi: "Ebbi l'impressione che **fossero** piuttosto arroganti."	Dissi che avevo avuto l'impressione che **fossero** piuttosto arroganti.	*h) the imperfect subjunctive remains unchanged;*
Loro dissero: "Se **vincessimo** alla lotteria, faremmo il giro del mondo."	Loro dissero che se **avessero vinto** alla lotteria, avrebbero fatto il giro del mondo.	*i) the imperfect subjun. changes into a past perf. subjun. in a hypotetical clause;*
Loro dissero: "Partiamo **domani**."	Loro dissero che partivano **il giorno dopo**.	*j) we do not use **domani.** Instead we use **il giorno dopo** or **il giorno seguente**;*
Voi diceste: "**Oggi** siamo a casa."	Voi diceste che **quel giorno** eravate a casa.	*k) we do not use **oggi**. Instead we use **quel giorno**;*
Giorgio disse: "**Ieri** ho mangiato troppo."	Giorgio disse che **il giorno prima** aveva mangiato troppo.	*l) we do not use **ieri**. Instead we use **il giorno prima**;*
Franco disse: "Sono partito tre giorni **fa**."	Franco disse che era partito tre giorni **prima**.	*m) we do not use **fa**. Instead we use **prima**;*
Ugo ha detto: "Voglio leggere **questo** libro."	Ugo ha detto che voleva leggere **quel** libro.	*n) We do not use **questo/a/i/e**. Instead we use **quello/a/i/e**.*

	direct speech	indirect speech (with main clause verb in the past)
verb	present	imperfect
verb	present perfect	past perfect
verb	future/present conditional	perfect conditional
verb	imperfect subjunctive	past perfect subjunctive
time expression	*domani*	*il giorno dopo/il giorno seguente*
time expression	*oggi*	*quel giorno*
time expression	*ieri*	*il giorno prima*
time expression	*fa*	*prima*
demonstrative	*questo/a/i/e*	*quello/a/i/e*

EXERCISES

1 **Match the phrases on the left with those on the right, as shown in the example.**

indirect speech	direct speech
a) I ragazzi mi raccontarono che il loro padre aveva lavorato molti anni in Africa.	1) Oggi mi sono svegliato troppo tardi.
b) La signora Fidi disse che sarebbe partita tre ore dopo.	2) Ho traslocato 3 settimane fa.
c) Quel giorno il mio dottore mi ordinò di smettere di fumare.	**3) Nostro padre ha lavorato molti anni in Africa.**
d) Mia nonna mi ha promesso che se mi fossi sposata mi avrebbe regalato il suo anello di fidanzamento.	4) Comprerò un nuovo computer per mio figlio.
e) Marco mi raccontò che quel giorno si era svegliato troppo tardi.	5) Partirò fra tre ore.
f) Giorgio disse che avrebbe comprato un nuovo computer per suo figlio.	6) Vorremmo lavorare nel tuo negozio.
g) Mi dissero che avrebbero voluto lavorare nel mio negozio.	7) Smetta di fumare!
h) Mi raccontò che aveva traslocato 3 settimane prima.	8) Se ti sposassi ti regalerei il mio anello di fidanzamento.

2 **These are the promises that the politician Magnacci made two years ago, prior to the election. Rewrite them using indirect speech, changing the underlined words.**

Magnacci: "Sicuramente, quando sarò eletto, mi occuperò di tutti i problemi più importanti dei miei elettori. Mi preoccupa molto l'ambiente e voglio fare una legge per controllare di più i boschi e le coste. Aumenterò le pensioni e, naturalmente, farò di tutto per diminuire le tasse. Anche se c'è una disoccupazione molto alta, sono sicuro che, appena sarò al governo, le mie riforme miglioreranno la condizione economica del paese. Ci saranno più posti di lavoro e orari di lavoro più brevi. Mi piacerebbe creare un'Italia più ricca e moderna per i miei figli."

Due anni fa il Sen. Magnacci disse che, sicuramente, quando sarebbe stato eletto...

3 **Change the sentences to direct speech, as shown in the example.**

eg.: Il bambino ha detto che aveva perso il gatto.

"Ho perso il gatto"

1. Alberto ha detto che era partito due giorni prima.

2. La signora ha telefonato per dire che non poteva venire al lavoro perché sua figlia stava male.

3. Giovanni ha detto che sarebbe arrivato alle 6.30.

4. Mio padre diceva che se avessi studiato medicina mi avrebbe comprato la macchina.

5. Mamma mi ha detto di pulire la camera.

Indirect speech with the verbs *chiedere* and *domandare*

direct speech	*indirect speech*
Davide **domanda**: "Sergio è libero domani?"	Davide **domanda** se Sergio **è/sia** libero domani.
Chiediamo: "Avete visto quel film?"	**Chiediamo** se **hanno visto/abbiano visto** quel film.
Paola **chiese** al marito: "Hai mangiato?"	Paola **chiese** al marito se **avesse mangiato**.
Ho chiesto: "**Andate** in vacanza al mare?"	Ho chiesto se **andassero** in vacanza al mare.
Ho chiesto: "**Andavate** in vacanza al mare da piccoli?"	Ho chiesto se **andassero** in vacanza al mare da piccoli.
Ho chiesto: "**Siete andati** in vacanza al mare?"	Ho chiesto se **fossero andati** in vacanza al mare.

- *In indirect speech with the verbs **chiedere** and **domandare** both the indicative or the subjunctive can be used.*
- *Usually, it is preferable to use the subjunctive when the main clause verb is in the past tense.*
- *When we use the subjunctive with the verbs **chiedere** and **domandare** and the main clause verb is in the past tense, the tenses change as follows:*

a) the present indicative changes into an imperfect subjunctive;

b) the imperfect indicative changes into an imperfect subjunctive;

c) the past indicative (present perfect, past perfect, etc) changes into a past perfect subjunctive.

Indirect speech with the verbs *chiedere* and *domandare* and the main clause verb in a past tense

	direct speech	indirect speech
verb	present indicative	imperfect subjunctive
verb	imperfect indicative	imperfect subjunctive
verb	past indicative (present perfect, past perfect, etc)	past perfect subjunctive

EXERCISES

1 a) Read Fabiola job's interview.

Fabiola -	Buongiorno. Mi chiamo Fabiola Diretti, sono qui per l'annuncio di lavoro di P.R. che avete pubblicato sul giornale della settimana scorsa.
Direttore -	Buongiorno signorina. Il suo curriculum è molto interessante. Vedo che è laureata in Scienze Politiche, a Vienna. Ma Lei è italiana?
Fabiola -	Sì, ma mia madre è austriaca, per questo vado spesso in Austria dai parenti. Sono anche specializzata in Risorse Umane.
Direttore -	Vedo, vedo. Interessante. Ha lavorato già in questo settore?
Fabiola -	Veramente no, dato che ho finito da poco l'università. È importante per voi avere una persona con esperienza?
Direttore -	Sì, cerchiamo una persona esperta e con la conoscenza dell'inglese. Sa, i nostri clienti sono spesso stranieri, specialmente americani...
Fabiola -	Sì, ma voi siete anche in contatto con la Germania, no? E poi io so anche l'inglese.
Direttore -	Certo, ma non lo sa molto bene. Mi dispiace signorina. E poi c'è mia nipote che ha bisogno di lavorare.
Fabiola -	Capisco... ArrivederLa.

b) Now fill in the verbs in Fabiola's account of the interview to her friend.

Senti un po' che storia! Alcuni mesi fa sono andata ad un colloquio di lavoro per il posto di P.R. in una ditta del centro. Quando sono entrata il direttore mi ha detto che il mio curriculum [*era*] molto interessante e mi ha chiesto se [ ] italiana. Io ho risposto che mia madre [ ] austriaca e che per quello [ ] spesso in Austria dai parenti. Poi gli ho detto che [ ] anche specializza in Risorse Umane. Lui allora mi ha domandato se [ ] già in quel settore. Io gli ho risposto di no, dato che [ ] da poco l'università e poi gli ho chiesto se [ ] importante per loro avere una persona con esperienza. Lui mi ha risposto di sì e mi ha detto che [ ] una persona esperta e con la conoscenza dell'inglese perchè i loro clienti [ ] spesso stranieri. Allora io gli ho domandato se loro [ ] anche in contatto con la Germania e ho aggiunto che io [ ] anche l'inglese. Solo che lui mi ha risposto che non lo [ ] molto bene. Mi ha anche detto molto chiaramente che gli [ ] ma c' [ ] sua nipote che [ ] bisogno di lavorare. Così me ne sono andata.

2 Change the questions to indirect speech, as shown in the example.

direct speech	indirect speech
e.g. Carlo ha chiesto a Gino: "Hai freddo?"	Carlo ha chiesto a Gino se *avesse freddo.*
1. Ugo ha chiesto a Rita: "Sei sposata?"	1. Ugo ha chiesto a Rita se ______________
2. Anna ha chiesto a Dino: "Vuoi dormire?"	2. Anna ha chiesto a Dino se ______________
3. Lino ha chiesto a Sara: "Hai telefonato al medico?"	3. Lino ha chiesto a Sara se ______________
4. Teo ha chiesto a Fabio: "Hai già mangiato?"	4. Teo ha chiesto a Fabio se ______________
5. Sandro ha chiesto Paola: "Abitavi a Roma da piccola?"	5. Sandro ha chiesto Paola se ______________
6. Aldo ha chiesto a Mara: "Avevi studiato molto per quell'esame?"	6. Aldo ha chiesto a Mara se ______________

Progress test
(Units 29-34)

Have you made progress? Use this test to check.
Each exercise repeats one or more grammatical topic.
If you get more than half of the total correct: WELL DONE!
Otherwise, repeat the topics that give you most problems.

1 HISTORICAL PAST AND IMPERFECT.
Put the verbs into the historical past or imperfect.

Buchettino (first part)

C'era una volta un bambino di nome Buchettino. Un giorno Buchettino **trovò** un fico, lo *(mangiare)* ______ e *(buttare)* ______ la buccia fuori in giardino. Dopo molti mesi nello stesso posto *(nascere)* ______ un albero di fichi. Buchettino era molto contento perché finalmente *(potere)* ______ mangiare tutti i fichi che *(volere)* ______! Quando i fichi sull'albero *(essere)* ______ maturi Buchettino *(chiedere)* ______ alla mamma se *(potere)* ______ salire sul fico a mangiarli. La mamma *(rispondere)* ______ di sì, così Buchettino *(salire)* ______ sul fico ma, mentre *(mangiare)* ______, *(arrivare)* ______ l'Orco. Quando l'Orco *(vedere)* ______ Buchettino sull'albero, *(decidere)* ______ di mangiarselo per cena, ma l'albero *(essere)* ______ troppo alto, così l'Orco *(pensare)* ______ di chiedere un fico a Buchettino per poterlo catturare più facilmente. Ma Buchettino, furbo, non *(muoversi)* ______. Allora l'Orco *(insistere)* ______ così tanto che alla fine *(riuscire)* ______ a convincere il bambino. Così, mentre Buchettino gli *(dare)* ______ un fico, l'Orco lo *(prendere)* ______ per un braccio e lo *(mettere)* ______ in un sacco per portarlo a casa...

(adapted from a Tuscan folk tale)

Each correct verb scores 2 points. **Total:___/44**

2 HISTORICAL PAST, PAST ANTERIOR AND IMPERFECT.
Put the verbs into the historical past, into the past anterior or into the imperfect.

Buchettino (second part)

Dopo che *(catturare)* ______ Buchettino, l'Orco tornò verso casa. Intanto il povero bambino, chiuso nel sacco, pensava a come fuggire. Per fortuna *(avere)* ______ in tasca il coltello che aveva usato per tagliare i fichi, così, appena l'Orco *(fermarsi)* ______ per riposarsi, Buchettino aprì il sacco e *(uscire)* ______. Poi, mentre l'Orco *(fare)* ______ pipì, Buchettino *(riempire)* ______ il sacco con delle pietre molto pesanti. L'Orco non *(accorgersi)* ______ di niente e *(arrivare)* ______ a casa con il sacco pieno di pietre. Buchettino, che aveva seguito l'Orco, *(rimanere)* ______ fuori della casa ad osservare la scena.

Dopo che l'Orco *(salutare)* ______ la moglie, le *(dare)* ______ il sacco e le *(dire)* ______ di cucinare il bambino. La moglie *(versare)* ______ il contenuto del sacco direttamente nella pentola di acqua bollente e... SPLAFF!!... le pietre *(cadere)* ______ nell'acqua e lei *(morire)* ______ scottata. Appena *(vedere)* ______ quello che era successo, l'Orco *(arrabbiarsi)* ______ moltissimo, e *(correre)* ______ fuori a cercare Buchettino. Ma il bambino *(salire)* ______ sul tetto della casa. L'Orco allora *(prendere)* ______ pentole, piatti e bicchieri e *(costruire)* ______ una scala per salire, ma siccome *(essere)* ______ troppo pesante, *(cadere)* ______ giù e *(morire)* ______ anche lui. Buchettino, invece, *(tornare)* ______ sano e salvo dalla mamma.

Each correct verb scores 2 points. **Total:___/50**

3 SEQUENCES OF INDICATIVE TENSES.
Choose the correct verb tense.

Un personaggio della Roma antica dell'anno 1 ci racconta come era la sua vita a quei tempi.

"Ah! Quanti ricordi! E com'era diversa la vita di allora da quella di adesso! A quel tempo noi romani **avevamo/avemmo/abbiamo avuto** alcune convinzioni molto particolari. Io **mi occuperei/mi occupavo/mi fui occupato** di politica e dovevo fare molta attenzione a come avevo **passato/passai/passavo** il tempo libero e anche a come lo **hanno passato/passavano/passarono** i miei figli. Il mio figlio maggiore Aurelio, per esempio, era un grande appassionato di teatro ma io **dovetti/dovevo/ebbi dovuto** proibirgli di fare l'attore, perché i miei concittadini **considerarono/hanno considerato/consideravano** questa professione quasi come la prostituzione. So che per voi adesso **era/è/è stato** normale vedere un attore che **fa/faceva/farebbe** politica, ma ai miei tempi questo **era stato/era/è** assolutamente impossibile! Mi ricordo ancora di mio padre che mi diceva sempre che la cosa più importante **era stata/è stata/era** evitare il ridicolo e gli scandali. Proprio nell'anno 1 un importante senatore mio amico **perse/aveva perso/ebbe perso** il seggio perché una volta **aveva baciato/ha baciato/baciava** la moglie di fronte a tutti!
A parte questo, un uomo ricco e importante **ha potuto/poteva/aveva potuto** fare tutto e concedersi tutti i piaceri.
La Roma dell'anno 1 **aveva avuto/ebbe/aveva** quasi un milione di abitanti, ma l'imperatore Augusto era convinto che la popolazione in futuro **diminuirà/diminuirebbe/sarebbe diminuita**, quindi **incoraggiò/incoraggerebbe/ebbe incoraggiato** il matrimonio. In quell'anno infatti **si sposarono/si sposerebbero/si furono sposati** anche due miei figli maschi e per l'occasione **avevamo fatto/facemmo/abbiamo fatto** una grande festa, con musiche, danze e cento schiavi che servivano a tavola i migliori piatti e i migliori vini di tutto l'Impero. Insomma, era una bella vita, specialmente per le famiglie ricche e con molti schiavi come la mia. Scommetto che la vostra vita adesso non **è stata/è/fu** così piacevole."

Each correct verb scores 2 points. **Total: ___/36**

4 INDEFINITES.
There are 4 errors in the text in the use of the indefinites. Find them and correct them.

Il 26 dicembre, dopo una dura giornata di lavoro, Babbo Natale si lamenta:"Mamma mia che brutta notte che ho passato! Ogni volte diventa più difficile. Tre ore prima di partire nessuni dei miei aiutanti aveva preparato una lista completa di tutti i bambini a cui portare i regali! Ho dovuto fare tutto da solo e in pochissimo tempo! Poi ho dovuto controllare che su ciascun pacchetto ci fosse il nome giusto dei bambini e, naturalmente, qualcuno aveva confuso i regali. Per fortuna me ne sono accorto in tempo! Quando alla fine ero pronto per partire faceva troppo freddo e sono dovuto andare a cambiarmi per mettermi le mutande di lana. Lo so che fa sempre molto freddo la notte di Natale, ma questa volta era davvero un freddo eccezionale! Alla fine, per fortuna, sono riuscito a partire, ma quando sono arrivato quasi nessun bambino era già a letto! Fino a pochi anni fa tutti i bambini andavano a letto presto perché sapevano che sarei arrivato io, ora, invece, solo qualche bambini ubbidiente lo fa. Gli altri aspettano alzati perché vogliono vedermi e poi ci sono alcuni che non credono neanche alla mia esistenza! E io devo aspettare fuori al freddo finché non si sono addormentati. Sono distrutto! Voglio fare più niente per molto tempo. Per fortuna che ora ho un anno di ferie!"

Each correction scores 10 points. **Total: ___/40**

5 VERB FORMS NOT RELATED TO TIME.

Change the underlined phrases in the text into the verb forms as indicated on the table, as shown in the example.

Pettegolezzi di provincia

A Palermo un'infermiera di una casa di riposo*, poiché era apparsa nuda su una rivista locale, ha causato uno scandalo ed è stata licenziata. Alcuni anziani ospiti infatti, dopo che avevano visto le foto della signorina G. G. le avevano mostrate alle loro famiglie; i familiari poi si erano lamentati con la direzione dell'istituto. Dopo che ha ascoltato tutti i parenti, la direttrice della casa di riposo ha deciso di risolvere la situazione con il licenziamento di G. G. Nella lettera di licenziamento ha scritto che G. G. si era comportata in maniera irresponsabile e scandalosa, poiché aveva creato tensione fra gli ospiti e problemi per le altre colleghe. Dopo che ha ricevuto la lettera di licenziamento, la signorina G. G. ha contattato il sindacato e ha dichiarato che, invece, molti ospiti della casa di riposo si erano complimentati con lei e avevano apprezzato quello che aveva fatto. Mentre parlava con un giornalista locale la signorina G. G. ha promesso che non farà più foto del genere, anche se le sono arrivate molte offerte da molte altre riviste.

(adapted from the website www.trash.it)

***casa di riposo**: old people's home.*

phrase in the text	change to	verb form not related to time
e.g. poiché era apparsa	gerund	*essendo apparsa*
1. dopo che avevano visto	past participle	
2. Dopo che ha ascoltato	past participle	
3. con il licenziamento di	gerund (verb *licenziare*)	
4. Dopo che ha ricevuto	*dopo* + past infinitive	
5. Mentre parlava	gerund	
6. anche se le sono arrivate	*pur* + gerund	

Each correct verb form scores 10 points. **Total: ___/60**

6 INDIRECT SPEECH.

a) Toni the private detective has bugged Mrs Fingi's telephone conversation with her lover (*amante*). Read the text of the conversation.

Amante - Ciao Daniela, (1) sei sola?
Signora Fingi - Sì, tesoro. (2) Stai tranquillo, (3) mio marito (4) è andato in ufficio.
Amante - (5) Sei libera (6) domani?
Signora Fingi - Sì, (7) dirò a (8) mio marito che (9) devo andare a cena dalla (10) mia amica Serena.
Amante - Perfetto! (11) Tuo marito (12) è proprio un cretino, (13) crede sempre a tutto! (14) Ti (15) voglio portare a cena nel (16) nostro ristorante preferito. (17) Ti (18) ho preparato anche una sorpresina.
Signora Fingi - Che bello! Ma che sorpresa (19) è?
Amante - Non (20) te lo (21) dirò mai! (22) Ti (23) aspetto alle sette (24) qui da (25) me, come al solito.
Signora Fingi - D'accordo, ciao tesoro.

b) Some weeks later Toni, the private detective, reports to his boss on the telephone conversation between Mrs Fingi and her lover. Complete Toni's account, change the numbered word in the conversation.

Allora capo, la conversazione che ho registrato qualche settimana fa è molto sospetta. Quel giorno un uomo ha telefonato alla signora Fingi e le ha chiesto se (1) ______ sola. La signora ha risposto di sì e gli ha detto di (2) ______ tranquillo perché (3) ______ marito (4) ______ in ufficio. Allora l'uomo le ha chiesto se (5) ______ libera il (6) ______ . Lei gli ha risposto di sì e che (7) ______ a (8) ______ marito che (9) ______ andare a cena dalla (10) ______ amica Serena.
L'uomo ha detto alla signora che (11) ______ marito (12) ______ proprio un cretino, perché (13) ______ sempre a tutto. Poi le ha comunicato che (14) ______ (15) ______ portare a cena nel (16) ______ ristorante preferito. E ha aggiunto che (17) ______ (18) ______ anche una sorpresina.
La signora Fingi gli ha chiesto che sorpresa (19) ______ ma l'uomo ha risposto che non (20) ______ (21) ______ mai. Quindi ha detto che (22) ______ (23) ______ alle sette (24) ______ da (25) ______ , come al solito. Infine si sono salutati.

Each correct word scores 2 points. **Total: ___/50**

Solutions to the exercises

1. Nouns

Nouns ending in *-o* and in *-a*/ Nouns ending in *-e*

E2 - *M:* vino, formaggio, aglio, prosciutto, gelato, olio, burro; *F:* acqua, pasta, frutta, verdura, birra, aranciata, marmellata, panna.

E3 - *Marco*: marito, ragazzo, studente, commesso, italiano, attore, segretario, uomo, dottore, insegnante, cameriere, cantante, padre; *Anna*: donna, ragazza, madre, segretaria, cameriera, italiana, commessa, studentessa, moglie, insegnante, dottoressa, attrice, cantante.

E4 - *Masculine:* **b**urro, **o**rologio, **t**avolo, **t**reno, **i**mpiegato, **c**ane, **e**rrore, **l**avoro, **l**ibro, **i**taliano. *The name is:* **BOTTICELLI**.

E5 - *m/s:* letto, armadio, terrazzo, comodino, bicchiere; *m/p*: libri, scaffali, uccelli, quadri; *f/s*: camera, libreria, gabbia, lampada, sveglia, bottiglia di acqua; *f/p*: porte, pareti, fotografie.

Other nouns

E1 - **uomo**/uomini, città/**città**, **dentista**/dentisti, **autobus**/autobus, **cuoca**/cuoche, mano/**mani**, computer/**computer**, **università**/università, orologio/**orologi**, amica/**amiche**, **foto**/foto, greco/**greci**, **pacco**/pacchi, programma/**programmi**, **bacio**/baci, radio/**radio**, **uovo**/uova, **spiaggia**/spiagge, camicia/**camicie**, crisi/**crisi**, dito/**dita**.

E2 - sport/sport, pacco/pacchi, operaio/operai, albergo/alberghi, radio/radio, greco/greci, problema/problemi. *The biggest lake in Italy:* **Lago di Garda**.

E3 - città, mare, abitanti, turisti, tedeschi, slavi, scandinavi, spiagge, bambini, ragazzi, persone, ristoranti, discoteche, bar, notte.

E4 - **R**oma, **i**taliano, **m**are, **i**sola, **n**otte, **I**schia. *The town is* **RIMINI**.

E5 - pesci, arance, gelati, ananas, fiaschi, pacchi, asparagi, ciliegie, salsicce, yogurt, pesche.

E6 - s**p**iagge, problem**i**, p**o**eti, a**u**tobus, **f**ilm, universit**à**, mo**g**li, superfic**i**, ser**i**e, cinem**a**, f**o**to, radi**o**, **m**ani, valig**i**e, banc**h**e, ami**c**i, amich**e**.

2. Articles

Definite article

E1 - *il:* vestito di Armani, disco di Madonna, computer portatile; *lo:* zaino Invicta; *l' (m):* appartamento in centro, orologio, *i.* biglietti per La Scala; *gli:* occhiali da sole, stivali di Dolce e Gabbana; *la:* macchina nuova, moto, bicicletta nuova, borsa di Gucci; *l' (f):* enciclopedia Britannica; *le:* scarpe di Ferragamo.

E2 - 1: La, il; 2: il; 3: i; 4: la; 5: la; 6: la; 7: il; 8: l'.

E3 - gli, la, I, i, il, il, la, le, la, la, La, i, le, i, la, i, le, la, la, gli.

E4 - gli, lo, I, i, gli, gli, Gli, il, i, i, gli, il, I, lo, i, il, i, gli. *The sport is* **calcio**.

E5 - 1: il, true; 2: il, false; 3: l', false; 4: lo, true; 5: l', false; 6: la, false; 7: la, true; 8: il, false; 9: la, true; 10: il, true; 11: gli, true; 12: il, false.

E6 - 1: ~~i~~ (gli) italiani; 2: ~~la~~ (le) spiagge; 3: ~~i~~ (le) colline; 4: ~~gli~~ (i) laghi.

Indefinite article

E1 - *un:* elicottero, figlio, maggiordomo, personal trainer, ufficio, grattacielo, Grand Hotel, cavallo, cane di razza, conto in banca miliardario; *uno*: yacht; *una*: figlia, palestra privata, piscina; *un'*: amante, isola nel Pacifico, auto sportiva, auto di rappresentanza.

E2 - a): un, un, un, un, un, una, un. *The personality is* **Luciano Pavarotti.** b): un, un, un', Un, un, un, un. *The personality is* **Roberto Benigni.** c): un, un, un, uno, uno, un, Un', un, una, un, un. *The personality is* **Leonardo da Vinci.**

E3 - 1: un, true; 2: un, un, true; 3: una, false; 4: un, true; 5: una, false; 6: un, false; 7: un, true; 8: un, false; 9: un', true; 10: un, true; 11: un, false; 12: un, true.

E4 - *turista*: un costume, una camicia hawaiana, una maschera subacquea, un paio di occhiali da sole, un passaporto, un telo da spiaggia, un tubetto di crema solare; *tifoso*: uno striscione con scritto FORZA ROMA, un biglietto per lo stadio, un giornale sportivo, una maglietta della squadra, un paio di scarpe da calcio, un paio di pantaloncini sportivi, una sciarpa della squadra; *uomo d'affari*: un computer portatile, un'agenda, un biglietto da visita, una cartella di documenti, una cravatta, una penna, un telefonino.

Definite and indefinite articles

E1 - L', una, uno, Gli, le, L', il, il, il, il, lo, l', la, una, il, la, uno, il, il, l', un, una, lo, la, una.

E2 - un, un, La, un', la, un, la, la, i, un, una, un. *The name of the Italian sea and the title of the film is* **Mediterraneo**.

E3 - un, un, l', Un, l', Il, Il, il, Il, un.

E4 - 1: L'; 2: Il, uno; 3: una; 4: un; 5: una; 6: Il, un; 7: Il; 8: La, un'; 9: gli, il.

3. *Essere* and *avere*

Essere and *avere*

E1 - *essere*: io sono, tu sei, voi siete, loro sono; *avere*: io ho, lui/lei/Lei ha, noi abbiamo, loro hanno.

E2 - *Maria*: è triste; *Ugo*: è contento; *Laura*: ha fame; *Paola*: ha sonno; *Carlo*: ha sete; *Sergio*: è sorpreso; *Fabio*: è arrabbiato; *Rita*: ha caldo; *Luigi*: ha freddo.

E3 - 1: sono; 2: è; 3: siamo; 4: sono; 5: sono; 6: è: 7: siete; 8: è; 9: sono, sono.

E4 - a) ha, abbiamo, hanno, Abbiamo. *The people are:* **gli inglesi**. b) ha, hanno, Abbiamo, hanno, avete, abbiamo. *The people are:*

i brasiliani. c) hai, Abbiamo, ha, hanno, abbiamo. *The people are:* **i greci**.
E5 - è, Ha, è, sono, sono, ha, è, sono, hanno, sei, hanno, è, è. *The city is* **Firenze**.
E6 - È, sono, è, sei, hai, hai, sono, è, ha, È, è, Ha, sono, è, ha, è, Hai, sono, È.
E7 - 1: ci sono; 2: c'è; 3: c'è; 4: ci sono; 5: ci sono; 6: c'è; 7: c'è; 8: ci sono.

4. Adjectives

First group adjectives / Second group adjectives

E1 - *m/s:* interessante, abbondante, facile; *m/p*: distesi; *f/s*: rilassata, chiusa, spenta, comoda, ideale, forte, debole, adatta; *f/p*: allungate.
E2 - *Andrea*: anziano, basso, brutto, calvo, grasso, miope, pigro, triste. *Simona*: alta, bionda, felice, giovane, magra, riccia, sportiva.
E3 - un cane bianco, un letto grande, un gatto nero, un film americano, un lavoro stressante. *The most southern point of Italy is* **Lampedusa**.
E4 - ideale, divertente, simpatico, intelligente, affascinante, scuri, azzurri, atletico, grosso, sposata, piemontese, tranquillo, noioso, gentile, verdi, calvo, sportivo, ideale, alta, biondi, lunghi, grandi, bella, gentile, servizievole, allegra, carina, piccola, scura, triste.
E5 - 1: cald**o**, false; 2: fredd**a**, false; 3: estiv**i**, cald**i**, true; 4: nazional**e**, true; 5: abbondant**e**, false; 6: scolastic**o**, true; 7: festiv**o**, true; 8: pien**e**, true; 9: invernal**e**, true.
E6 - italiana, complicata, indiano, gentili, furbi, rispettosi, spagnola, frettolosi, rilassati, inglese, italiani, carini, inglesi, bravi, tedesca, disorganizzati, complicato, incomprensibile, perfetti, americano, italiani, pazzi, elegante, pulite, irlandese, individualisti.
E7 - Maria, grande, brutto, molte, grande, Maria, piccolo, nuovo, vecchia, brutte, Maria, cattiva fotografa, Maria, il ragazzo, Alessandro, Alessandro, vecchio, Maria, brutto, basso, grasso, Alessandro, Maria, il modello.

5. Present tense of irregular verbs

Present tense of regular verbs

E1 - 1/e; 2/h; 3/d; 4/m; 5/n; 6/c; 7/i; 8/f; 9/o; 10/b; 11/g; 12/l; 13/a.
E2 - *parlare*: tu parli, noi parliamo, voi parlate, loro parlano; *vedere*: io vedo, tu vedi, noi vediamo, voi vedete, loro vedono. *partire*: tu parti, lui/lei/Lei parte, voi partite, loro partono; *finire*: io finisco, lui/lei/Lei finisce, noi finiamo, loro finiscono.
E3 - 1: lavoro; 2: parla, abita; 3: giocate; 4: Penso; 5: arriva; 6: compri; 7: porta; 8: studiano; 9: Torniamo; 10: guida.
E4 - 1: Vedi; 2: Perdo; 3: chiude; 4: Vivo; 5: mettete; 6: permettono; 7: viviamo; 8: cade; 9: vende; 10: vediamo.
E5 - 1: preferisce, preferisco; 2: parte; 3: finisci; 4: Senti; 5: finisce; 6: dorme; 7: capiscono; 8: offriamo; 9: pulisco; 10: partite.
E6 - 1: vive, lavora; 2: studio, ascolto; 3: partono, Prendono; 4: pulisci, mangi; 5: lavorate; 6: preferisce; 7: gioca; 8: parla, capiscono; 9: finisce; 10: vede, passa.
E7 - a) giro, vivo, conoscono, vedono, comprano, chiamo, canto. *The personality is* **ANDREA BOCELLI**.
b) Abito, Ho, viaggio, porto, aspetta, apro, parlano. *The personality is* **THE POPE.**
c) vivo, lavoro, indossano, disegno, lavorano, costano, chiamo. *The personality is* **GIORGIO ARMANI**.
E8 - vende, accade, accompagna, scrive, racconta, succede, assassina, capisce, investiga, cerca, aumentano, uccide, finisce, scopre, trova. *The title of the book is* **IL NOME DELLA ROSA**.
E9 - mostra, è, sono, serve, cambiano, usano, amano, ha, è, vivono, sono, Sembra.
E10 - a) Si chiama Andrea Fiorini e ha 26 anni. È di Milano e abita in centro, dove lavora in una agenzia turistica dal lunedì al venerdì. Di solito comincia a lavorare alle 9.00 e finisce alle 5.00, poi, tre volte alla settimana, gioca a tennis con un amico. Non è fidanzato perché preferisce rimanere libero e indipendente, però ha molte amiche e una vita molto attiva. La sera vede spesso gli amici per bere qualcosa o andare a ballare.
b) Si chiama Veronica Biaggi e ha 49 anni. È di Reggio Emilia ma vive a Bologna dove insegna in una scuola elementare. È sposata e ha due figli, un maschio e una femmina. Nel tempo libero legge molto, è appassionata di libri e spende molti soldi nelle librerie. Qualche volta pensa di scrivere un libro sui bambini, ma ora non ha molto tempo.
c) Si chiama Caterina Cussu, ha 28 anni, è sarda e vive a Nuoro, dove lavora in una società informatica come designer grafico. È un lavoro molto creativo e qualche volta, quando non ha idee, prende la macchina e gira lungo la costa, a pensare. Non è sposata né fidanzata. Viaggia volentieri e conosce sempre nuove persone.

Progress Test. Units 1-5

E1 - *maschile:* orologio, autobus, padre, salame, vino, pane, film, bar, cinema, fiore, problema. *femminile*: stazione, casa, stagione, bici, birra, mano, radio.
E2 - *plurale*: penne, amici, libri, amori, operai, infermieri, avvocati, uomini, professoresse, mani, amiche, pesche, università, foto, bar, dischi, giornali, letti, alberghi, caffè, pizzerie.
E3 - i, le, il, i, le, la, gli, il, Il, la.
E4 - una, Le, una, il, il, Il, la, l', L', Il, le, le, Le, la, la, un, Gli, l', la, I, le, la, il, la, una.
E5 - ha, ha, sono, sono, hanno, sei, sei, sei, hai, hai, sei, siamo, sono, sono, è.
E6 - arriva, aspetta, prende, è, Ho, pensa, apre, vede, decide, è, È, è, sente, aumenta, prende, comincia, È, lavora, è, gira, sono, sono, ha, entra, compra, porta, finisce, decide, ha,

Solutions

pensa, Odio.

E7 - 1: Gli italiani normalmente prendono le vacanze ad agosto; 2: D'inverno le montagne italiane sono piene di sciatori; 3: La Sardegna ha un mare bellissimo; 4: La montagna più alta degli Appennini è in Abruzzo; 5: Gli sciatori estivi preferiscono il Monte Rosa; 6: Le isole Tremiti sono tre isole italiane; 7: I turisti tedeschi amano le spiagge italiane; 8: Molti turisti visitano le cascate delle Marmore in Umbria; 9: Il fiume più lungo d'Italia è il Po; 10: Il Po nasce sulle Alpi e finisce nel mare Adriatico.

6. Present tense of irregular verbs

Modal verbs and the verb *sapere*

E1 - 1: devo; 2: vogliono; 3: possiamo; 4: vuoi, devi; 5: può; 6: devono; 7: può; 8: dovete; 9: vogliono; 10: puoi.

E2 - 1/f; 2/c; 3/h; 4/g; 5/b; 6/e; 7/a; 8/d.

E3 - 1: Sai; 2: posso; 3: sa; 4: sa; 5: Potete; 6: può, sa; 7: possono; 8: sappiamo; 9: Possiamo; 10: Sapete.

E4 - vuole, può, può, deve, sa, vuole, sanno.

Other verbs irregular in the present tense

E1 - *dire*: io dico, lui/lei/Lei dice; noi diciamo; voi dite; *rimanere*: io rimango, tu rimani, noi rimaniamo, loro rimangono; *scegliere*: io scelgo, tu scegli, voi scegliete, loro scelgono; *sedere*: tu siedi, lui/lei/Lei siede, voi sedete, loro siedono; *tenere*: io tengo, tu tieni, noi teniamo, voi tenete.

E2 - 1: Vogliamo andare in vacanza; 2: Renato rimane a casa perché deve studiare; 3: D'estate beviamo più birra; 4: La politica italiana per gli stranieri è incomprensibile; 5: Perché non dai la mancia al cameriere?; 6: Non posso venire a ballare; 7: Marco sa il tedesco; 8: Cosa fai domani?; 9: Perché non usciamo stasera?

E3 - stiamo, Siamo, andiamo, facciamo, fa, viene, facciamo, vado, preferiscono, usciamo, andiamo, vengono, vanno.

E4 - 1: sei, a: Sei, b: vai, c: Vuoi, d: Sei; 2: è; 3: dici, a: Devo, b: Va, c: Voglio, d: ha, e: È; 4: fai, vuoi, b: sei, d: hai; 5: a: Sono, c: È, d: Voglio.

E5 - 1: dicono, true; 2: devi, true; 3: devi, true; 4: rimangono, false; 5: è, true; 6: va, false; 7: vanno, true; 8: facciamo, false; 9: diamo, diciamo, true; 10: dai, true.

E6 - 1: posso; 2: vuoi; 3: sa; 4: diciamo; 5: bevete; 6: stanno; 7: fanno; 8: vengono; 9: riesco.

E7 - molti italiani ~~fa~~ (fanno) colazione; ~~usciamo~~ (escono) e vanno a prendere il caffè.

7. Addressing people formally

Addressing people formally

E1 - 1/c; 2/a; 3/b.

E2 - f, e, c, b, a, d, g.

E3 - Buongiorno signor Andrea!/Buongiorno signorina Federica, come sta?/Non male, e Lei?/Bene grazie, ha tempo?/Sì, perché?/Prende un caffè con me?/Ottima idea, signor Andrea!

E4 - *Prof.*: sai, hai; *Luca*: fa; *Prof.*: hai; *Luca*: sa; *Prof.*: pensi; *Luca*: ha, deve, ascolta, capisce; *Prof.*: puoi, hai, fai.

E5 - a) lavori, devi, prendi, vuoi, puoi; b) pensa, crede, Va, Scherza, mangia, è.

8. The verb *stare*

Present continuous (*stare + gerund*)

E1 - 1/c; 2/f; 3/a; 4/h; 5/e; 6/g; 7/d; 8/b.

E2 - sta, stanno, sta, sto, sto.

E3 - 2: intervistando una persona; 3: preparando il pane; 4: pettinando una cliente; 5: scrivendo alla lavagna; 6: facendo una multa; 7: ballando; 8: seguendo la partita; 9: vendendo un mazzo di fiori; 10: tagliando la carne.

E4 - stanno aumentando, stanno diminuendo, stanno facendo, stanno consumando, stanno comprando, stanno scendendo, sta diventando, sta salendo.

Stare per

E1 - 1/d; 2/b; 3/e; 4/a; 5/c.

E2 - 1: Il treno sta per partire; 2: Il film sta per cominciare; 3: L'anno sta per finire; 4: I miei genitori stanno per arrivare; 5: Mi sento male, sto per svenire; 6: Mancano solo due km, stiamo per arrivare; 7: Prendiamo l'ombrello, sta per piovere; 8: Non uscire, sta per nevicare; 9: Sono stanco, sto per andare a letto; 10: La gatta sta per fare i gattini.

E3 - 2: sta per aprire la finestra; 3: sta per uscire di casa; 4: sta per mangiare; 5: sta per bere; 6: sta per fare una doccia; 7: sta per mettere lo zucchero nel caffè; 8: sta per entrare in casa.

9. Possessive adjectives and pronouns

Possessive adjectives and pronouns

E1 - La mia, il mio, La sua, la sua, il mio, i miei, la loro, i miei, la mia, il mio.

E2 - b/7: mi**e**, c/2. tu**o**, d/6. vostr**a**, e/1: nostr**i**; f/5: tu**e**; g/8: mi**e**; h/3: mie**i**.

E3 - 1: Il suo, Pisa; 2: La loro, austriaci; 3: la tua, passaporto; 4: i nostri, banca; 5: La sua, Bologna; 6: I suoi, Bolzano; 7: i tuoi, armadio.

E4 - loro, loro, sua, suo, suo, mia, miei, nostra, nostra, loro, nostra, nostro, loro.

Possessive adjectives and pronouns with articles

E1 - a) Il padre di Paolo è americano; b) Le sue sorelline si chiamano Anna e Grazia; c) Christian ha 17 anni.

E2 - 2: La sua, Anna; 3: Sua, Vincenza; 4: Suo; 5: I suoi, Alberto, Serena, Pietro; 6: I suoi, Oreste, Milena; 7: Sua, Cristina; 8: Le sue, Franca, Giovanna, Ada; 9: Suo, Domenico; 10: Suo,

Gennaro.
E3 - a: tua, il mio; b: mio; tuo.
E4 - suo, La sua, suo, il suo, il suo, suo, la sua, la sua, la sua, la sua, il suo, Il suo, il suo.
E5 - 1, **B**; 4, **O**; 6, **R**; 7, **G**; 9, **I**; 11, **A**. *The last name is* **BORGIA**.

10. Reflexive and reciprocal verbs

Reflexive and reciprocal verbs

E1 - 1: si mette, **v**iola; 2: si riposano, **e**state; 3: ti svegli, **s**veglia; 4: si divertono, **t**ombola; 5: si scontrano, **I**nter; 6: si trovano, **r**ane; 7: ci sentiamo, **S**occorso; 8: si trova, **I**schia. *The reflexive verb is* **vestirsi**.
E2 - a: ci divertiamo, ci troviamo, si travestono, si conoscono, si salutano, si divertono. *The mysterious place is* **Venezia**. b: si offrono, si trova, ti preoccupi, mi innamoro. *The mysterious place is* **la Sicilia**. c: si trova, si diverte, si sforza, si impegna, vi telefonate. *The mysterious place is* **Londra**.
E3 - si trova, si svolge, si interessano, si alzano, si divertono, si fanno, si annoiano, si intristiscono, si vergogna, si fanno, si sposa, si sentono, si chiama. *The title of the film is* **I vitelloni**.
E4 - mi devo sfogare, sa controllarsi, devo sposarmi, mi devo trasferire, può sentirsi, mi voglio fidanzare, mi so fare, mi devo pagare, ti cominci (ad) abituare.
E5 - 1: si vedono; 2: vedono; 3: alza; 4: Mi alzo; 5: annoiare; 6: mi annoio; 7: incontrano; 8: si sposano; 9: chiama; 10: si chiama.

Progress Tests. Units 6-10

E1 - tengono, si verificano, possono, fanno, allevano, sono, arriva, fanno, sono, muoiono, vuole, deve, devono, rimangono, sono, può, è, dicono, si svolge, può, è, rimangono, muoiono, vuole.
E2 - se ~~ha~~ (hai) tempo; la notte ~~dormi~~ (dorme) bene; cosa ~~pensi~~ (pensa) dottore; mentre ~~scrivi~~ (scrive); ~~devi~~ (deve) smettere.
E3 - 1: mangiamo; 2: andate; 3: Sto facendo; 4: gioca; 5: vado; 6: andiamo; 7: ascolti; 8: sto uscendo; 9: Sto studiando; 10: abitate.
E4 - tolgo = sto per togliere; verso = sto per versare; alzo = sto per alzare; mangio = sto per mangiare.
E5 - 1: sua nonna; 2: sua sorella; 3: suo zio; 4: sua nipote; 5: le sue nipoti; 6: i suoi nonni; 7: i suoi genitori; 8: suo cognato; 9: i suoi cugini; 10: sua zia.
E6 - a) mi lavo, mi vesto, mi preparo la colazione; b) alle 8.00 esco per andare al lavoro, prendo l'autobus; c) alle 8.30 mi prendo un caffè al bar; d) alle 9.00 entro al lavoro; e) alle 13.00 mi prendo un panino al bar, mi fumo una sigaretta; f:) alle 14.00 finisco la pausa, ricomincio a lavorare; g) alle 18.00 esco dall'ufficio; h) alle 19.00 arrivo a casa, mi rilasso, mi bevo un bicchiere di prosecco; i) alle 20.00 mi preparo la cena, ceno; l) alle 21.00 mi faccio la doccia, mi preparo per uscire con gli amici; m) la notte torno a casa stanca ma contenta.
E7 - 1: Mia madre si chiama Anna; 2: Quando Paolo si alza presto è sempre nervoso; 3: Giorgio va a casa domani; 4: Veniamo al mare con i nostri genitori; 5: Paolo dice che sua nonna è tedesca; 6: Quando bevi troppo sei insopportabile; 7: Se ci dimentichiamo di telefonare a nostro padre lui non viene alla stazione; 8: Scusi signora Franchi, può tornare domani? 9: Come si chiama tua figlia? 10: Quando arrivano i tuoi genitori? 11: Perché tua sorella non dice mai la verità? 12: Lavoro al quinto piano e normalmente salgo a piedi; 13: Se non mangiamo qualcosa moriamo di fame! 14: Esci con i tuoi amici stasera?

11. Impersonal construction

Impersonal construction

E1 - 1: si va; 2: beviamo; 3: si vede; 4: mangia; 5: si sta; 6: si lavora; 7: vanno; 8: si ingrassa; 9: si prega.
E2 - 1: si parla a voce alta, si balla, si beve: in discoteca; 2: si fatica, si diventa forti, si suda: in palestra; 3: si dorme, si riposa, si sogna: a letto; 4: si gioca, si scommette, si vince, si perde: all'ippodromo; 5: si cammina, si passeggia, si porta il cane: al parco; 6: si scia, si cammina, si gioca con la neve: in montagna; 7: si studia, si impara, si legge: a scuola; 8: si tifa per la squadra preferita, si urla, si va con gli amici: allo stadio.
E3 - *primavera*: si comincia a uscire per fare delle passeggiate, si va in campagna a fare un pic-nic, si cucina per il pranzo di Pasqua; *estate*: si va al mare, si finisce di andare a scuola, si fugge dal caldo della città; *autunno*: si cucina con i funghi, si comincia ad andare a scuola, si va nei boschi a cogliere le castagne; *inverno*: si va a sciare, si sta in casa con il riscaldamento acceso, si va alle feste di Carnevale, si sta insieme per festeggiare il Natale, si va alle feste di Capodanno.

Impersonal construction of reflexive verbs

E1 - 2: divertirsi/se si guarda un film comico, ci si diverte; 3: sentirsi male/se si beve troppo, ci si sente male; 4: vestirsi eleganti/se si è invitati ad una festa formale, ci si veste eleganti; 5: allenarsi molto/se si vuole vincere in uno sport, ci si allena molto; 6: lavarsi/se si è sporchi, ci si lava.
E2 - 2: tagliare la carta/si taglia la carta; 3: mangiare/si mangia; 4: scrivere/si scrive; 5: ripararsi dalla pioggia/ci si ripara dalla pioggia; 6: comunicare/si comunica; 7: vedere meglio/si vede meglio; 8: tenersi aggiornati/ci si tiene aggiornati; 9: entrare a teatro/si entra a teatro; 10: viaggiare/si viaggia; 11: tenersi svegli/ci si tiene svegli.
E3 - 1: esce; 2: si esce, si va; 3: vanno; 4: mi alzo; 5: ci si alza; 6: ci annoiamo; 7: ci si annoia; 8: ci si stanca; 9: si stanca.

12. Present perfect

Present perfect (*Passato prossimo*)

E1 - 2/b; 3/e; 4/f; 5/a; 6/d.
E2 - ho, ho, sono, sono, è, sono, ho, Sono, hanno, sono, ho, è,

siamo, siamo.

E3 - diventato, studiato, inventato, andato, sposato, partito, continuato, ricevuto, nominato.

E4 - 2: è diventata, **A**; 3: ha comprato, **R**; 4: sono partiti, **C**; 5: ha passato, **O**; 6: è caduto, **N**; 7: ho ricevuto, **I**. *The personality is Guglielmo* **MARCONI**.

Avere or *essere*?

E1 - *avere*: ho fatto/fare; abbiamo incontrato/incontrare; abbiamo dormito/dormire; abbiamo conosciuto/conoscere; Abbiamo passato/passare; hai capito/capire; ho cominciato/cominciare; ho trovato/trovare; ho fatto/fare. *essere*: Mi sono laureata/laurearsi; sono partita/partire; Siamo andate/ andare; siamo arrivate/arrivare; siamo tornate/tornare; È stata/essere; Ci siamo divertite/divertirsi; è successa/succedere; mi sono innamorata/innamorarsi; sono venuta/venire; sono tornata/tornare; mi sono trasferita/trasferirsi; È stata/essere; è stato/essere.

E2 - 1: Carolina non ha scritto a Marcella perché ha avuto molto da fare e da organizzare; 2: Prima di partire per le vacanze Carolina si è laureata; 3: Carolina e le sue amiche sono andate in Austria, Germania, Danimarca e Norvegia, sono arrivate fino a Capo Nord e poi sono tornate verso sud, passando dalla Svezia; 4: In un ostello a Stoccolma Carolina e le sue amiche hanno conosciuto un gruppetto di italiani; 5: Ha cercato lavoro a Milano e si è trasferita là; 6: Salvo è siciliano e Carolina è di Perugia.

E3 - hanno divorziato, si sono messi, hanno organizzato, siamo andati, sono arrivati, è durata, hanno ballato, hanno mangiato, si sono divertiti, sono tornati.

E4 - Durante i primi anni '90 **è scoppiato** un grave scandalo nella vita politica italiana. La polizia e i magistrati **hanno cominciato** a controllare gli affari di personaggi politici e imprenditori e **hanno trovato** le prove delle relazioni illegali tra politica, mondo degli affari e mafia. Molti uomini di governo corrotti **sono diventati** ricchissimi grazie ai soldi della mafia. Dopo questo periodo di continui scandali i maggiori partiti **sono spariti**. Alcuni **hanno fondato** nuove organizzazioni politiche e altri **hanno cercato** di rifondare i vecchi partiti con nuovi nomi. Da allora **è iniziata** quella che **è chiamata** (si chiama) la Seconda Repubblica.

E5 - ha passato, ha ottenuto, è uscito, è ritornato, ha cercato, ha trovato, ha saputo, è andato, hanno controllato, è entrato, hanno riconosciuto, hanno arrestato, hanno riportato.

Some verbs with an irregular past participle

E1 - 1: È corso, ha detto; 2: Hanno acceso, hanno chiamato; 3: Ha deciso, è stata; 4: Hanno perso, hanno chiesto; 5: È morto; 6: sono uscito/a, ho spento, è scoppiato; 7: Ha scelto, ha offerto, ha fatto; 8: Ha scritto, ha letto; 9: È andata, ha avuto, ha preso, ha perso; 10: Sono rimasti, hanno vissuto, hanno aperto, hanno fatto, sono venuti, hanno comprato.

E2 - 2: ha rotto un bicchiere; 3: ha chiuso la porta; 4: ha vinto alla lotteria; 5: ha fatto il bagno; 6: è morto; 7: ha preso l'autobus; 8: è nato; 9: ha sceso le scale.

E3 - 2: ha preso l'autobus e è uscita per andare al lavoro; 3: ha avuto un appuntamento con alcuni avvocati; 4: ha studiato un caso importante; 5: ha fatto una pausa pranzo con i colleghi; 6: si è occupata di un omicidio nella città; 7: ha parlato con i giornalisti; 8: ha preso un caffè con un giudice; 9: ha dato gli ordini per il lavoro notturno; 10: è andata al corso di judo; 11: è tornata a casa stanchissima; 12: è andata a letto e ha letto un giallo. *Ms X is a* **police superintendent.**

13. Direct object pronouns

Direct object pronouns

E1 - 2/h; 3/b; 4/e; 5/f; 6/i; 7/g; 8/l; 9/a; 10/c.

E2 - 2/c; 3/a; 4/e; 5/f; 6/g; 7/h; 8/i; 9/b.

E3 - **la**: l'immagine di San Cristoforo; **lo**: questo volo; **li**: i problemi; **mi**: me; **la**: la religione; **li**: sacrifici; **li**: gli dei; **Mi**: me; **la**: la bottiglia; **la**: la bottiglia.

E4 - a) lo, lo, lo, lo, lo, li, li. *La ricetta è* **spaghetti aglio, olio e peperoncino.** b) li, li, la, li, li, lo. *Il dolce è il* **tiramisù**.

E5 - 1: lo, Roma; 2: lo, Venezia; 3: li, Benigni; 4: la, Fellini; 5: le, "Il postino"; 6: li, spaghetti western; 7: lo, Pasolini.

Direct object pronouns with past participle

E1 - 2/c; 3/f; 4/g; 5/a; 6/d; 7/b.

E2 - l'hanno organizzata, l'hanno portato, spedirlo, l'hanno dato, l'ha aperta, li ha minacciati, lo hanno raggiunto.

E3 - 1: **l'**ha chiamat**a**, saluta**rla**, Marta la timida; 2: **li** ho spaventat**i**, Gioia e Pino i paurosi; 3: **l'**ho portat**a**, aiuta**rla**, Sandra l'imbranata; 4: **l'**ha lasciat**o**, Vincenzo il ritardatario; 5: **L'**ho vist**a**, **la** trovi, Stefania la sportiva; 6: **le** vediamo, **le** abbiamo chiamat**e**, Carla e Sonia le pigre; 7: **l'**ha mangiat**a**, **lo** fa, Bruno il goloso; 8: **li** trovano, **li** ho mai capit**i**, Ursula l'artista; 9: **Le** ho incontrat**e**, **le** ho potut**e**, Maria e Barbara; 10: **li** ho mai sopportat**i**, Marco e Roberto i viziati.

14. Prepositions

Prepositions with places

E1 - a) di, in, in. *The name of the family is* **I Medici**. b) di, in, in, in, a, da, in. *The personality is* **Casanova**. c) in, da, in, in, da. *The cake is* **panettone**.

E2 - 1: in, in; 2: In, a/ad; 3: A; 4: A, in; 5: a; 6: in, in; 7: in, in.

E3 - 2: da, da, false; 3: da, true; 4: da, false; 5: di, false; 6: di, true; 7: da, true; 8: di, false.

E4 - a: a, da, da, da. b: a, in, a, da.

E5 - a, da, a, da, da, di, di, da.

E6 - ~~a~~ (in) Germania; ~~in~~ (a) Roma; ~~a~~ (da) noi; ~~a~~ (in) Africa.

Prepositions with time

E1 - da, fa, per, da, a, da, fra.
E2 - da, per, fa, fra, da.
E3 - da, per, fa, dal, al, fra.
E4 - da, fa, fa, per, per, fra.

Other prepositions

E1 - 2 - **da**/f; 3/g - **in**; 4 - **in**/h; 5/l - **da**; 6/i - **di**; 7/b - **da**; 8/a - **di**; 9 - **da**/e; 10/c - **di**.
E2 - da, di, da, da, in, di, in, in.

Compound prepositions

E1 - 1: della; 2: dalle, all'; 3: nella; 4: con la; 5: Sul; 6: per gli; 7: fra le; 8: Tra la; 9: degli.
E2 - alla, negli, dalla, dalle, dei, nella, del.
E3 - 3, **L**; 4, **I**; 7, **G**; 8, **U**; 10, **R**; 11, **I**; 14, **A**. *The name of the region is* **LIGURIA**. *mistakes:* 1: ~~di università~~/dell'università; 2: ~~in Stati Uniti~~/negli Stati Uniti; 5: ~~in auto di~~/nell'auto di; 6: ~~su prati~~/sui prati; 9: ~~a miei genitori~~/ai miei genitori; 12: ~~in Paesi Bassi~~/nei Paesi Bassi; 13: ~~a teatro di~~/al teatro di.
E4 - 1: sul, true; 2: Agli, degli, false; 3: dell', true; 4: della, false; 5: all', false; 6: alla, false; 7: sul, true.
E5 - sull', della, nel, degli, con gli, della, dei, degli, dell', dell', dell', del.
E6 - Nell', di, tra le, In, in, di, nell', dei, di, delle.

15. Indirect object pronouns

Indirect object pronouns

E1 - *Conversation a:* 2, 4, 1, 3; mi = a me, lasciar<u>gli</u> = al dottor Rossetti, gli = al dottor Rossetti. *Conversation b:* 3, 5, 2, 4, 6, 1, 7; Le = a Lei, Le = a Lei, gli = a lui (mio marito), mi = a me. *Conversation c:* 3, 2, 4, 1; v i = a voi, le = a lei (Carla), ci = a noi.
E2 - <u>al tecnico</u> = gli, <u>al tecnico</u> = gli, <u>a noi</u> = ci, <u>al tecnico</u> = gli, <u>a noi</u> = ci, <u>a noi</u> = ci, <u>alla signora Ferranti</u> = le, <u>a me</u> = mi, <u>alla signora Ferranti</u> = le, <u>a me</u> = mi, <u>a me</u> = mi.
E3 - 1: Le, il ladro; 2: ti, il professore; 3: mi, il postino; 4: vi, la mamma; 5: mi, l'uomo d'affari; 6: mi, mi, mi, il bambino; 7: Le, la commessa; 8: Mi, l'italiano all'estero; 9: Le, il controllore.
E4 - *gatto*: gli, gli; *piante*: gli, gli, gli; *vicina*: ti, -le; *Serena*: le.
E5 - 1: le, le, compleanno; 2: gli, Epifania; 3: ci, Pasqua; 4: Ci, gli, matrimonio; 5: Ti, Capodanno; 6: Le, Carnevale.
E6 - *Mamma*: -le, le; *Papà*: -gli; *La fidanzata*: le, le, le, le; *I futuri suoceri*: gli, gli.

Progress Test. Units 11-15

E1 - si diventa presentabili, si può, Si va, si va, ci si fa bionde, ci si fa more, ci si fa rosse, ci si reca, si soffre, si suda, si saltella, ci si tira, si fa, si può, si ingrassa.
E2 - si va, ci si rilassa, ci si alza, si cammina, si mangia, si beve, ci si diverte, si va, si è, sono andata, Abbiamo dormito, abbiamo viaggiato, abbiamo cucinato, siamo dimagriti, è stata.
E3 - è tornato, ha messo, ha detto, ha guardato, ha precisato, ha avvicinato, ha sentito, è successo, ha chiesto, Ho visto/veduto; ha risposto, è venuto, sono uscite, è cominciata, ha detto, ha proposto, è salito, è rimasta, Ha cercato, ha riempito, ha guardato, ha chiuso, è restata, ha sentito, è andata, ha visto, ha capito.
E4 - a, a, a, a, a, in, in, a, in, per, a, da, da, in, in, a, a, da.
E5 - 1: nei; 2: con la; 3: a; 4: di, negli, da; 5: in da; 6: da, al; 7: di; 8: da, a; 9: in; 10: in; 11: di/d'; 12: Nelle; 13: a; 14: fa; 15: di; 16: da; 17: da, in; 18: per; 19: fra/tra.
E6 - 1: dir.; 2: indir.; 3: indir.; 4: indir.; 5: indir.; 6: dir.; 7: indir.; 8: dir.; 9: indir.; 10: indir.
E7 - **l'**ho riempit**a**, mi, la, mi, mi, le, la, sentir**la**, versar**lo**, ber**lo**.

16. Imperfect *(Imperfetto)*

Conjugation of the imperfect

E1 - 1: era, true; 2: parlavano, false (parlavano latino); 3: avevano, true; 4: c'erano, true; 5: si chiamavano, false (si chiamavano Romolo e Remo); 6: rappresentava, true; 7: si trovava, false (i colli erano 7); 8: erano, true; 9: veniva, false (veniva da Firenze).
E2 - a) ero, dicevano, ero, era, piaceva, Era, voleva, faceva, rideva, andavi. b) era, viveva, era, mangiavano, erano, era, dovevano, potevano, vivevano.
E3 - *Liguria*: vivevano, si ritrovavano, mettevano, avevano, andavano, tornavano. *Lombardia (Valtellina):* trovavano, chiedevano. *Calabria*: vivevano, volevano, erano, poteva, Era, portava, lavoravano, parlava, andava, erano, volevano, cercava.

Use of the imperfect

E1 - *Present perfect:* ha voluto, volere; ha tenuto, tenere; è arrivata, arrivare; si è alzato, alzarsi; ha smesso, smettere; è uscito, uscire; si è fermato, fermarsi; è arrivato, arrivare; ha salito, salire; è entrato, entrare; si è accorto, accorgersi; è andato, andare; ha visto, vedere; si è scusato, scusarsi; è uscito, uscire; ha pianto, piangere. *Imperfect:* c'era, esserci; sembrava, sembrare; era, essere; aveva, avere; era, essere; piangeva, piangere; si trovava, trovarsi; era, essere; aspettava, aspettare; stava, stare; era, essere; era, essere; era, essere; si trovava, trovarsi; era, essere; rideva, ridere; era, essere; vedeva, vedere.
E2 - see text Exercise 1.
E3 - c'era, faceva, si sentiva, ha deciso, era, ha dovuto, ha risposto, poteva, doveva, ha risposto, sapeva, era, ha pensato, era, Si è fatta, ha messo, ha passato.
E4 - ha fatto, Ho avuto, ero, lavoravo, ho incontrato, hanno aiutato, mi sono fatto, ha costruito, bastava, è entrato, Avevo, hanno consigliato, aveva, ho risolto, Ho trovato, ho comprato.

Present perfect or imperfect of some verbs

E1 - 1: Ho saputo; 2: ha voluto; 3: conosceva; 4: ha saputo; 5:

dovevi; 6: potevo; 7: ho potuto; 8: hanno conosciuto; 9: Volevo; 10: sono dovuto; 11: dovevano; 12: sapevo; 13: Ho saputo.

E2 - era, chiamavano, è stata, ha aperto, è diventata è stata/era.

E3 - 2, **T**; 3, **O**; 5, **R**; 8, **I**; 9, **N**; 11, **O**. *The city is* **TORINO**.

17. Double object pronouns

Indirect object pronouns plus direct object pronouns

E1 - glielo, glielo, me lo, glielo.

E2 - 1: me lo; 2: -glieli; 3: ve le; 4: Te lo; 5: Ce lo; 6: ve li; 7: -gliela; 8: Me li; 9:-glielo.

E3 - 1: Il prete **gliel'**ha prestat**a**; 2: Il barbiere me **li** ha tagliat**i**; 3: A Ferragosto ce **li** hanno tirat**i**; 4: **Gliel'**hanno raccontat**a** subito; 5: Le ragazze **gliel'**hanno dett**o**; 6: Te **l'**hanno mai raccontat**a**?; 7: Ve **li** hanno portat**i**?; 8: Ieri me **l'**hanno rott**o** con una pallonata; 9: Ce **li** hanno rott**i** tutto il giorno con...; 10: Finalmente Silvia **gliel'**ha comprat**o**; 11: Signor Bianchi, **Gliel'**hanno recapitat**o**?; 12: **Gliel'**ho dett**o**; 13: Perché **gliel'**hai dett**o**? Non lo sapevano!

E4 - 1: glieli guardo io; 2: te li taglio io; 3: ve la spiego io; 4: Glielo compro io; 5: glielo pago io; 6: te lo cucino io; 7: ve li presto io; 8: te lo presto io; 9: Gliela porto io.

E5 - ce ~~lo~~ (la) hanno; glieli ha mandat~~e~~ (mandati); ce ~~li~~ (le) hanno ancora confermate.

Reflexive pronouns plus direct object pronouns

E1 - se le; se le; se la; me le; se le; me lo; se lo.

E2 - 1: Lucia se li trucca sempre di blu; 2: Stasera ce la beviamo tutta; 3: Piero se lo gioca sempre al casinò; 4: Io me li risciacquo sempre con l'aceto; 5: Me lo sono fatto a La Scala; 6: Me lo porto sempre al lavoro, così...; 7: Perché non te li metti? Vedresti meglio; 8: I miei se lo comprano direttamente dal contadino; 9: Te li lavi prima di andare a letto?

E3 - b: me la faccio; c: me lo metto; d: me la metto; e: me lo compro; f: me li mangio; g: me lo ricordo; h: me la preparo; i: me le stiro.

18. Conditional

Present Conditional

E1 - 1/e; 2/a; 3/f; 4/c; 5/b; 6/d.

E2 - a) Vorrei, Potrei; b) dispiacerebbe, sarei, farebbe.

E3 - 1/e, Potrebbe; 2/a, Dovresti; 3/b, direste; 4/h, Dovresti; 5/f, Sembrerebbe; 6/g, Dovreste; 7/d, piacerebbe; 8/c, Potresti.

E4 - 1: chiederei un prestito in banca; 2: entrerei in un club di cuori solitari; 3: prenderei un'aspirina; 4: telefonerei a un'amica e organizzerei la serata; 5: manderei il curriculum ad altre aziende; 6: farei una dieta; 7: chiamerei il tecnico; 8: accenderei il riscaldamento; 9: andrei a mangiare da mamma.

E5 - vorrei, farei, organizzerei, sarebbe, sarebbero, potrebbe, metterei, comprerei, investirei, farei, piacerebbe, farei.

E6 - a) dovrebbero; c) dovrebbero; d) vorrebbe; e) bisognerebbe; g: sarebbe; i: dovrebbe; l: sarebbe; m) dovrebbero.

E7 - ho, vado, vorrei, piacerebbe, mangio, ho, vieni, farebbero.

Perfect Conditional

E1 - b/4; c/9; d/7; e/3; f/8; g/2; h/6; i/1.

E2 - sarebbe dovuta; sarebbe diventata; avrebbe aiutato; avrebbe vinto.

E3 - 2, **M**; 3, **U**; 4, **S**; 7, **S**; 9, **O**; 10, **L**; 12, **I**; 13, **N**; 14, **I**. *The personality is* **MUSSOLINI**.

E4 - 1: non si sarebbe mai sposata; 5: avrebbe mai fatto; 6: sarei tornato/a; 9: mi sarebbe tanto piaciuto; 11: mi avrebbe amato.

E5 - b: sarebbero andate in pensione tante macchine; c: sarebbero scomparsi; d: sarebbe stata più ricca e democratica e avremmo lavorato di meno; e: avrebbe viaggiato sempre più a marce diverse; f: avrebbero fornito servizi, cultura, simboli e valori; g: avrebbero prodotto beni materiali per il consumo dei primi; h: non avrebbero prodotto niente ma sarebbero stati un serbatoio di mano d'opera a basso prezzo e basi militari.

E6 - potrei, avrei potuto.

E7 - aspetto, è successo, ha telefonato, sarebbe passato, avrei mangiato, sono andata, avrei pranzato, Sarei voluta.

19. Particles *ci* and *ne*

Particle *ci* as an adverb of place

E1 - b/7; c/9; d/6; e/8; f/2; g/4; h/1; i/10; l/5.

E2 - 2: in vacanza; 3: in biblioteca; 4: da mia madre; 5: a ballare; 6: in Sardegna; 7: alla partita; 8: da Anna; 9: a casa; 10: al supermercato.

E3 - Normalmente <u>ci</u> va; ha deciso di andar<u>ci</u>; non <u>ci</u> è mai stato; <u>ci</u> sarebbe andata volentieri.

Other meanings of *ci*

E1 - *adverb of place:* ci andavo, ci rimanevo; *a:* ci ho creduto, Ci tengo, ci penso; *in:* / ; *su:* posso sempre contarci; *con:* /.

E2 - b/4, ci; c/5, ci; d/2, ci; e/6, ci; f/3, ci, ci; g/1, ci.

E3 - 2: al cinema Odeon; 3a/3b: con Carla; 4: alla vita in città; 5: alla vita extraterrestre; 6: con la famiglia di mio marito.

E4 - non ci ero mai stata; mi ci sono davvero divertita; non ci avevo pensato; ho deciso di provarci; ci siamo arrivati; ci ho scommesso; ci ho scommesso; ritornarci.

Particle *ci* as an adverb of place plus direct object pronouns

E1 - a: ti ci, ce li, mi ci; b: vi ci, mi ci.

E2 - a: <u>**ti ci**</u>: ti = te, ci = al circo; <u>**ce li**</u>: ce = al circo, li = gli animali; <u>**mi ci**</u>: mi = me, ci = al circo. b: <u>**vi ci**</u>: vi = voi, ci = al parco; <u>**mi ci**</u>: mi = me, ci = sul trenino.

E3 - ce la, mi ci, Ce le.

E4 - 2: ce le; 3: ce lo; 4: Ce li; 5: mi ci; 6: ce la; 7: vi ci; 8: -celi; 9: ci.

Solutions

Particle *ne* as a partitive pronoun

E1 - Ne ho provato = (un po') di pane di Altamura; Ne vuole = (un po') di pane di Altamura; ne prendo = (un pezzo) di pane di Altamura; non ne ho = (più) di prosciutto; ne prendo = (un etto) di prosciutto di Parma; ne ho = (tanta) di ricotta; ne prendo = (un po') di ricotta.

E2 - lei ne ha solo 20; lui ne ha 50; Ne vendeva tantissimi; ne allevava un po' lui; ne compro almeno due; Più ne hanno; più ne vogliono; ne aspetta un altro; ne ha già più di 40; ne dimostra almeno 45.

E3 - ci, ne, -ci, ci, ne, ci, ne, ne, -ci, ci, -ci.

Other meanings of *ne*

E1 - b/7, -ne; c/6, Ne; d/1, ne; e/4, ne; f/3, ne; g/2, ne.

E2 - 2: ne = delle amiche di Silvia; 3: ne = di Piero; 4: ne = di sigarette; 5: ne = dall'ospedale; 6: ne = di aver cambiato lavoro; 7: -ne = dalla brutta situazione.

E3 - ne ho 30; non ne volevamo nessuno; non ne vuole sentir parlare/non vuole sentirne parlare; non ne sente il bisogno; ne sarebbe subito innamorato.

Particle *ci* plus particle *ne*

E1 - b/5; c/3; d/2; e/1; f/7; g/6.

E2 - 2: ci = metterci, ne = (20) di minuti; 3: ci = alla festa, ne = (una trentina) di persone; 4: ci = volerci, ne = (7 bottiglie) di vino; 5: ci = nel Martini; ne = (una) di olive; 6: ci = al museo, ne = (due) di classi; 7: ci = nel caffè, ne = (cucchiaini) di zucchero.

E3 - 1: Ce ne ho messo poco; 2: Ce ne ho passati due; 3: Ce ne sono molti; 4: Ce ne ho messe tre; 5: Ce ne vogliono 4.

Particle *ne* plus direct object and reflexive pronouns

E1 - b/4; c/6; d/5; e/2; f/1.

E2 - 2: ce = a noi, ne = (25) di anni; 3: ce = a noi, ne = della loro nipotina; 4: te = per/a te, ne = (una decina di bottiglie) di vino; 5: me = mi (riflessivo), ne = di invitare Carla; 6: ce = a noi, ne = (troppa) di cioccolata.

E3 - a) Ce ne, Gliene, ce ne, me ne. b) me ne, te ne, se ne, me ne.

Progress test Units 16-19

E1 - a): era, doveva, seguiva, controllava, si amavano, volevano, organizzavano, fuggivano, rimanevano, erano. b): erano, andavano, avevano, funzionavano, rimaneva, si chiamava, passava, aveva, entrava, aveva.

E2 - erano, hanno preso, è stato, ha cominciato, ha avuto, frequentavano, amavano, è nato (nasceva), era, è stato, cantava, ha composto.

E3 - ho avuto, hai lasciata/o, dovevo, Avevo, sono andata, mi sono avviata, doveva, era, ero, è arrivato, ha detto, erano, dovevamo, sono scesi, siamo andati, era, sono arrivata, ero, avevo, Stavamo, ha detto, andava, sapeva, era, ha cominciato, si sono messi, sono andati, mi sono seduta, ho aspettato, abbiamo sentito, annunciava, stava, Siamo corsi, siamo arrivati, abbiamo visto, lasciava, è successo, erano, avevo, ha annunciato, partiva, è andato, sono tornati, ci siamo accorti, era.

E4 - potrei, dovrei, farebbe, sarebbe, dovrebbe, avrei.

E5 - 1: Vorrei; 2: Verresti; 3: sarei voluto/a; 4: avreste dovuto; 5: faresti; 6: sarebbe diventato; 7: sarebbero scappati; 8: Saremmo arrivati.

E6 - te lo, me lo, glielo, me li, gliela, -telo.

E7 - ci, ci, Ne, ci, Ci, ne, ne, ne.

E8 - ce le, ce n', gliene, ce n', -ci, -ne, mi ci, mi ci.

20. The future tense

Future Simple (*Futuro semplice*)

E1 - *essere*: io sarò, tu sarai, lui/lei/Lei sarà, voi sarete, loro saranno; *potere*: io potrò, lui/lei/Lei potrà, noi potremo, voi potrete, loro potranno; *vivere*: io vivrò, tu vivrai, lui/lei/Lei vivrà, noi vivremo, loro vivranno; *venire*: tu verrai, lui/lei/Lei verrà, noi verremo, voi verrete, loro verranno; *fare*: io farò, tu farai, noi faremo, voi farete, loro faranno; *avere*: io avrò, lui/lei/Lei avrà, noi avremo, voi avrete, loro avranno; *andare*: io andrò, tu andrai, noi andremo, voi andrete, loro andranno; *volere*: io vorrò, tu vorrai, lui/lei/Lei vorrà, voi vorrete, loro vorranno; *rimanere*: tu rimarrai, lui/lei/Lei rimarrà, noi rimarremo, voi rimarrete, loro rimarranno; *stare*: io starò, tu starai, lui/lei/Lei starà, noi staremo, voi starete.

E2 - andrà, Incontrerai, vorrà, avrai, comprerete, vivrete, dovrai, saranno, lasceranno, avrai, dedicherai.

E3 - saranno, avrà, permetterà, sarà, trasmetterà, potremo.

E4 - 2/d; 3/g; 4/h; 5/c; 6/l; 7/i; 8/b; 9/f; 10/a.

Future Perfect (*Futuro anteriore*)

E1 - avranno finito, telefoneranno, avrò firmato, dovrò, andrà, avrò ricevuto, farò.

E2 - 2/b; 3/e; 4/a; 5/g; 6/c; 7/f.

E3 - 1: avremo pagato, potremo; 2: si taglierà, avrà passato; 3: parlerò, avrà chiesto; 4: avrò guadagnato, prenderò; 5: si saranno sposati, smetterà; 6: avranno perso, capiranno; 7: darò, sarò arrivato/a; 8: Andrete, avrete fatto.

E4 - 2: litigare con la moglie/Avrà litigato con la moglie; 3: svegliarsi due minuti fa/Si sarà svegliato due minuti fa; 4: sapere che suo padre non sta bene/Avrà saputo che suo padre non sta bene; 5: vincere al lotto/Avrà vinto al lotto; 6: lavorare tutto il giorno/Avrà lavorato tutto il giorno; 7: non fare niente tutto il giorno /Non avrà fatto niente tutto il giorno; 8: cadere dalla bicicletta/Sarà caduta dalla bicicletta.

21. Comparatives and Superlatives

Comparisons of inequality

E1 - 1: che; 2: che; 3: che; 4: dei; 5: delle; 6: delle; 7: che; 8: che.

E2 - dell', che, di, di, che, che.

Relative superlative and absolute superlative

E1 - b/5: il... più superficiale; c/6: il più pazzo; d/8; e/1: confusissimi; f/2: interessantissimo; g/3: divertentissimi; h/7: stupidissimi; i/10: moltissimo; l/9: deprimentissimo.

E2 - 1: più famoso; 2: famosissimo; 3: Il più interessante; 4: le più disperate; 5: I più bravi; 6: Fra i; 7: più importanti; 8: famosissime.

Special comparatives and superlatives

E1 - 1: Questo hotel è migliore di quello; 2: Stefano è il maggiore dei fratelli; 3: È un ristorante ottimo; 4: Quell'uomo è una pessima persona; 5: Fra tutti i fratelli Amelia è la minore; 6: È il peggiore film di Visconti; 7: Il mio lavoro è peggiore del tuo; 8: È davvero il vino migliore della zona del Chianti; 9: Noi abitiamo al piano inferiore; 10: Devo salire al piano superiore.

E2 - bellissime, che, la migliore, più fedele, più tranquillo, il migliore, socievolissimo, più deciso, il più originale.

E3 - il più bravo, inferiore, massimo, superiore, pessime.

22. Relative pronouns *che* and *cui*

Relative pronouns *che* and *cui*/Relative pronoun *chi*

E1 - con cui = con Amundsen; che = la spedizione; con cui = con il dirigibile; di cui = del dirigibile Italia; che = Amundsen; che = l'aereo.

E2 - 1: che; 2: che; 3: da cui; 4: che; 5: che, che; 6: che, che; 7: in cui.

E3 - b/5; c/6; d/9; e/8; f/2; g/10; h/7; i/4; l/1.

E4 - che, con cui, che, con cui, di cui, che, che.

E5 - 1: che; 2: Chi; 3: chi; 4: che; 5: chi; 6: che; 7: che; 8: chi.

"Possessive" relative pronoun

E1 - la cui, la cui, il cui.

E2 - 1: Mio cugino, della cui ragazza abbiamo parlato prima, è partito oggi. 2: Quel ragazzo, il cui padre è spagnolo, mi piace molto; 3: Anna, i cui genitori abbiamo incontrato poco fa, è una mia amica di infanzia; 4: Mio fratello, nel cui letto hai dormito stanotte, è in vacanza; 5: Una ditta americana, i cui affari vanno benissimo, ha comprato la mia azienda; 6: Una ragazza, alla cui madre ho fatto la corte più di 20 anni fa, mi ha proposto di sposarla; 7: Quel guru, i cui insegnamenti seguo ormai da anni, è il mio maestro; 8: Aldo, il cui padre hai visto alla conferenza, è molto bravo; 9: Lo studente, con la cui madre il professore ha appena parlato, ha problemi in matematica.

Relative pronoun *il quale*

E1 - il quale, nella quale, con il quale, la quale, dei quali, alla quale.

E2 - chi, quale, chi, chi, che, quale, che, che, quale, che, che, quali.

23. Past perfect (*Trapassato prossimo*)

Past perfect (*Trapassato prossimo*)

E1 - b/7, avevamo lavorato; c/6, erano andati; d/2, avevo mangiato; e/3, aveva fatto; f/8, avevo comprato; g/5, ero stato/a; h/1, era andato.

E2 - si era dimenticata, era tornato, aveva lavato, aveva portato, avevano organizzato, avevano ballato, avevano giocato, avevano guardato, si era rifiutata, Aveva detto.

E3 - a: aveva visto, aveva fatto, era rimasto, ho avuto, era andato. b: aveva detto, era stata, aveva raccontato, ho chiesto, aveva avuto, aveva avuto. c: mi sono innamorata, faceva, aveva visto, ha detto, avevano messo, avevano cercato.

E4 - Voleva, aveva pensato, si era ricordato, erano andati, erano conosciuti, facevano, si chiamava, era, si muovevano, avevano preso, sono usciti, avevano visto.

24. Informal imperative

Informal imperative (tu - noi - voi) / Verbs with an irregular imperative / Negative informal imperative

E1 - 2: prenotiamo il ristorante; 3: facciamo spese; 4: decidiamo chi sono i testimoni; 5: scegliamo il vestito; 6: organizziamo la lista di nozze; 7: andiamo all'agenzia di viaggi.

E2 - b/5; c/7; d/10; e/8; f/9; g/2; h/4; i/1; l/6.

E3 - 3: Non portate; 4: Offrite; 5: Non togliete; 6: Non ruttate; 7: Evitate.

E4 - 3: Non portare; 4: Offri; 5: Non togliere; 6: Non ruttare; 7: Evita.

E5 - 3: Dormi; 4: fare; 5: usare, Chiedi; 6: lavare; 7: Usa; 8: Controlla; 9: Rilassati; 10: Mangia, bevi, cerca.

E6 - ricorda, accendi, tieni, spingi, dare, dare, usa, fare.

E7 - abbiate, Sappiate, cercate, vi preoccupate/preoccupatevi, piangere, dare, approfittate, Uscite, vedete, dite, siate.

E8 - 3: Fa'/Fai; 4: Fate; 5: Sta'/Stai; 6: State; 7: Da'/Dai; 8: Date; 9: Di'; 10: Dite.

Informal imperative plus pronouns

E1 - Ascoltami, Fa'/Fai, dimenticarti/ti dimenticare; Guarda, mettiti, Rimani, Telefonami, farmi, mettile, Stammi, portala, fa'/fai, cominciare, fammi, fare, Dammi.

E2 - **dare una mano**: *a lui*, dagli una mano; *a lei*, dalle una mano; *a noi*, dacci una mano; *a loro*, dagli (da' loro) una mano. **fare un favore**: *a me*, fammi un favore; *a lui*, fagli un favore; *a noi*, facci un favore; *a loro*, fagli (fa' loro) un favore. **dire la verità**: *a me*, dimmi la verità; *a lui*, digli la verità; *a lei*, dille la verità; *a noi*, dicci la verità.

E3 - 1: Vacci; 2: Dimmi; 3: Stammi; 4: Dategli; 5: Fagli, invitalo; 6: Vallo; 7: andiamoci; 8: Prestamene; 9: Diglielo.

Progress Test Units 20-24

E1 - succederà, saremo, potremo, avremo premuto, apparirà, saranno, diventerà, sarà, potremo, saremo svegliati, segnalerà, avremo lette, vedremo, sarà.

E2 - sarà andato, sarebbe venuto, parteciperemo, Sarà, farò.

E3 - migliore, che, che, degli, che alla, delle, la più dolce, la più stressante, esaurite, calme, superiore, migliori.

E4 - in cui, in cui, chi, che, che, che, in cui, che, di cui, a cui.

E5 - 1: ho trovata, era uscita; 2: hanno mangiato, avevano cenato; 3: è rimasta, aveva visto; 4: dormiva; 5: ha salutato; 6: avevo visto; 7: ero stato.

E6 - 1: Affronta, nasconderti/ti nascondere, cerca; 2: chiediti; 3: Impara, semplificati; 4: Dillo; 5: dedicagli, fa'/fai; 6: Parla; 7: falle; 8: avere; 9: Scegli; 10: Impara.

25. Subjunctive

Conjugation of the present subjunctive/Conjugation of the past subjunctive

E1 - *a) regular verbs - parlare:* io parli, lui/lei/Lei parli, voi parliate, loro parlino. *scrivere*: io scriva, tu scriva, noi scriviamo, voi scriviate. *partire*: tu parta, lui/lei/Lei parta, noi partiamo, loro partano. *capire*: tu capisca, lui/lei/Lei capisca, noi capiamo, voi capiate. *b) irregular verbs - essere:* io sia, lui/lei/Lei sia, noi siamo, voi siate, loro siano. *stare*: io stia, tu stia, lui/lei/Lei stia, noi stiamo, voi stiate. *pagare*: io paghi, tu paghi, lui/lei/Lei paghi, voi paghiate, loro paghino. *fare*: io faccia, tu faccia, noi facciamo, voi facciate, loro facciano. *rimanere*: io rimanga, tu rimanga, lui/lei/Lei rimanga, noi rimaniamo, loro rimangano. *andare*: tu vada, lui/lei/Lei vada, noi andiamo, voi andiate, loro vadano.

E2 - sia, deva, succeda, vada, sia, finisca, fermi.

E3 - faccia, sia, sia, cerchi, sia, decida, parli.

E4 - 2: sia partito; 3: sia tornata; 4: abbiano pensato; 5: abbia nevicato; 6: abbia lasciato; 7: abbia spento; 8: si siano sposati.

Agreement of present and past subjunctive

E1 - si sia innamorata, abbia, faccia, abbia ereditato, abbia deciso, si trasferisca/vada, vada/si trasferisca, possa, si allontani.

E2 - 1: voglia; 2: sia tornato; 3: abbia trovato; 4: abbia preso, abbia buttato; 5: sia; 6: sia piaciuta; 7: possa.

E3 - sia successo, abbia... avuto, abbia... conosciuto, abbia lasciato, considerino, abbia tradita, abbia detto, sia, mi sbrighi, vedano, ammirino, risponda, ascolti.

Conjugation of the imperfect subjunctive/ Conjugation of the past perfect subjunctive

E1 - *parlare*: io parlassi, tu parlassi, lui/lei/Lei parlasse, noi parlassimo, loro parlassero. *scrivere*: io scrivessi, tu scrivessi, noi scrivessimo, voi scriveste, loro scrivessero. *partire*: io partissi, lui/lei/Lei partisse, noi partissimo, voi partiste, loro partissero. *capire*: io capissi, tu capissi, noi capissimo, voi capiste, loro capissero. *essere*: io fossi, tu fossi, lui/lei/Lei fosse, voi foste, loro fossero. *stare*: io stessi, lui/lei/Lei stesse, noi stessimo, voi steste, loro stessero. *dare*: io dessi, tu dessi, lui/lei/Lei desse, noi dessimo, loro dessero.

E2 - fosse, si accontentasse, dovesse, andasse, prendesse, decidesse, facesse.

E3 - fosse, trattasse, comprasse, portasse, lavasse, facesse, comprasse.

E4 - 1: avessi chiamato; 2: fosse... partito; 3: avessimo bevuto; 4: avesse nevicato; 5: avessi fatto; 6: avessero vinto; 7: fosse stato; 8: fossi... andato; 9: aveste avuto.

Agreement of imperfect and past perfect subjunctive

E1 - 1: facesse; 2: facessi; 3: fossi venuto; 4: studiasse; 5: potessero; 6: avesse lasciata; 7: sarebbe arrivato; 8: dica; 9: dicessi; 10: avesse ucciso.

E2 - avesse rimesso, avessi, fossi, fosse, venisse, avesse lasciato, fosse, entrassero, rientrasse, fosse entrato.

Use of the subjunctive

E1 - siano, rispettino, preferiscono, sembri, hanno, sono, guidano, di essere, conoscano, rispettino, abbiano, decidano, dipenda, stare, essere, di essere, hanno, sono, sono.

E2 - 2: Sebbene; 3: a condizione che; 4: è meglio che; 5: ho creduto; 6: Mi dispiace; 7: È giusto; 8: Vorrei; 9: Si dice; 10: Sono contenta che; 11: prima che.

E3 - 2: **A**; 4: **R**; 5: **G**; 6: **E**; 8: **N**; 9: **T**; 11: **I**; 12: **N**; 13: **A**. *The country is* **ARGENTINA**.

E4 - 1: ~~abbiano chiesto~~/hanno chiesto; 3: ~~che siano~~/di essere; 7: ~~che loro vadano~~/andare; 10: ~~parlano~~/parlino.

E5 - sia stato, siamo, arrivasse, abbia perso, sia, è arrivato, presenterà/presenta, abbiano capito, hanno visto, sia, siano, stia, ha lavorato, hanno fatto, è arrivato, sia.

26. Polite imperative

Polite imperative (addressing people formally)

E1 - b/5; c/7; d/10; e/8; f/2; g/9; h/4; i/1; l/6.

E2 - dica, segua, Venga, si sieda, Guardi, guardi, Si faccia, provi, dica, faccia.

E3 - 1: Non vada troppo veloce! Avrà un incidente; 2: Ascoltino con attenzione...; 3: Dove ha messo le chiavi? Me lo dica subito che ho fretta; 4: Si metta quel vestito rosso, Le sta benissimo; 5: Non facciano rumore, gli ospiti...; 6: Metta un po' di sale...; 7: Chiuda la porta, per favore; 8: Si siedano qui; 9: Aspettino, torno subito; 10: Non telefoni a quest'ora. Costa troppo.

E4 - entri, si accomodi, Faccia, Guardi, Senta, si preoccupi, dica, si tenga, Prepari.

E5 - Vieni, Smetti, datti, porti, Senti, Aspetta, fare, dica, va'/vai, farti.

27. *If* clauses

If clauses

E1 - b/6; c/5; d/9; e/2; f/7; g/3; h/4; i/1; l/8.

E2 - esistesse, dovesse, si organizzerebbe; 1: portasse, dovrebbe; 2: facesse, percorrerebbe; 3: dovesse, dovrebbe; 4: volessimo, scopriremmo.

E3 - 1: vedessi, a: andresti, b: aiuteresti, c: faresti finta; 2: cercasse, a: grideresti, b: reagiresti, c: parleresti; 3: offrissero, a: lasceresti, b: accetteresti, c: chiederesti; 4: facesse, a: avvertiresti, b: offenderesti, c: cercheresti; 5: offrisse, a: avresti, b: rimarresti, c: partiresti.

E4 - 1: Se avessimo avuto... saremmo andati...; 2: Se qualcuno mi avesse insegnato... sarei venuto/a...; 3: Se Luca avesse bevuto... non sarebbe stato...; 4: Se fossi stata... avrei avuto...; 5: Se Lauro fosse andato... avrebbe avuto...; 6: Se avessi giocato... avrei vinto...; 7: Se non foste andati... avreste conosciuto...; 8: Se avessi preso... saresti arrivato...

E5 - 1: cantasse, sarebbe; 2: riuscissi, potremmo; 3: avesse tradita, avrebbe lasciato; 4: parlassi, troveresti; 5: fosse, farebbe; 6: avesse studiato, avrebbe passato; 7: fossimo, sarebbero; 8: fossi andato, starei; 9: avessi visto, avrei salutato.

E6 - 1: Se non avessi avuto paura di arrivare tardi in ufficio, non avrei saltato la colazione; 2: Se ci fosse stato parcheggio, non avrei messo la macchina in seconda fila; 3: Se il vigile non fosse passato di lì, non avrebbe visto la mia macchina; 4: Se non fossi corsa fuori per fermarlo, non sarei scivolata e non mi sarei slogata la caviglia; 5: Se non fossi stata così confusa, avrei saputo cosa dire; 6: Se non lo avessi visto scritto sulla mia agenda, non ci avrei creduto.

28. Passive voice

Passive voice / Passive voice with the verb *essere*

E1 - il ristorante è stato prenotato, i fiori sono stati ordinati, gli inviti sono stati spediti, gli zii d'America non sono stati dimenticati, le bomboniere sono state preparate, le fedi sono state scelte, la musica per la chiesa è stata decisa, il vestito è stato comprato.

E2 - 1: Tutta la nazione ha ascoltato il Presidente in TV; 2: Il terremoto ha distrutto molte case; 3: Il Rettore ha inaugurato il nuovo anno accademico; 4: Il consiglio di amministrazione approvò il bilancio del 1996; 5: Probabilmente in futuro nessuno userà più le TV; 6: In quel periodo molti pensieri turbavano Anna; 7: Il Po attraversa Torino; 8: L'esercito nemico circondò la città; 9: Fonti autorevoli hanno confermato la notizia.

E3 - 1: Dopo che la Sardegna è stata invasa dai Romani; 2: la vita e cultura sarda non è stata mai influenzata profondamente dalle invasioni; 3: la lingua sarda è ancora parlata da molti sardi; 4: gran parte della popolazione è mantenuta dalle entrate del turismo; 5: la costruzione di industrie petrolchimiche, chimiche e metallurgiche è stata favorita dallo Stato italiano.

Passive voice with the verb *venire*

E1 - a): viene considerata, viene bagnata, vengono organizzati. *The region is* **Umbria**; b): viene chiamata, viene visitata, vengono coltivati. *The region is* **Calabria**; c): vengono bevuti, viene prodotto, viene coltivata. *The region is* **Piemonte**.

E2 - 1: XXXXXXXX; 2: viene organizzata; 3: venisse preparato; 4: venivano mandati; 5: XXXXXXXX; 6: XXXXXXXX; 7: venne invasa; 8: verrà usato; 9: viene considerata; 10: viene parlato.

Passive *si*

E1 - si nomina, si considerano, si trovano, si cantano, si ballano, si trovano, si possono, si può.

E2 - 1: XXXXXXXX; 2: si userà; 3: si sono utilizzate; 4: XXXXXXXX; 5: si sono fatti; 6: si usa; 7: XXXXXXXX; 8: si canta; 9: si spendono; 10: si conservano.

Passive voice with the verb *andare*

E1 - 1: Va comprato; 2: Va prenotato; 3: Vanno comprati; 4: Va portato; 5: Va timbrato; 6: Vanno tenuti; 7: Va preso.

E2 - 2: Vanno messe in ordine...; 3: Vanno contattati tutti i clienti per...; 4: Andrebbero comprati dei nuovi computer; 5: Vanno aggiornati i file degli ordini; 6: Andrebbe fatto un corso di...

E3 - 1: va; 2: vanno; 3: vengono; 4: va; 5: viene; 6: va; 7: va; 8: vengono; 9: va; 10: viene (venga).

Progress Test Unit 25-28

E1 - c: lo paghino gli uomini; d: fosse, ha preso; e: loro escano; f: l'abbia spedita; g: voi stiate; h: tu avessi; i: vengano gli amici; l: il bambino non beva; m: lo studente studi; n: voi mi portiate; o: noi sapessimo; p: fossi partito.

E2 - 1: porti; 2: sia venuto; 3: fossi venuto; 4: sposassi; 5: possa; 6: sia; 7: scriva; 8: studiassero; 9: si sia tagliato; 10: foste partiti; 11: venisse; 12: perda; 13: perdesse.

E3 - 1: ha conosciuto; 2: abbia conosciuto; 3: parta; 4: preferisca; 5: stia; 6: sta; 7: fosse; 8: fossimo; 9: eravamo; 10: avevo sbagliato.

E4 - 1: Apra; 2: Stia, chiuda; 3: Telefoni, 4. Mi dia; 5: mi dia; 6: Mi faccia; 7: mi faccia; 8: La smetta; 9: Mi porti, ci metta; 10: si accomodino.

E5 - 1: venisse, potremmo; 2: mi fossi sposato/a; 3: riusciremmo; 4: avessero avuto, sarebbe finita; 5: dispiacerebbe, venissi; 6: avesse giocato, avrebbe perso; 7: si fosse arrabbiata, avrebbe; 8: vi foste fermati; 9: sarebbe, avessi.

E6 - 1: L'impiegato è rimproverato dal capoufficio; 2: L'impiegato viene rimproverato dal capoufficio; 3: Secondo i giornali l'assassino sarebbe stato visto da un testimone; 4: Nel 218 a.C. le Alpi furono passate da Annibale; 5: Nel 218 a.C. le Alpi vennero passate da Annibale; 6: L'aria è stata cantata dal tenore Ugoletti; 7: Trenta anni fa si passava meno tempo davanti alla tv; 8: D'estate si mangiano molti gelati; 9: Prima di prendere il

Solutions

sole va messa la crema protettiva; 10: Vanno pagate le tasse.

29. Historical past (*Passato remoto*)

Historical past (*Passato remoto*)

E1 - *a) regular verbs - parlare*: io parlai, lui/lei/Lei parlò, noi parlammo, voi parlaste, loro parlarono; *potere*: tu potesti, lui/lei/Lei poté, noi potemmo, voi poteste, loro poterono; *partire*: io partii, tu partisti, lui/lei/Lei partì, voi partiste, loro partirono; *andare*: io andai, tu andasti, noi andammo, voi andaste, loro andarono. *b) irregular verbs - essere*: io fui, lui/lei/Lei fu, noi fummo, voi foste, loro furono; *scrivere*: io scrissi, tu scrivesti, lui/lei/Lei scrisse, noi scrivemmo, voi scriveste; *prendere*: io presi, tu prendesti, noi prendemmo, voi prendeste, loro presero; *chiedere*: tu chiedesti, lui/lei/Lei chiese, noi chiedemmo, voi chiedeste, loro chiesero.

E2 - morì/morire, fecero/fare, videro/vedere, cominciarono/cominciare, prese/prendere, raccolse/raccogliere, pensarono/pensare, chiamarono/chiamare, pregò/pregare, cambiò/cambiare, disse/dire, continuarono/continuare, morirono/morire.

E3 - cominciarono, si spostarono, fondarono, diedero, diventarono, ebbero, entrarono, estesero, Fu. *The civilisation is* **Magna Grecia**.

E4 - venne, diventò, prese, Fu, prese, arrivò, si trasformò, continuò, fuggì, costrinsero, lasciò, si ritirò, rimase, votarono, dové/dovette.

E5 - 1: **S**; 4: **A**; 5: **V**; 7: **O**; 10: **I**; 11: **A**. *The name is* **SAVOIA**.

E6 - 2: mossi; 3: piacqui; 6: bevvi; 8: amai; 9: vidi.

E7 - 1: ero; 2: scoppiò; 3: aveva; 4: si sono sposati; 5: morì; 6: vinse; 7: ha fatto; 8: era; 9: emigrarono; 10: si sviluppò.

E8: **Si conobbero** in un locale di Roma dove lei faceva la cameriera. Appena Fred (l'americano) la **vide**, la **volle** conoscere e la **invitò** al suo tavolo. I due **fecero** amicizia, **continuarono** a frequentarsi per tutto il tempo in cui Fred **rimase** a Roma e, dopo la sua partenza, **cominciarono** le telefonate, le lettere e i viaggi intercontinentali. Fred **pagò** tutti i suoi viaggi, le **fece** regali meravigliosi, insomma... come poteva lei dirgli di no quando lui le **chiese** di sposarlo? I due poi **andarono** a vivere in un enorme ranch in Texas, dove lei **imparò** ad andare a cavallo e **cominciò** a vestirsi come una vera e propria cow-girl. Questo si chiama: trovare l'America!.

30. Past anterior (*Trapassato remoto*)

Past anterior (*Trapassato remoto*)

E1 - parlò, ebbero risposto, continuò, ebbe finito, vide, consigliò, fu, se ne fu andata, ebbe, disse, chiese, fermò, ebbe ucciso, portò, lasciò.

31. Sequences of tenses in the indicative

Sequence of tenses in the indicative (1)

E1 - 1: sta venendo; 2: è venuto; 3: verrà; 4: volevi; 5: avete fatto; 6: vuole; 7: arriva; 8: c'è stato; 9: c'è; 10: era; 11: vorrei; 12: sta scrivendo; 13: ha scritto; 14: comincerà; 15: s'innamorò; 16: farebbe; 17: ha visto; 18: è stato; 19: andranno; 20: ho.

Sequence of tenses in the indicative (2)

E1 - 1: avevano fatto; 2: era, girava; 3: si sarebbero sposati; 4: aveva divorziato; 5: avevo visto; 6: partì; 7: aveva conosciuto; 8: aveva; 9: aveva avuto; 10: era; 11: era stato; 12: si sarebbe sposato; 13: si era sposato; 14: erano; 15: avrebbe lasciato; 16: si innamorava.

32. Indefinites

Indefinite adjectives / Indefinite pronouns / Indefinite adjectives, pronouns, adverbs

E1 - *Titolo:* tutt**i** quell**i**; *Prima mossa:* molt**e** cos**e**, qualsias**i** situazion**e**; *Seconda mossa:* Alcun**i**, dirett**i** altr**i**, timid**i**, nessun**a**, rispost**a**, nient**e**; *Terza mossa:* alcun**i**, sguard**i**, quell**a**, cert**a**, person**a**, qualch**e**, parol**a**, tropp**o**, poc**o**; *Quarta mossa:* qualcos**a**; *Quinta mossa:* tutt**o**.

E2 - *adjectives:* molte cose; qualsiasi situazione; nessuna risposta; alcuni sguardi; quella certa persona; qualche parola. *pronouns*: tutti; quelli; qualcuno; Alcuni; altri; altro; niente; qualcosa; tutto. *adverbs:* poco, troppo; troppo; troppo; poco.

E3 — 1): Ogni, qualche, troppo, tutti, altro; 2): tutti, nessuno, niente, certi, niente; 3): troppo, altro, Ogni, nessuno, qualsiasi; 4): altro, ogni, qualcuno, nessuno, tutti.

E4 - *Diario di Maria*: poche, niente, pochi, poca, nessuna, nessuno.

33. Verb forms not related to time

Present gerund and past gerund

E1 - 1: guardando; 2: ascoltando; 3: cantando; 4: prendendo; 5: andando; 6: leggendo.

E2 - 1: Facendo una dieta rigorosa; 2: Seguendo un corso di canto lirico; 3: Chiedendo un prestito alla banca; 4: Passando le vacanze in Gran Bretagna; 5: Facendolo seguire da un investigatore privato; 6: Scrivendole molte lettere d'amore.

E3 - 1: Lavorando; 2: Avendo lavorato; 3: Parlando; 4: Avendo; 5: avendo giocato; 6: avendo cantato; 7: Essendo; 8: avendo speso; 9: Essendo, potendola.

E4 - 1: Studiando; 2: Non uscendo; 3: Non vestendoti; 4: Facendo; 5: Ascoltandomi.

E5 - 1: Pur essendo; 2: Pur avendo; 3: Pur avendo; 4: pur essendo; 5: Pur avendo fatto; 6: Pur essendosi lasciati.

E6 - Uscendo, piangendo, guardandomi, essendo andato, Essendo, essendo, essendo, essendo, Continuando.

Past infinitive

E1 - 1: dopo essere usciti; 2: dopo aver passato; 3: dopo aver mangiato; 4: dopo aver finito; 5: Dopo averlo salutato.
E2 - 1: per essere arrivata; 2: per non aver studiato; 3: per non aver pagato; 4: per essere uscita; 5: per avermi accompagnato.

Past participle

E1 - 1: Ascoltato; 2: Arrivati; 3: Accompagnato; 4: Finito; 5: Partito.
E2 - 1: Vist**o**; 2: vist**e**; 3: Tornat**a**; 4: cantat**a**; 5: Studiat**e**; 6: Partit**i**; 7: Affittat**i**; 8: Ascoltat**e**.

34. Indirect speech

Indirect speech with main clause in the present tense

E1 - b/5; c/4; d/3; e/2; f/1.
E2 - b): lì/là, è, ha, dorme, divide, le, si sente, Vorrebbe, può, ha, -si, torna, sua.
E3 - ... dove prende il tram ogni mattina e ha deciso di aspettare che crescessero per coglierne un po' per la sua famiglia. Nei giorni seguenti ha osservato i funghi e ha aspettato. Naturalmente non ha detto niente a nessuno, perché non voleva dividere i funghi con altre persone. I suoi bambini non li avevano mai assaggiati e voleva coglierli tutti solo per loro. Alla fine, una domenica mattina, dopo una notte di pioggia, è andato con tutta la famiglia a cogliere i funghi. Purtroppo ha avuto una brutta sorpresa perché Amadigi, lo spazzino che normalmente lavora in quella zona, aveva avuto la sua stessa idea ed aveva già cominciato a cogliere dei funghi per sé! Era così arrabbiato che per vendetta ha fatto vedere i funghi a tutti quelli che passavano e gli ha detto di servirsi. Erano tantissimi! Hanno passato tutta la domenica a cogliere funghi in compagnia e sono tornati tutti a casa con i cestini pieni. Quella sera, naturalmente, molte famiglie hanno cenato con i funghi. E poco dopo, durante la notte, si sono rivisti tutti all'ospedale. Stavano tutti malissimo! I dottori hanno detto che era per colpa dei funghi. Ma non capisce perché si sono arrabbiati tutti con lui.
E4 - *B. M.*: ... che conosco da tanti anni; *S. L.*: Anche io considero Mattone un caro amico, anche se ha idee opposte alle mie; *B. M.*: Per il mio partito la cosa più importante è sempre stata, ed è ancora, il benessere della nazione; il nostro programma si basa principalmente sullo sviluppo economico; *S. L.*: Anche il mio partito si interessa al benessere della nazione e anche noi vogliamo uno sviluppo economico, ma anche il mantenimento dei diritti dei lavoratori. Sono sicuro che anche il mio stimato collega è d'accordo; *B. M.*: Certamente sono d'accordo, ma mi sembra più importante pensare all'economia e a creare posti di lavoro, quindi i lavoratori devono essere preparati a perdere qualcosa per dare la possibilità all'economia di crescere; *S. L.*: Non sono affatto d'accordo. Tu e il tuo partito parlate come servi dei padroni; *B. M.*: Sei un vecchio comunista retrogrado, gli italiani non ne possono più di seguire la sinistra perché sicuramente nelle prossime elezioni vincerà il mio partito, come dicono tutti i giornali; *S. L.*: I giornali italiani sono tutti servi dello stesso padrone e dello stesso partito! *B. M.*: Siediti! *S. L.*: Sei un fascista!

Indirect speech with main clause in the past tense

E1 - b/5; c/7; d/8; e/1; f/4; g/6; h/2.
E2 - si sarebbe occupato, suoi, Lo preoccupava, voleva, Avrebbe aumentato, avrebbe fatto, c'era, era, sarebbe stato/ fosse stato, sue, avrebbero migliorato, Ci sarebbero stati, Gli sarebbe piaciuto, suoi.
E3 - 1: "Sono partito due giorni fa"; 2: "Non posso venire al lavoro perché mia figlia sta male"; 3: "Arrivo/Arriverò alle 6.30"; 4: "Se studi/studiassi/avessi studiato medicina, ti compro/comprerei/avrei comprato la macchina"; 5: "Pulisci la camera!".

Indirect speech with the verbs *chiedere* and *domandare*

E1 - fossi/ero, era, andavo, ero, avessi lavorato/avevo lavorato; avevo finito, fosse/era; cercavano, erano, fossero/erano, sapevo, sapevo, dispiaceva, era, aveva.
E2 - 1: fosse sposata; 2: volesse dormire; 3: avesse telefonato al medico; 4: avesse già mangiato; 5: abitasse a Roma da piccola; 6: avesse studiato molto per quell'esame.

Progress Test. Units 29-34

E1 - mangiò, buttò, nacque, poteva, voleva, furono, chiese, poteva, rispose, salì, mangiava, arrivò, vide, decise, era, pensò, si mosse, insisté/insistette, riuscì, dava, prese, mise.
E2 - ebbe catturato, aveva, si fermò, uscì, faceva, riempì, si accorse, arrivò, rimase, ebbe salutato, diede/dette, disse, versò, caddero, morì, ebbe visto, si arrabbiò, corse, salì, prese, costruì, era, cadde, morì, tornò.
E3 - avevamo, mi occupavo, passavo, passavano, dovetti, consideravano è, fa, era, era, perse, aveva baciato, poteva, aveva, sarebbe diminuita, incoraggiò, si sposarono, facemmo, è.
E4 - 1: ~~Ogni volte~~/Ogni volta; 2: ~~nessuni~~/nessuno; 3: ~~qualche bambini~~/qualche bambino; 4: ~~Voglio fare più niente~~/Non voglio fare più niente.
E5 - 1: viste; 2: Ascoltati; 3: licenziando; 4: Dopo aver ricevuto; 5: Parlando; 6: pur essendole arrivate.
E6 - 1: fosse/era; 2: stare tranquillo; 3: suo; 4: era andato; 5: fosse/era; 6: giorno dopo; 7: avrebbe detto; 8: suo; 9: doveva; 10: sua; 11: suo; 12: era; 13: credeva; 14: la; 15: voleva; 16: loro; 17: le; 18: aveva preparato; 19: fosse/era; 20: glielo; 21: avrebbe detto; 22: la; 23: avrebbe aspettata/aspettava; 24: lì/là; 25: lui.

Index

Index

Alma Edizioni
Italiano per stranieri

Questi 3 volumi di **Parole crociate** presentano un modo facile e divertente per imparare le parole di base della lingua italiana e per esercitare il lessico e la grammatica.

Ogni parola crociata utilizza solo le parole italiane più frequenti ed utili e si riferisce ad un tema particolare (la casa, la città, la famiglia, il lavoro, il mangiare e il bere, il tempo libero, la politica, la religione, ecc.). Ma ci sono anche parole crociate di argomento più generale, puzzle ed altri giochi linguistici.

Per studenti di livello elementare, intermedio e avanzato. Sono incluse le soluzioni.